Das große Buch vom

FAHRRAD

Das große Buch vom FAHRRAD

Dan Joyce
Carlton Reid
Paul Vincent

Fotographie:
Tim Woodcock

BVA

SPENGLE

INHALT

Das große Buch vom Fahrrad
1. Auflage 2000

BVA - Bielefelder Verlagsanstalt GmbH & Co. KG

Originaltitel: Complete Book of Cycling
Erstveröffentlichung in Großbritannien durch Hamlyn
- ein Imprintverlag der Octopus Publishing Group

Übersetzung aus dem Englischen: *Michael Bollschweiler*, Bielefeld

Titelgestaltung/Textumbruch: *Atelier Krückemeier*, Bielefeld

Umschlagfotos: *Christof Sonderegger*, Rheineck (CH) / *Norbert Hein*, München

Fotos im Innenteil: alle Fotos *Tim Woodcock*, mit Ausnahme folgender Motive: *Allsport/Simon Bruty* (S. 91 o.), *Michael King* (S. 94/95), *Mike Powell* (S. 88 m., S. 89, S. 96 u. l.), *Pascal Rondeau* (S. 86/87), *Jamie Squire* (S. 88/89), *Matthew Stockman* (S. 4/5, 90/91), *Anton Want* (S. 92/93), *Francis Cooke* (S. 66/67), *Hulton Getty Picture Collection* (S. 8, 13 o., 13,23 u.), *Carlton Reid* (S. 74/75), *Stockfile/Steven Behr* (S. 78/79, 80 l., 81 r., 84, 85), *Dave Stewart* (78 l., 178/179), *fairkehr/Marcus Gloger* (27/28).

CIP-Aufnahme der Deutschen Bibliothek:

Das große Buch vom Fahrrad/Dan Joyce ... [Übers. aus dem Engl.: Michael Bollschweiler]. - 1. Aufl. - Bielefeld : BVA, 2000
Einheitssacht.: Complete book of cycling <dt.>

ISBN 3-87073-261-X

AUF GEHT'S

Dieses Buch weist Ihnen den Weg zu mehr Spaß beim Radfahren. Es hilft Ihnen, das richtige Fahrrad zu kaufen. Es gibt Ihnen Tips zur richtigen Anwendung, bei der Weltumradelung wie vor der eigenen Haustür, beim Straßenrennen oder im Mountainbike-Parcours. Es zeigt Ihnen, was Sie für Ihre Gesundheit tun können – und für die Ihres Fahrrades.

Mit dem Mountainbike und seinem „Geschmack von Freiheit und Abenteuer" setzte eine große Fahrrad-Renaissance ein.

Die meisten Wartungsarbeiten am Fahrrad sind leicht durchzuführen.

Eine Bedienungsanleitung für das Fahrrad ist dieses Buch nicht. Sie hat ihre Berechtigung bei komplizierteren technischen Produkten wie Autos oder Computern. Das Fahrrad ist einfacher. Fahrradtechnik ist (be)greifbar in jedem denkbaren Wortsinne.

Warum braucht man überhaupt ein Buch für eine so einfache und alltägliche Sache? Weil schon kleine Fehler den Spaß am Radfahren verleiden können. Ein zu kleines Fahrrad können Sie sich vorstellen wie zu klein gekaufte Schuhe. Ein schlecht gewartetes Fahrrad ist ein Gefahrenherd. Ohne einige wenige Grundregeln in der Fahrtechnik begibt man sich in große Unfallgefahr.

Allzu lange ist das Fahrrad entweder als eine Art Spielzeug begriffen worden oder als professionelles Sportgerät. Es kann beides sein, doch das Spektrum ist viel größer. Ein Fahrrad kann Sie billiger und schneller zur Arbeit bringen als der Bus. Ein Fahrrad kann La-

sten transportieren. Ein Fahrrad kann aus einem langweiligen Sonntag ein Erlebnis machen. Und es kann Sie in einen Geschwindigkeitsrausch versetzen. Ein Fahrrad bringt Sie überall hin, zum Toten Meer und zum Kilimandscharo.

Radfahren ist nicht leicht einzuordnen. Ein Fahrrad kann auf die verschiedensten Weisen genutzt und erlebt werden. Schnell kann aus einem Hobby eine Lebensphilosophie werden. Dieses Buch ist der richtige Begleiter für Sie.

Oben: Fahrradfahren ist gesund, umweltfreundlich und macht vor allem Spaß. Allerdings muß es nicht immer so spektakulär ausgeübt werden, daß Wasser aufspritzt.

DAS RICHTIGE RAD

„Wenn ich einen Erwachsenen auf einem Fahrrad sehe, hege ich noch Hoffnungen für die menschliche Rasse." (H.G. Wells)

Jeder, der eine Landstraße im Sommer dahinrollt, durch Blumenduft und Vogelgezwitscher, kennt die einfache Wahrheit: Radfahren kann auch wirklich ein Selbstzweck sein. Es macht Spaß. Kinder lernen dies von kleinauf; Erwachsene haben es leider oft vergessen.

Für sie ist das Auto das Maß der Dinge. Viele Leute empfinden nichts dabei, eine halbe Stunde mit dem Auto durch eine überfüllte Innenstadt zu einem Fitneßstudio zu fahren. Dort strampeln sie dann auf einem Hometrainer. Viele tun nicht einmal das. Gesundheitsexperten registrieren einen zunehmenden Hang zur Bequemlichkeit. Aber ein Teil des Problems rührt sicherlich aus dem Mißverständnis, Fahrradfahren sei gefährlich, teuer und anstrengend.

Fahrradfahren ist sicher

1870 fuhren Männer mit Schnauzbärten Hochräder. Das war in der Tat gefährlich. Die leichteste Unebenheit in der Straße konnte einen gefährlichen Sturz aus großer Höhe verursachen.

Das heutige Fahrrad ist dagegen völlig anders. Mit dem Kettenantrieb zum Hinterrad kam auch der Umschwung zum Niederrad mit seiner wesentlich günstigeren Schwerpunktanordnung. Man nannte es deshalb auch Sicherheitsrad. Funktionstüchtige Bremsen tun ein übriges.

Natürlich ist der Straßenverkehr heute dichter und gefährlicher geworden. Die Experten sind sich aber einig, daß die gesundheitsfördernden Aspekte des Radfahrens eindeutig überwiegen.

Mit den richtigen Fertigkeiten, der richtigen Ausstattung und vor allem der richtigen Einstellung können Sie Gefahren weitgehend vermeiden. Mit dem MTB im Gelände haben Sie natürlich mit Autos keine Probleme. Aber auch von der Straße getrennte Radwege sind ein sicheres Pflaster.

Linke Seite: Hochräder hatten einen viel zu hohen Schwerpunkt und eine wenig wirksame Bremse. Unfälle waren an der Tagesordnung. Heute erfüllen Fahrräder einen ganz anderen Sicherheitsstandard.

Fahrradfahren ist nicht teuer

Früher mußte ein Arbeiter für ein Fahrrad drei Monate arbeiten. Heute gibt es gute Einsteigermodelle schon für einen Wochenlohn. Die Haltbarkeit ist hervorragend, die laufenden Kosten gering.

Das gute Preis-Leistungs-Verhältnis ist dem Fahrradverkauf sicher zugute gekommen. Er erreichte in Deutschland eine Spitze von 6,5 Millionen in den frühen neunziger Jahren zum Höhepunkt des Mountainbike-Booms. Heute werden jährlich etwa vier Millionen Fahrräder verkauft. Doch wie viele von ihnen werden regelmäßig benutzt?

Manche Besitzer finden ihr Rad hart und unkomfortabel. Sie müssen sich fragen, ob sie vielleicht zu billig eingekauft haben. Wer glaubt, ein gutes Fahrrad müsse nicht mehr als 199 Mark kosten, irrt sich. Auf Dauer wird man damit nicht glücklich.

Im Vergleich zum Laufen ist das Radfahren wie ein mensch-betriebener Flug. Man bekommt soviel Geschwindigkeit für sowenig körperliche Anstrengung.

Räder bewegen sich genau mit der richtigen Geschwindigkeit - schnell genug, um irgendwohin zu gelangen, langsam genug, um alles zu betrachten.

Fahrradfahren ist einfach

Fahrradfahren ist die effizienteste Form der rein muskelbetriebenen Fortbewegung, solange man beim Fahren alles richtig macht. Dazu muß das Fahrrad beispielsweise richtig gepflegt sein (siehe Seite 104). Schon eine rostige Kette oder ein zu niedriger Reifendruck zerstören diese Effizienz.

Weiterhin muß das Fahrrad Ihnen exakt passen, denn sonst werden Sie überanstrengt. Das ist nicht anders als bei der Schuhgröße. Außerdem muß das gewählte Fahrrad zum Einsatzzweck passen. Sie gehen ja auch nicht mit Sandalen ins Hochgebirge.

Fahrradfahren macht Spaß - aber nur, wenn Sie das richtige Rad haben und es richtig einstellen.

FAHRRÄDER HEUTE

In seinen Grundzügen hat sich das Fahrrad seit 100 Jahren nicht verändert. Der Rahmen ist meistens in zwei Dreiecken angelegt, und der Antrieb erfolgt über das Hinterrad und fast immer per Kette. Allerdings hat die Spezialisierung der Modelle zugenommen. Es gibt Fahrräder fürs Gelände, fürs Einkaufen, für die Radreise, fürs Radrennen etc. Über Sonderformen sprechen wir auf Seite 26.

Rennräder werden nur auf glatten Straßen gefahren und sind auf Leichtlauf und Aerodynamik optimiert.

Rennrad

Rennräder sind zuallererst auf möglichst schnelles Fahren ausgelegt. Dazu trägt neben den sehr schmalen Hochdruckreifen (bis zu 12 bar) auch niedriges Gewicht von 8-11 Kilo bei. Der spezielle Rennlenker, optional ergänzt um einen Triathlonaufsatz, begünstigt eine sportliche und zugleich aerodynamische Fahrhaltung. Ein guter Fahrer hält mit einer Rennmaschine einen Schnitt von 30 km/h auch über längere Distanzen von 200 Kilometern und mehr.

Kurzer Radstand und steile Rahmenwinkel sorgen für ein sehr agiles Lenkverhalten und exzellente Kraftumsetzung selbst im Wiegetritt.

In den siebziger und achtziger Jahren hatte eine Kettenschaltung standardmäßig zwei Kettenblätter vorn und fünf Ritzel hinten. Heute sind acht bis neun Ritzel Standard; ein drittes Kettenblatt findet sich auch außer an Profimodellen immer häufiger serienmäßig. Rasterschaltungen sind ebenso selbstverständlich wie das Schalten vom Lenker aus. Schutzbleche, Beleuchtung, Parkstütze und Gepäckträger fehlen.

Variationen des Rennrades sind das Cross-Rad und die Zeitfahrmaschine, bei der die Aerodynamik noch stärker betont wird, weil beim Einzelzeitfahren der Windschatten des Vordermannes ausfällt. Das robuste Cross-Rad mit seinen Stollenreifen wird für Querfeldeinrennen genutzt.

Niedrige Berggänge, gute Bremsen und ein robuster Rahmen zeichnen das Mountainbike aus. Die Stollenreifen bieten Komfort und Traktion, aber auf der Straße hohen Rollwiderstand.

Mountainbike

Heute ist das Mountainbike eine voll etablierte Fahrradgattung, obwohl es noch nicht einmal 20 Jahre existiert. Als in den achtziger Jahren die ersten Ansätze auftauchten, waren sich die meisten selbsternannten Experten einig, daß sich dergleichen nie durchsetzen werde. Das Mountainbike (MTB) ist in seinem Erscheinungsbild unverwechselbar: dicke Stollenreifen, sehr belastbarer Rahmen, flacher Lenker (teilweise mit Hörnchen), 24 oder 27 Gänge mit teilweise extremen Untersetzungen und kraftvolle Bremsen gehören dazu.

Gegenüber den Urtypen, die über 20 Kilo wogen, haben die modernen MTBs gewaltig abgespeckt (10-13 Kilo). Wichtige Innovationen stammen aus dem Motocross-Bereich: Federungen und Scheibenbremsen.

Übrigens gibt es auch sehr preisgünstige MTBs, deutlich unter 1000 Mark. Man sollte eher von »MTB-Look« sprechen, denn geländetauglich sind sie nicht. Bei der Fahrt zur Eisdiele sorgen sie aber für das richtige Gefühl und Image.

Ein Reiserad wie das hier abgebildete ist die universellste Form des Fahrrades. Es trägt Fahrer und Gepäck auch über lange Distanzen. Es macht am Heimatort eine ähnlich gute Figur wie in Nepal.

Reise- und Trekkingrad

Das Trekkingrad ist komfortabler und besser ausgestattet als die beiden vorgenannten sportlichen Fahrradgattungen. Neben der vollen Straßenausstattung mit Licht, Gepäckträger(n) etc. sind vor allem der Sattel und der Lenker für die besseren Allroundeigenschaften verantwortlich. Natürlich gibt es Anleihen besonders bei der MTB-Technik, denn auch hier sorgen drei Kettenblätter für einen großen Übersetzungsbereich, damit man Steigungen nicht schieben muß. Auch die V-Brakes kennen wir vom MTB. Langer Radstand und flache Lenkwinkel bewirken einen guten Geradeauslauf auch bei Gepäckzuladung.

Das seltener gewordene Reiserad ist für lange Radreisen in allen Regionen der Erde gedacht. Das populärere Trekkingrad genügt den mittleren Ansprüchen, die die wachsende Zahl von Genuß- und Urlaubsradlern an ihr Rad stellt.

FAHRRÄDER HEUTE...

Hybrid

Hier finden wir verschiedene Bezeichnungen wie Cross-Country-Bike oder Hybrid-Bike. Es stellt eine Kreuzung aus Mountainbike und Trekkingrad dar und ist ideal für all jene, die die Optik eines Mountainbikes lieben, aber nicht ins Gelände wollen. Mit den schmaleren 28-Zoll-Reifen bewältigt es immerhin Feldwege, und die zugunsten der Optik weggelassene Straßenausstattung kann dank entsprechenden Anlötteilen leicht nachgerüstet werden. Dann findet es auch im Tagesgebrauch Freunde.

Das Hybrid ist ein zivilisiertes Mountainbike mit schlechteren Gelände-, aber besseren Allroundeigenschaften.

Citybike

Wenn man neben der modernen Interpretation des Citybikes auch das klassische Stadt- und Alltagsrad betrachtet, so ist dies die am meisten verbreitete Fahrradgattung der Welt, man denke nur an China, Indien und Afrika. Aufrechte Sitzhaltung, lange Schutzbleche, Kettenkasten und - wenn überhaupt - eine Nabenschaltung sind die gemeinsamen Merkmale aller Modelle dieser Kategorie. Außerdem geht der Trend klar zu Rahmenformen mit niedrigem Durchstieg.
Natürlich reicht das Spektrum hier von einfachsten Rädern in Schwarz mit hohem Gewicht bis zu hochaktuellen Modellen mit fortschrittlicher Technik (Standlicht, Nabendynamo, Federungssysteme).

Eine Sonderform des Citybikes ist der Cruiser, der in den 50er Jahren in den USA entstand. Dort erlebt er eine Renaissance; in Deutschland sieht man ihn kaum.

BMX

Man könnte das BMX (Bicycle Moto Cross) als einen Vorläufer des Mountainbikes betrachten, zumindest was die Stollenreifen (in 20 Zoll), die Robustheit und die Orientierung auf jugendliche Zielgruppen betrifft. Aber ohne Gangschaltung ist es nicht geländetauglich und in Wahrheit für Freestyle-Aktivitäten konzipiert, also Geschicklichkeitsübungen. Darin zeigt es eher seine Verwandtschaft zum Skateboard.

Das BMX ist für Transportzwecke ungeeignet. Für Jugendliche ist es ein interessanter Übergang vom Kinderrad zum Mountainbike.

Die ersten Fahrräder

Als Erfinder des Fahrrades gilt nach wie vor der Mannheimer Forstbeamte Freiherr von Drais (1817). Sein Konstrukt hatte einen Holzrahmen; mangels Pedale mußte man sich immer mit den Füßen am Boden abstoßen. 20 Jahre später erfand der schottische Grobschmied Kirkpatrick Macmillan ein Fahrrad mit Pedalen am Hinterrad und bewältigte damit über 200 Kilometer am Stück. Dann geriet diese Idee in Vergessenheit, bis der Franzose Pierre Michaux 1861 Pedale und Kurbeln am Vorderrad anbrachte. Sein Veloziped erregte beträchtliches Aufsehen und wurde in den folgenden Jahren weiter verfeinert. Beispielsweise wurden Laufräder mit Metallspeichen und Vollgummireifen eingesetzt sowie das Vorderrad vergrößert.

Da der Antrieb direkt auf das Vorderrad wirkte, mußte dieses immer größer werden, um die Geschwindigkeit zu erhöhen. So entstanden auch die Modelle »Ordinary Bicycle« und »Penny Farthing«, die in England in den siebziger Jahren populär waren. Mit einem »Ordinary Bicycle« fuhr der Amerikaner Thomas Stevens 1884-1887 um die Welt. Die Größe der Übersetzung hing nur von der Größe des Vorderrades ab, die wiederum durch die Beinlänge des Fahrers begrenzt war. Die Sitzposition war gefährlich.

1885 brachte John Kemp Starley das Rover Safety Bicycle, das einen Kettenantrieb zum Hinterrad aufwies. Dies eröffnete die Möglichkeit, über ein großes Zahnrad vorn und ein kleines Zahnrad hinten die Übersetzung »schnellfahrtauglich« zu machen, ohne die Größe des angetriebenen Laufrades zu ändern. Damit ging der Umschwung vom Hochrad zum Niederrad einher - wie es heute üblich ist.

Das Brompton-Faltrad läßt sich auf Briefkastenformat falten. Ideal für den Zug und den Kofferraum.

Faltrad

Falträder bewähren sich im kombinierten Verkehr, denn sie lassen sich in Bussen, Bahnen und Taxis mitnehmen. Nach dem Ausstieg sind sie schnell aufgebaut, um die letzte kurze Strecke zum Ziel zurückzulegen, die man sonst laufen müßte. Der Faltmechanismus und die kompakte Konstruktion zwingen zu Kompromissen bei Stabilität und Komfort, deswegen sollte man von langen Fahrten absehen. Entscheidend für die Praxistauglichkeit ist die Leichtgängigkeit des Faltmechanismus. Hier müssen billige Falträder passen. Das hier abgebildete Brompton hat die Packmaße 57 x 56 x 26 cm.

FAHRRAD-ANATOMIE

Im Vergleich zu einem Verbrennungsmotor ist ein Fahrrad eine simple Maschine. Der Vorteil dieser Einfachheit besteht in der Überschaubarkeit. Für alle Fälle sollten Sie die Bestandteile kennen.

Das hier gezeigte Fahrrad ist ein Hybrid, die Teile sind aber an allen Fahrradtypen ähnlich. Finden Sie hier ein Teil nicht, so können Sie über das Stichwortverzeichnis bei den entsprechenden Reparatur-Kapiteln nachschlagen.

A Oberrohr
B Unterrohr
C Steuerrohr
D Sitzrohr
E Kettenstreben
F Sitzstreben
G Ausfallenden
H Sattel
I Bremshebel
J Bremskabel
K Tretkurbeln
L Kettenblatt-garnitur
M Nabe
N Speichen
O Speichennippel
P Kette

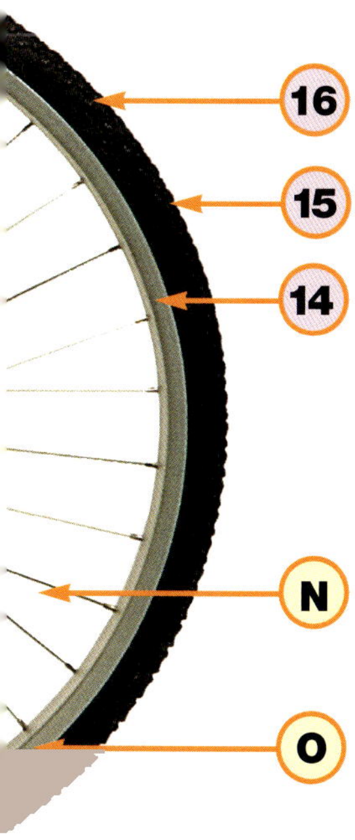

1. Rahmen: Der Aufbau in zwei Dreiecken ist simpel und in sich steif; Fahrräder mit offenen Rahmen ("Damenfahrräder") sind instabiler (Ausnahme: neuere Einrohr-Konstruktionen).

Die weitaus meisten Rahmen bestehen aus einer Metall-Legierung, wobei der Trend eindeutig zu Aluminium geht. Stahlrohre werden meistens in Muffen gelötet, Alu-Rahmen praktisch immer geschweißt. Die Rahmenwinkel sind für das Fahr- und Lenkverhalten entscheidend, siehe Seite 160.

2. Gabel: Für das Lenkverhalten ist die Gabel mitverantwortlich. Ein flacher Lenkkopfwinkel läßt die Gabel weniger senkrecht stehen; das stabilisiert die Lenkung. Ein steiler Winkel dagegen bewirkt eine sehr direkte Lenkung, erfordert also vom Fahrer mehr Aufmerksamkeit. Ein interessantes Beispiel für flache Lenkkopfwinkel sind die Chopper.

3. Anlötteile: Nachträglich angebrachte Sockel oder Gewinde zur sauberen Anbringung von Flaschenhaltern, Bremszuggegenhaltern, Gepäckträgern, Schutzblechen etc.

4. Lenker: Es gibt Rennlenker für Rennräder, Schmetterlingslenker für Reise- und Trekkingräder und schlichte flache Lenker für Mountainbikes und Hybride. Letztere bieten nur eine Griffposition und werden daher häufig durch sogenannte "Bar End" oder "Hörnchen" ergänzt. Brems- und Schalthebel müssen gut erreichbar sein.

5. Schaltung: Das Schaltwerk legt die Kette von einem Zahnrad auf das benachbarte um. Sie werden vom Schaltgriff aus über einen Drahtzug angesteuert. Das hintere Schaltwerk hat einen Schwenkarm mit Feder, um die nicht benötigte Kettenlänge "aufzuwickeln", wenn die Kette über ein kleines Ritzel läuft.

6. Steuersatz: Das sind die Lagerungen an beiden Enden des Steuerrohrs, die es der Gabel ermöglichen, sich im Steuerrohr zu drehen; dadurch wird das Fahrrad gelenkt.

7. Sattelstütze: Ihre Höhe muß an den Fahrer angepaßt werden. Der Winkel des Sattels und seine Position können ebenfalls justiert werden.

8. Tretlager: Im Tretlager befindet sich die Achse, um die sich die Tretkurbeln drehen.

9. Kettenblätter: Eines bei BMX- und Citybikes, meistens zwei bei Rennrädern, drei bei Mountainbikes, Hybriden, Reise- und Trekkingrädern.

Je größer das Kettenblatt und je kleiner das hintere Ritzel, desto mehr Hinterrad-Umdrehungen pro Pedalumdrehung, desto schneller kommt man voran. Andersherum: je kleiner das Kettenblatt und je größer das Ritzel, desto besser die Bergtauglichkeit.

10. Kassetten-Zahnkranz: Sieben bis neun Ritzel bilden den Zahnkranz. Die Ritzel und Kettenblätter können gegen andere Größen ausgetauscht werden, um die Übersetzung anzupassen.

11. Lenkervorbau: Er verbindet Lenker und Steuerrohr. Höhe und Winkel entscheiden über die Sitzposition. Im Unterschied zu konventionellen Ausführungen können die neuen Aheadsets (am MTB Standard) nicht höhenverstellt werden.

12. Schaltzug: Geflochtenes Stahlkabel, das Schalthebel und Schaltwerk verbindet. Die Außenhüllen halten die Züge in den Bögen unter Spannung.

13. Schalthebel: Heute existieren nur noch einrastende Schalthebel ("Index-Schaltung"); Druckschalter oder Drehschalter.

14. Felge: Heute nur noch aus Aluminium, Spitzenmodelle teilweise mit Keramikbeschichtung für besseres Bremsen bei Nässe.

15. Reifen: Variieren nach Breite (18-60 mm), zulässigem Luftdruck und Profil.

16. Schlauch: In ihn wird die Luft gepumpt. Zu unterscheiden sind Dunlop-, Sclaverand- und Auto-Ventile.

17. Bremsen: Die Einheit besteht aus Griff, Kabel, Verteil-Einheit (z.B. Seildreieck), Schenkeln und Bremsbelägen. An Rennrädern sind Seitenzugbremsen üblich, an MTBs und Trekkingrädern V-Brakes. Weitere Bremsentypen siehe Seite 158.

18. Kugellager: Sie rollen in Steuersatz, Naben, Pedalen und Tretlagern mit möglichst wenig Reibung.

19. Pedal: Speziell an sportlichen Rädern nehmen Systempedale zu, die wie Ski-Bindungen funktionieren. Dagegen sind Haken und Riemen immer seltener. Fahrräder für den normalen Gebrauch haben einfachere Gummiblockpedale für Benutzung mit normalem Schuhwerk.

WAHL OHNE QUAL

Lieber ein Hercules oder ein Cannondale oder was? Das schier unübersehbare Angebot an Marken und Modellen verwirrt die Verbraucher. Vor der Auswahl eines konkreten Modells – mehrere können sich ja in Preis und Leistung ähneln - steht freilich die Frage: Wofür will ich es benutzen?

Vergessen Sie Heimtrainer: Halten Sie sich mit einem Rennrad fit.

Wofür ein Rennrad?

Das Rennrad ist die richtige Entscheidung, wenn Sie an irgendwelchen Straßenrennen teilnehmen oder einfach nur flott fahren und sich fit halten wollen. Es überwindet große Distanzen besonders mühelos. Für den Stadteinsatz sollte es allerdings breitere Reifen bekommen.

Rennräder eignen sich für schnelles Freizeitradeln und mit einem dritten Kettenblatt, einem Gepäckträger und Schutzblechen begrenzt auch für Radtouren. Seriöse Einsteigermodelle beginnen preislich bei 1200-1500 Mark. Mit den neuen Rennrad-Basis-Gruppen von Shimano für das Jahr 2000 verschwinden auch die letzten Unterrohrschalter zugunsten der Kombihebel am Lenker.

Wofür ein Mountainbike?

Das Mountainbike ist der Geländewagen unter den Fahrrädern: top im Gelände, aber behäbig und mäßig komfortabel auf der Straße. Es ist ideal für Mountainbike-Rennen und Fahrten abseits befestigter Wege.

Mit Slick-Reifen und Schutzblechen mutiert das MTB zu einem robusten Citybike, ist aber in Großstädten besonders diebstahlgefährdet. Auch für Radtouren ist das MTB begrenzt geeignet, sollte aber nur gewählt werden, wenn sehr schlechte Straßenzustände zu erwarten sind.

Seriöse Einsteigermodelle beginnen preislich bei 800-1000 Mark.

Wofür ein Reise-/Trekkingrad?

Es ist die richtige Wahl für den Radurlaub. Es trägt ihr Reisegepäck mühelos. Vor allem auf langen Strecken ist es konkurrenzlos; für kurze Distanzen kommt ein Citybike oder Hybrid als Alternative in Frage. Professionelle Reiseräder markieren die Spitze dieses Segments und kosten nicht unter 2000 Mark. Trekkingräder für die etwas einfachere Radtour sind populärer und zu Preisen ab 1000 Mark bedenkenlos zu kaufen.

Wofür ein Hybrid?

Wenn Sie nicht gerade ein Radrennen (Straße oder Off-Road) bestreiten oder täglich mehr als 80 Kilometer schaffen wollen, ist das Hybrid sicherlich keine schlechte Wahl. Für die Mehrzahl der MTB-Benutzer wäre es sicherlich geeigneter. Die Preise sind mit denen von Mountainbikes vergleichbar.

Wofür ein Citybike?

Wenn Sie nur Tag für Tag von A nach B wollen und der Weg nicht zu bergig ist, ist das Stadtrad das Fahrrad Ihrer Wahl. In aufrechter Sitzhaltung überblicken Sie den Verkehr. In hügeligem Gelände oder für Feldwege wäre auch das Hybrid eine Alternative.

Für harten Off-Road-Einsatz oder gar MTB-Rennen kommt nur ein Mountainbike in Frage. Mit wenigen Modifikationen steht es auch in der Stadt seinen Mann.

TIP

● Entscheidend für den Kauf ist der vorgesehene Einsatzzweck. Viele träumen vom Mountainbike, obwohl harter Geländeeinsatz gar nicht ansteht. Trekkingräder und Hybride sind universeller und für leichtes Gelände geeignet.

Zu erwähnen wäre noch, daß im nord(west)deutschen Raum das **Hollandrad** eine verbreitete Variante des Citybike ist. Es unterscheidet sich durch den geschlossenen Kettenkasten und den Mantelschoner - Ton in Ton mit dem Rahmen - auch optisch vom Citybike. Sein hohes Gewicht (20 Kilo) wirkt sich im Flachland nicht negativ aus.

AUGEN AUF BEIM FAHRRADKAUF

Es gibt nur eine goldene Regel für den Kauf eines neuen Fahrrades: Gehen Sie zum qualifizierten Fachhandel. Im Vergleich zum Baumarkt zahlen Sie zwar mehr, aber es ist jeden Pfennig wert.

Denn nur im Fachgeschäft erhalten Sie Beratung und Service. Ohne Beratung droht Ihnen ein Fehlkauf, und das ist wirklich teuer. Auch beim Kauf des passenden Zubehörs haben Sie im Fachhandel bessere Karten.

Oben: Anfänger sollten kein Fahrrad im Versandhandel kaufen. Wer aber genau weiß, was er will, kann auch nach Katalog bestellen.

So findet man ein gutes Geschäft

Fragen Sie andere Radfahrer! Die Mund-zu-Mund-Propaganda hilft fast immer. Wenden Sie sich an den örtlichen Fahrradclub. Oder gehen Sie einfach selbst in Geschäfte. Vergleichen Sie die Beratung, die Freundlichkeit und die Sachkunde des Verkaufspersonals. Fragen Sie beispielsweise nach einem ungewöhnlichen technischen Detail, um den Verkäufer auf die Probe zu stellen.

Achten Sie auf Details, die auf eine besondere Identifikation mit dem Fahrrad schließen lassen: Ob das Geschäft Gebrauchträder führt, ob es sich an Aktionen oder örtlichen Rennen beteiligt, ob es Anlaufstelle für Insider zum Fachsimpeln ist.

Sie sollten dann drei bis vier Geschäfte in die engere Wahl nehmen und jeweils erklären, wofür Sie ein neues Fahrrad verwenden wollen. Lassen Sie sich Modelle erklären und empfehlen. Vergleichen Sie diese Modelle und die Gründe, die nach dem Verkaufsgespräch für diese Modelle sprechen.

Letzter Check

Einige Überprüfungen, die Sie auf Seite 20 für Gebrauchträder finden, gelten auch für Neuräder. Natürlich ist ein echter Schaden beim Neurad unwahrscheinlich, aber es soll ja auch Montagsmodelle geben.

Übrigens sollten Sie kein Fahrrad ohne Probefahrt kaufen.

Und der Versandhandel?

Der Kauf beim Versandhandel hat Vor- und Nachteile. Der Vorteil ist, daß Sie in Ruhe vergleichen können und bestimmt nicht zuviel

Ein gutes Fahrradgeschäft verkauft Ihnen nicht irgendein Rad. Der Verkäufer will ja, daß Sie mit Freuden und regelmäßig radfahren und wiederkommen.

bezahlen. Der Nachteil ist, daß Sie oft die Endmontage selbst bewerkstelligen müssen und keine Hilfe vor Ort haben, wenn etwas nicht klappt.

Versandhandel ist durchaus geeignet für erfahrene Radfahrer und Schrauber: Sie kennen den Markt, wissen, was sie wollen, und können sich notfalls ohne Beratung für das optimale Produkt entscheiden und es auch selbst fahrfertig machen. Für Anfänger führt kein Weg um das örtliche Fachgeschäft herum.

Interessant: Manche Versandhändler bieten Ratenzahlungen.

TIPS

- Bleiben Sie realistisch, was das Preis-Leistungs-Verhältnis angeht. Erwarten Sie nicht zuviel Ausstattungs-Highlights für zuwenig Geld. Kein Hersteller hat etwas zu verschenken. Wenn beispielsweise von zwei preisgleichen Mountainbikes eines eine Federgabel hat und das andere nicht, ist nicht das Modell mit Federgabel automatisch besser. Es könnte eine Federgabel mit eingeschränkter Leistungsfähigkeit sein; auf jeden Fall hat der Hersteller das Geld woanders wieder eingespart.

- Wenn Sie viel und gerne Fahrrad fahren, kaufen Sie kein Fahrrad unter 800 Mark. Fahrräder zu deutlich niedrigeren Preisen können nicht dasselbe leisten und sind eher für gelegentlichen Gebrauch gedacht.

FAHRRAD-GEBRAUCHT-KAUF

Fast immer bietet Ihnen ein gebrauchtes Rad bessere Leistung für weniger Geld. Drei Fragen müssen Sie klären: Paßt es Ihnen? Könnte es gestohlen sein (nach Kaufbeleg fragen)? Könnte es einen verborgenen Schaden haben?

Neben Tageszeitungen sind vor allem lokale Anzeigenblätter („Der heiße Draht“ etc.) eine Fundgrube für Gebrauchträder. Allerdings sind die meisten billiger Schrott, so daß Sie Geduld haben müssen. Qualifizierter dürfte das Angebot auf schwarzen Brettern in Fahrradläden sein. Natürlich haben auch Fahrradzeitschriften einen Kleinanzeigenteil; aber sie erscheinen bundesweit, und der Anbieter kann weit weg sein.

Die Besichtigung

Bei der Besichtigung sollten Sie einen Freund mitnehmen, der etwas von Technik versteht und während der Probefahrt beim Verkäufer wartet. Wegen der Probefahrt sollten Sie Bargeld für die Kaution nicht vergessen. Wenn Sie per Scheck zahlen wollen, wird der Verkäufer möglicherweise darauf bestehen, daß Sie mehrere Schecks ausstellen, jeden einzelnen nur bis zur Deckungsgrenze. Oder er behält das Rad, bis der Scheck eingelöst ist.

Checken Sie die Rahmennummer. Sie ist meistens unter dem Tretlager. Ist sie weggefeilt, Vorsicht.

Sie sollten sich übrigens vergewissern, was der Neupreis des Rades war, um den Einspareffekt zu beziffern. Wenn Sie nicht wenigstens 30 Prozent sparen, ist das kein attraktiver Kauf. Hierbei hilft die Schwacke-Liste für Fahrräder. Andererseits: Bietet jemand das Rad zu billig an, ist Mißtrauon goboton.

Kaufen Sie ein mehrere Jahre altes Rad mit Kettenschaltung, so bedenken Sie, daß inzwischen mehr Ritzel am Hinterrad Standard sind. Vor einer Umrüstung muß der Rahmen hinten von einem Fachmann aufgeweitet werden.

Die nebenstehenden Checklisten erheben keinen Anspruch auf Vollständigkeit, decken aber die gängigen Probleme ab. Bestehen Sie auf einer Testfahrt, schalten und bremsen sie dabei viel.

Darauf müssen Sie achten

1. Unfallschaden
Aufgeplatzte Lackierung an Ober- und Unterrohr am Übergang zum Steuerrohr ist ein Unfall-Indiz. Finger weg.

2. Rahmenausrichtung
Wenn das Fahrrad beim Freihändigfahren Drall zu einer Seite zeigt, ist der Rahmen aus der Spur. Finger weg.

3. Laufräder
Heben Sie Vorder- und Hinterrad an, und bringen Sie sie zum Drehen. Seitenschlag müßte beseitigt, eine Felge mit Dellen sogar ausgetauscht werden.

4. Verbogene Gabel
Ist die Gabel zum Unterrohr hin verbogen? Überprüfen Sie auch die Gabelspitzen. Von oben betrachtet, muß das Rad mittig zwischen den Gabelscheiden sitzen.

5. Ausrichtung des Hinterrades
Die Sitzstreben dürfen nicht verbogen sein, und das Hinterrad muß mittig dazwischen sitzen. Auch das Schaltauge muß absolut senkrecht stehen.

6. Abgenutzte Kettenblätter
Hakenförmige Zähne an den Kettenblättern oder Ritzeln sind ein Zeichen für Abnutzung. Ziehen Sie vorn die Kette vom Kettenblatt; läßt sie sich höher ziehen als die Zahnhöhe, ist sie verschlissen. Der Austausch des kompletten Antriebsstranges kostet locker 150 Mark und mehr.

7. Verschlissener Steuersatz
Halten Sie den Lenker fest, betätigen Sie die Vorderbremse bis zum Anschlag und drücken Sie das Fahrrad kräftig nach vorn. Wenn sich etwas lose anfühlt, hat sich der Steuersatz gelöst oder ist ausgeschlagen. Heben Sie das Rad vorne hoch und schlagen Sie das Vorderrad rechts und links ein. Wenn Sie dabei Widerstand spüren, ist der Steuersatz zu stramm eingestellt oder verschlissen.

8. Verbogene Pedalachse
Die Pedalachsen sollten parallel zum Boden und rechtwinklig zum Unterrohr stehen. Sonst austauschen.

9. Allgemeine Abnutzung
Aufgesplissene Kabelenden, eine eingerissene Satteldecke und aufgelöstes Lenkerband sind Indizien für mangelhafte Pflege. Abgenutzte Reifen oder Bremsgummis austauschen.

MASS NEHMEN

Natürlich müssen Sie auf Ihrem Fahrrad richtig sitzen. Die „Anprobe" im Fahrradgeschäft können Sie zu Hause mit Maßband und Taschenrechner vorbereiten.

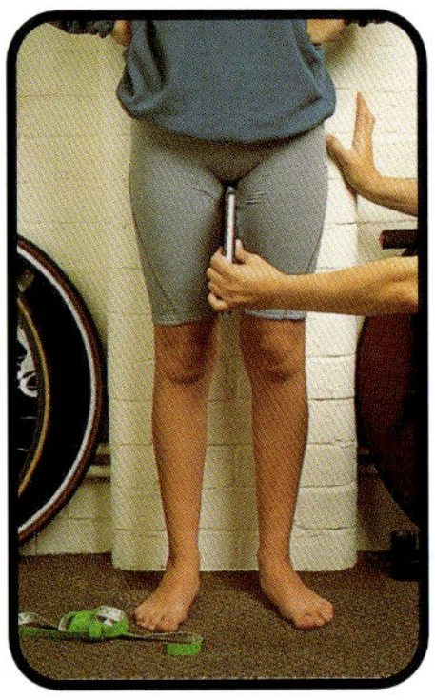

Lassen Sie sich von jemandem bei der Ermittlung der Schrittlänge helfen. Dieser Meßwert führt zur Rahmenhöhe (Formel siehe Text).

Die Überschlagsrechnung

Sie müssen mit gespreizten Beinen über dem Fahrrad stehen können. Beim Rennrad sollten Sie 3-5 cm Luft zum Oberrohr haben, 3 cm beim Trekkingrad und mindestens 8 cm beim MTB.

Die Sattelhöhe stimmt, wenn Sie bei ausgestrecktem Bein mit der Ferse auf dem untenstehenden Pedal stehen. Beim Pedalieren befindet sich der Ballen natürlich auf dem Pedal.

Nehmen Sie Ihre normale Fahrhaltung ein. Ist sie zu gekrümmt, benötigen Sie einen längeren Vorbau; ist sie zu gestreckt, einen kürzeren.

Die wissenschaftliche Methode

Wer es präziser haben will, fährt beispielsweise mit einem System gut, das Bernard Hinault und Claude Genzling in ihrem Buch "Rennradtechnik und Training" vorgestellt haben.

Ein Freund sollte Ihnen zunächst die Schrittlänge messen. Dazu stehen Sie mit dem Rücken zur Wand, die Füße 10 cm auseinander. Dann wird der Schritt innen markiert und ausgemessen. Ganz Gewissenhafte bilden den Durchschnitt aus drei Messungen.

Ermittlung der Rahmenhöhe (Rennrad)

Multiplizieren Sie die so gefundene Schrittlänge mit 0,65. Die Rahmenhöhe wird generell von der Tretlagermitte bis zur Oberkante des Sitzrohres gemessen. Die früher gängige Messung bis zur Oberrohrmitte funktioniert nicht mehr ausnahmslos, weil bei vielen Rahmendesigns das Oberrohr leicht schräg heruntergezogen wird.

Die Sattelposition

Um den optimalen Abstand zwischen Tretlagermitte und Satteloberfläche zu ermitteln, multiplizieren Sie Ihre Schrittlänge mit 0,885. Dann positionieren Sie die Sattelnase mittels einer Lotschnur hinter der Tretlagermitte, und zwar in dem Maß, das in der Tabelle angegeben ist.

Die Lenkerposition

Den Abstand von Sattelspitze bis zur Lenkerklemmung im Vorbau können Sie ebenfalls der Tabelle entnehmen. Wenn Sie einen kurzen Oberkörper und lange Beine haben, bleiben Sie am unteren Ende des angegebenen Bereichs, im umgekehrten Fall am oberen Ende.

Die Maße Ihres Rennrades

Schrittlänge	Rahmenhöhe	Sattel hinter Tretlager	Sattelhöhe	Sattel-Lenker	Lenkerhöhe	Kurbellänge
72–75	47–49	3–5	64–66	42–50	4–5	160
75–78	49–51	4–6	66–69	46–55	5–6	162.5
79–82	51–53	5–7	70–73	49–57	6–7	165
83–86	54–56	6–8	73–76	52–59	7–8	170–172.5
87–90	57–59	7–9	77–80	54–60	8–9	175–177.5
91–94	59–61	8–10	81–83	57–63	9–10	180

Kurbellänge in mm, übrige Angaben in cm.

TIP

● Übrigens können Sie sich auch einen Maßrahmen anfertigen lassen. Die kleinen Manufakturen verlangen dafür aber viel Geld – ein Maßanzug kostet ja auch mehr als einer von der Stange.

Die Lenkerhöhe ist der senkrechte Abstand zwischen der Oberseite des Lenkers und der Satteloberfläche (siehe Tabelle). Die Lenkerbreite muß der Schulterbreite entsprechen.

Die Kurbellänge

Die Kurbellänge muß ein Fünftel Ihrer Schrittlänge betragen (siehe Tabelle).

Sie müssen über dem Oberrohr frei stehen können, sonst könnte ein Abstieg nach vorn schmerzhaft werden.

Maße anderer Fahrräder

Rahmenhöhen von Mountainbikes liegen generell 5 cm niedriger. Das verschafft die nötige Beinfreiheit beim Abspringen im Gelände. Dafür ist die Sattelstütze länger. Achten Sie darauf, ob andere Anordnungen Ihrem Geschmack entsprechen. An einem MTB könnte Ihnen etwa der Lenker zu niedrig sein.

Bei Trekking- und Stadträdern sollte der Lenker höher und näher am Sattel sein.

FEIN-ABSTIMMUNG

Vielleicht haben die vorstehenden Erläuterungen bereits ausgereicht, Ihr Fahrrad optimal auf Sie einzustellen. Falls nicht (zum Beispiel weil Sie keinen „Normkörper" haben), erhalten Sie hier Tips zur Feinanpassung.

Den Lenker im Griff

Zwar geben breitere Lenker eine bessere Kontrolle, worauf besonders Downhillbiker und Reiseradler angewiesen sind. Im Verkehr aber sind sie hinderlich. Richtwert ist ohnehin die Schulterbreite.

Gebogene Lenker müssen in der passenden Größe gekauft werden. Flache Lenker nicht. Sie können nämlich notfalls zurechtgesägt werden. Leiden Sie mit einem flachen Lenker an Handgelenksschmerzen, können Sie sich mit Lenkerhörnchen eine zusätzliche Griffposition verschaffen. Aber wenn das auch nichts hilft oder wenn Sie auch mit gebogenem Lenker diese Beschwerden haben, stützen Sie vermutlich zuviel Gewicht auf Ihren Händen ab. Versuchen Sie es mit einem kürzeren, höheren Vorbau. Das kann auch gegen Rückenprobleme vorbeugen.

Sitzen Sie zu gekrümmt, wählen Sie einen längeren Vorbau. Bräuchten Sie aber einen längeren als 12 cm, würde darunter das Handling des Rades leiden. Sie brauchen dann einen Rahmen mit längerem Oberrohr, womit zugleich die Rahmenhöhe wächst. Umgekehrt gilt: Sitzen Sie auch mit dem kürzesten Vorbau zu

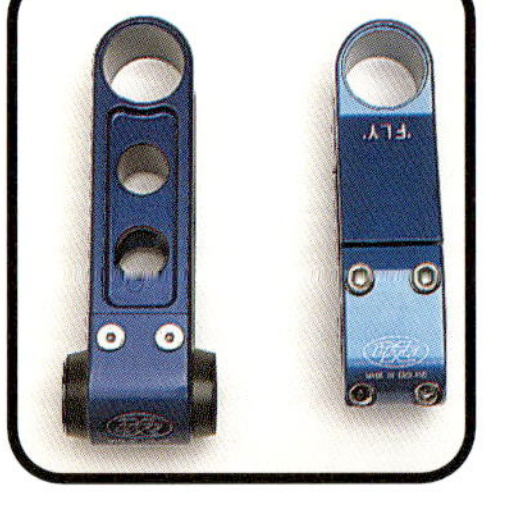

Ein längerer oder kürzerer Vorbau kann eine Sitzhaltung sehr viel komfortabler machen. Man sitzt dann aufrechter oder gestreckter.

Oben: Fahrradfahren ist keineswegs unkomfortabel. Wenn etwas wehtut, stimmt etwas nicht. Diese Fahrerin sitzt möglicherweise ein wenig zu gestreckt.

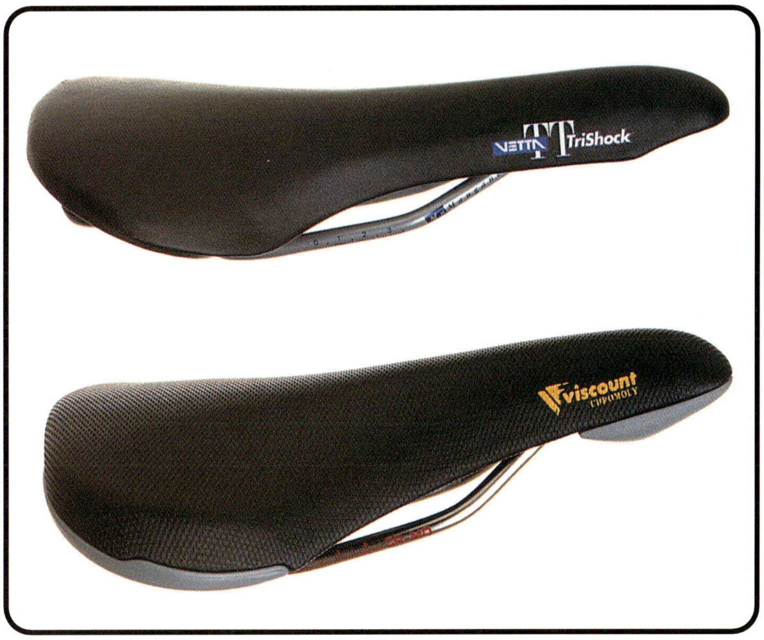

Einige Leute lieben breite, andere schmale Sättel, manche lieben Federung, manche nicht. Sie können nur ausprobieren, welches Modell am besten „sitzt“.

gestreckt, brauchen Sie ein kürzeres Oberrohr - Sie haben leider das falsche Rad.

Komfortabel sitzen

Neulinge haben oft Gesäßschmerzen. Dagegen hilft zuerst eine neue Radlerhose und erst dann ein neuer Sattel.

Der Sattel sollte zunächst absolut waagerecht stehen. Steht er vorn hoch, verspüren Sie eventuell Schmerzen oder ein taubes Gefühl im Genitalbereich. Steht er hinten hoch, könnten Sie laufend nach vorn rutschen und/oder zuviel Druck auf Ihre Handgelenke bringen.

Welcher Sattel komfortabel ist, können nur Sie selbst entscheiden. Wenn Sie einen breiten Sattel mit riesigen Federn auf Ihr MTB montieren wollen, tun Sie's halt. Das gleiche gilt für einen schmalen Rennsattel. Der serienmäßige Sattel Ihres Rades muß ja nicht der richtige sein. Sie müssen es ausprobieren.

Fühlt sich das ganze Rad noch zu hart an, helfen vielleicht breitere Reifen. Das größere Luftpolster wirkt dämpfend.

Fahrräder für Frauen

In der Regel werden Fahrräder von Männern für Männer gebaut. Man beschränkt sich bei Damenfahrrädern darauf, das Oberrohr herunterzuziehen. Aber genau darauf sollten sich Frauen nicht unbedingt einlassen. "Herrenrahmen" sind steifer und, solange kein Rock getragen wird, zu bevorzugen.

Frauen haben im Verhältnis zur Rumpflänge längere Beine als Männer. Ein Rad, das auf der Beinlänge aufgebaut wird, hat dann die richtige Höhe, ist aber zu lang. Die simpelste Methode ist dann ein kleinerer Rahmen mit dem richtigen Abstand, dazu nimmt man eine längere Sattelstütze und zieht den Vorbau hoch. Frauen haben ein breiteres Becken, deshalb wird ein spezieller Frauensattel benötigt.

Fahrräder für ganz Große und Kleine

Kleine Leute leiden darunter, daß alle Erwachsenenräder außer dem Mountainbike mit 28-Zoll-Laufrädern ausgestattet sind. In Rahmenhöhen unter 48 cm sind solche Laufräder nicht mehr einzupassen, irgendetwas leidet.

Das ist bei den Mountainbikes mit 26-Zoll-Laufrädern anders, und sie gibt es auch in sehr niedrigen Rahmenhöhen. Achten Sie, wenn möglich, auf kürzere Kurbeln und kürzere Bremshebelabstände. Wegen der kürzeren Kurbeln benötigen Sie aber auch kleinere Gänge; tauschen Sie also die serienmäßigen Kettenblätter gegen kleinere aus.

Wer ein kleines Reiserad sucht, kann vielleicht ein MTB kaufen und entsprechend nachrüsten. Einige Manufakturen bieten aber auch spezielle Tourer für kleine Leute an.

Sehr große Fahrer haben andere Probleme. Große Rahmen sind nämlich zu weich. Daher muß man auf besondere Rohre achten. Einige Hersteller bieten Rahmen bis 74 cm Höhe an und lösen das Stabilitätsproblem mit zusätzlichen Schrägrohren.

FÜR ALLE LEBENSLAGEN: DIE „EXOTEN"

Außer den bis jetzt gezeigten gängigen Fahrradtypen gibt es eine Unzahl von Nischenprodukten für alle Zwecke und Vorlieben, gelegentlich mit einem Stich ins Skurrile. Ein Streifzug.

Liegeräder sind teuer, weil sie nur in geringen Stückzahlen gefertigt werden. Es macht aber großen Spaß, sie zu fahren.

Liegerad

Seine Anhänger bezeichnen das Liegerad als Fahrrad der Zukunft. Der Fahrer liegt mehr, als er sitzt, in einer Sitzschale; die Pedale sind vorn. Es ist zweifellos sehr komfortabel und vermeidet Verspannungen in Rücken, Nacken und Handgelenken.

Liegeräder sind von Haus aus aerodynamisch günstig, und die verkleideten Formen übertreffen auch Zeitfahrmaschinen. Der von einem verkleideten Liegerad gehaltene Stundenweltrekord liegt bei 79 km/h, die bisher erzielte Höchstgeschwindigkeit in der Ebene über 100 km/h.

Die Zahl der unterschiedlichen Bauformen ist groß. Vor allem wird zwischen dem Kurzlieger, der für Einsteiger leichter zu beherrschen ist, und dem Langlieger unterschieden, der besonderen Langstreckenkomfort bietet. Es gibt auch diverse Ausführungen mit drei Rädern.

Das einzige, was objektiv gegen Liegeräder spricht, ist der Preis. Sieht man von einigen Preisbrecher-Modellen ab, die auch nur mäßigen Erfolg hatten, so beginnt die Preisskala erst bei 2000 Mark, und leicht kann man sehr viel mehr ausgeben. Kleine Stückzahlen sind die Ursache hierfür.

Bahnrad

Das Bahnrad ist ein massiv abgespecktes Rennrad, konstruiert nur für Bahnwettbewerbe. Schaltung und Bremsen (!) fehlen, nicht einmal ein Freilauf existiert.

Der fehlende Freilauf ist so gewöhnungsbedürftig, daß man ein Bahnrad außerhalb des Wettbewerbs wirklich nicht fahren kann. Ob in der Kurve oder bergab, man müßte immer mittreten, ja selbst wenn man die Fahrt verlangsamt.

Es soll einige Fahrradkuriere geben, die Bahnräder bevorzugen. Sie seien unanfälliger (richtig, sie haben weniger Teile, die kaputtgehen können), weniger ermüdend auf flachen Stadtstraßen (mag sein), und man könne sie besser unter Kontrolle halten (für Profis mag das zutreffen). Solche Kuriere flicken einen Platten im Hinterrad, indem sie so auf dem Pedal stehen, daß das Hinterrad in der Luft schwebt.

Lastenrad

Lastenräder sind die Widerlegung der These, daß spätestens beim Transport sperriger Güter kein Weg mehr am Auto vorbeiführe. Sogar die alten Bäckerräder mit riesigem Korb über dem kleinen Vorderrad konnten schon in Maßen diese Aufgabe erfüllen.

Hochleistungsmodelle wie der Long John können mehr Zuladung verkraften, als die Beinkraft noch zu transportieren vermag.

Tandem

Tandems werden mit doppelter Tretkraft bewegt, haben aber nur den Luftwiderstand eines normalen Fahrrades. Im Flachland und bergab ist es daher, gleiche Tretkraft vorausgesetzt, jedem Einzelfahrrad im Tempo überlegen. Bergauf ist es etwas langsamer.

Ein wichtiger Vorteil des Tandems ist, daß bei Konditionsunterschieden zwischen zwei Fahrern der schwächere nicht mehr zurückhängt. Mit Hilfe eines Pedalkurbeladapters kann übrigens auch ein Kind (mindestens vier Jahre) auf dem zweiten Sitz mitfahren.

Während die Eingewöhnung nicht lange dauert, ist das Fahrvergnügen wirklich einzigartig. Übrigens gibt es auch Ausführungen mit drei bis sieben Sitzen, die aber selten und teuer sind. Die Preise für zweisitzige Tandems beginnen bei 2000 Mark, solide Qualität kostet aber wenigstens das Doppelte.

Dreirad

Dreiräder sind schwerer, langsamer und teilweise teurer als normale Fahrräder. Dafür vertragen sie mehr Zuladung, und sie fallen selbst bei 1 km/h oder im Stand nicht um.

Natürlich sind Dreiräder bei älteren und behinderten Menschen besonders verbreitet, und es gibt eine Reihe von Sonderformen für die verschiedensten Arten der Behinderung. Zu beachten ist, daß sich Dreiräder nicht in die Kurve legen können.

Einrad

Der praktische Nutzen von Einrädern ist begrenzt, sie werden für Geschicklichkeitsübungen und Kunststücke eingesetzt.

Tandems existieren zwar auch in Nebeneinander-Versionen; gängig sind aber nur die Hintereinander-Versionen. Die meisten Vorteile bringen Tandems auf langen Strecken, also als Reiserad. MTB-Tandems sind im Gelände äußerst schwierig zu steuern.

RADFAHREN IM STRASSENVERKEHR

Fahrradfahren kann man nicht verlernen. Aber das richtige Verhalten im Straßenverkehr lernen manche Radfahrer nie. Gerade weil das Radfahren nicht führerscheinpflichtig ist, sollten Sie das Fahren im Straßenverkehr trainieren. Schließlich haben Sie keine Knautschzone.

Ihr Fahrrad

Es geht schon damit los, daß Sie ein Ihnen „passendes" Fahrrad fahren müssen, um nicht die Kontrolle zu verlieren. Funktionierende Bremsen und eine aufrechte Sitzposition, um den Verkehr zu überblicken, sind unabdingbar. Das gleiche gilt letztlich für Schutzbleche, sonst ziert Ihren Rücken bald ein Streifen aus Nässe und Dreck. Nabenschaltungen haben im Stadtverkehr den Vorteil, daß man auch im Stand (rote Ampel) den Gang wechseln kann. Und da Sie hoffentlich nicht beabsichtigen, eine Tasche an Ihren Lenker zu hängen, benötigen Sie einen Gepäckträger.

Die Anzahl der Fahrradwege nimmt ständig zu. Weil ihre Qualität unterschiedlich ist, ist es gut zu wissen, daß Sie einen schlaglochübersäten Radweg nicht benutzen müssen.

Mit einer Klingel können Sie Fußgänger auf sich aufmerksam machen; um von Autofahrern gehört zu werden, brauchen Sie schon eine Hupe oder Trillerpfeife. Oder Sie schreien. Ein Rückspiegel ist nützlich, ersetzt aber nicht den Blick über die Schulter.

Grundfertigkeiten

Sie müssen leicht anfahren und anhalten, sauber lenken, einhändig fahren und sich umsehen können, um den Verkehr zu beobachten. Diese Dinge sind noch recht einfach zu erlernen.

Schwieriger ist es da schon, Verkehrssituationen richtig einzuschätzen. Wenn Sie schon Autofahrer sind, dürfte Ihnen das nicht so schwerfallen. Aber normalerweise haben Sie Radfahren ja schon in Ihrer Jugend gelernt; die Polizei nimmt bundesweit in den vierten Schulklassen eine theoretische und praktische Radfahrprüfung ab.

Umgekehrt wissen viele Autofahrer nicht, wie sie sich richtig gegenüber Radfahrern verhalten. Das Problem wird durch unsicher wirkende Radfahrer noch verstärkt. Deswegen müssen Sie sich stets klar verhalten. Dazu gehört, daß Sie sich nicht absolut an den Rand drängen lassen. Im Gegenteil, dort können Sie mit dem Bordstein kollidieren oder in den Graben geraten. Fahren Sie also etwas weiter links. Machen Sie Ihre Präsenz ruhig sichtbar. Zeigen Sie den anderen Verkehrsteilnehmern eindeutig, was Sie vorhaben, und sie werden es respektieren. Vergessen Sie nicht, daß Sie das gleiche Recht zur Straßenbenutzung haben wie ein Autofahrer.

Mit dem richtigen Verhalten im Straßenverkehr kommen Sie mit dem Fahrrad sicher an Ihr Ziel.

Foto: fairkehr/Marcus Gloger

Routenwahl

Auf Nebenstraßen kommen Sie kaum langsamer, aber sicherer und angenehmer ans Ziel. Für Ihren täglichen Arbeitsweg sollten Sie sich also eine Route abseits der großen Hauptstraßen zusammenstellen. Hierbei hilft schon ein gewöhnlicher Stadtplan; für viele deutsche Städte gibt es aber inzwischen spezielle Rad-Stadtpläne, die die besten Wege für Radfahrer zeigen.

Verkehrsrecht

Ampeln, Vorfahrtszeichen, Spurführungen, rechts vor links – alle Vorschriften, die den fließenden Verkehr regeln, gelten für Radfahrer im Prinzip auch.

Die Radwegebenutzungspflicht wurde kürzlich in der Form eingeschränkt, daß Sie bei schlechtem Wegezustand die Straße wählen dürfen. Bei entsprechender Ausschilderung dürfen Sie gegen die Einbahnstraße fahren.

Vor dem Abbiegen müssen Sie nach hinten sichern. Führen Sie einen Spurwechsel zügig durch, und geben Sie klare Handzeichen.

RICHTIGES VERHALTEN IM STRASSEN-VERKEHR

Die sichere Fahrradbeherrschung kommt nicht nur aus Erfahrung. Immer wenn Sie auf die Straße kommen, beginnt die Praxis.

Links abbiegen

Sehen Sie sich frühzeitig um. Wenn die Straße leer ist, scheren Sie zur Straßenmitte herüber und halten Sie sich rechts des Mittelstreifens. Wenn möglich, sollten Sie diesen Schwenk zur Mitte dann vollziehen, wenn kein Gegenverkehr in Sicht ist, damit Sie in der Straßenmitte nicht warten müssen.

Bei starkem Verkehr müssen Sie mit dem nachfolgenden Fahrer Blickkontakt aufnehmen, klares Handzeichen geben und, nach einer letzten Absicherung, daß er Sie einfädeln läßt, ausscheren. Will er dagegen überholen, sollten Sie dies zulassen und keinesfalls das Einfädeln erzwingen. Irgendwann ergibt sich schon die Gelegenheit.

Beim Abbiegen orientieren Sie sich am rechten Rand der neuen Straße; schnelden Sle dle Ecke nlcht ab. Sonst könnten Sle mlt Gegenverkehr aus der Seitenstraße kollidieren.

Rechts abbiegen

Theoretisch ist rechtsabbiegen weniger gefährlich, praktisch müssen Sie darauf achten, daß ebenfalls rechts abbiegende Autos Sie nicht einzwängen. Selbst geradeausfahren birgt Gefahren, nämlich von rechts abbiegenden Fahrzeugen. Deren Fahrer sehen Sie nicht, wenn der Radweg etwa durch parkende Autos von der Straße getrennt ist, oder schätzen Ihre Geschwindigkeit falsch ein. Achten Sie beim Geradeausfahren auch auf Autos, die von Seitenstraßen oder Hofeinfahrten auf "Ihre" Straße einbiegen wollen. Vergewissern Sie sich immer, ob Sie von den anderen Verkehrsteilnehmern wahrgenommen werden.

Oben links: Entgegenkommenden Verkehr müssen Sie beim Linksabbiegen vorbeilassen.

Oben rechts: Wenn Sie die Spur wechseln wollen, müssen Sie nach hinten sichern.

Überholen

Zum Überholen langsamer oder zum Umfahren parkender Fahrzeuge zeigen Sie Ihre Absicht per Handzeichen an, und scheren Sie allmählich in einem flachen Winkel aus. Warten Sie nämlich bis zum letzten Augenblick, riskieren Sie, einen schnelleren Verkehrsteilnehmer zu schneiden, der Sie gerade überholt. Auch das spricht übrigens dafür, nicht am äußersten rechten Rand zu fahren. Fahren Sie also lieber eine klare Linie, als bei einer losen Folge von parkenden Autos ständig ein- und auszuschwenken. Dann werden Sie auch besser gesehen.

Fahrspurwechsel

Befahren Sie eine Spur grundsätzlich am rechten Rand, und wechseln Sie einzeln von Spur zu Spur statt mehrere auf einmal. Im übrigen gilt das unter "Links abbiegen" Gesagte.

Kreisverkehr

In Deutschland nehmen Kreisverkehre zu, die meisten sind aber einspurig. Falls nicht, sollten Sie die rechte Spur benutzen. In der Regel hat der Verkehr im Kreis Vorfahrt, wer hinein will, muß die Vorfahrt gewähren. Im Prinzip stellt sowohl das Hineinfahren als auch das Verlassen des Kreisels einen Rechtsabbiegevorgang dar. Achtgeben sollten Sie auf Autofahrer, die den Kreisel an einer früheren Ausfahrt verlassen wollen als Sie. Es besteht Gefahr, daß Sie geschnitten werden.

Übrigens gilt für jede Art der Kreuzungsüberquerung: Wenn Sie sich zu unsicher fühlen, steigen Sie ab und schieben Ihr Rad über den Fußweg.

Bremsen

Beim Bremsen wird der Schwerpunkt nach vorn verlagert. Versuchen Sie daher bei Notbremsungen, Ihre Körpermasse mit den Armen nach hinten zu drücken. Verwenden Sie auch beide Bremsen gleichzeitig, um die Räder nicht zu blockieren.

Hindernisse

Statt ein Schlagloch zu umfahren, sollten Sie es lieber überfahren, indem Sie aus dem Sattel gehen und damit den Schlag abmildern.

Oben: Halten Sie immer Ihre Spur, und geben Sie eindeutige Handzeichen.

Sicherheit auf dem Rad bedeutet zuallererst, gesehen zu werden. Wenn Sie in dunkler Kleidung fahren, bringen Sie sich unnötig in Gefahr.

SICHERHEIT

Fahrradfahren ist nicht per se gefährlich - im Gegensatz zu Autos. Die meisten schweren Unfälle von Radfahrern gehen auf Kollisionen mit dem Auto zurück, und meistens hat der Autofahrer schuld.

Verbessern Sie daher Ihre eigenen Fahrkünste, und sorgen Sie dafür, daß Sie gesehen werden. Verstehen Sie die Mentalität eines durchschnittlichen Autofahrers: Er hat nicht die Absicht, Sie über den Haufen zu fahren, aber er sitzt inmitten viel Blech, ist dem Streß des heutigen Straßenverkehrs ausgesetzt und hat Radfahrer einfach nicht auf der Rechnung. Versetzen Sie sich in seine Lage.

Sichtbarkeit

Solange es hell ist, kommt es auf Ihre Fahrweise an. Aber auch dann kann es nicht schaden, auffällige Kleidung zu tragen, etwa in einem Gelb, das auch im Tageslicht glitzert.

Nachts sind die Farben weniger entscheidend. Dann benötigen Sie Pedalreflektoren und ein reflektierendes Band am Körper.

Beleuchtung

Qualitativ hochwertige Beleuchtung ist unabdingbar für Ihre passive Sicherheit bei Dunkelheit. Dabei ist die dynamogestützte Beleuchtung am City- und Trekkingrad immer noch die einzige, die den deutschen Vorschriften entspricht. Bei Rennrädern unter 11 Kilo und Mountainbikes unter 13 Kilo können Sie zwar auch Batteriebeleuchtung einsetzen, aber nur

Radwege

Zur Sicherheit des Radfahrers tragen Radwege in Städten besonders dann bei, wenn sie direkt am Straßenrand geführt werden. Radwege, die vom Bürgersteig abgeteilt sind, sind oft schmal; die Gefahr von Kollisionen mit Fußgängern steigt. Verläuft der Bürgersteig/Radweg außerdem hinter einer Reihe von Bäumen oder parkenden Autos, ist er den Blicken der Autofahrer entzogen. In Kreuzungsbereichen droht dann Gefahr.

Radfernwege sind touristische Radwege und autoarm oder autofrei. Sie sind recht sicher und garantieren ungetrübtes Naturerlebnis.

solche, die ein Prüfkennzeichen des Kraftfahrtbundesamtes besitzt.

Ein guter Dynamo (Seiten-, Walzen-, Nabendynamo), Halogenlampe und Standlichtfunktion bilden ein Paket mit bestmöglicher Sicherheit.

Helme

Helme spalten immer noch die Radfahrer. Manche tragen sie, manche lehnen sie ab. Aber Sie sollten es wenigstens versuchen.

Es gibt Argumente gegen das Helmtragen: Es setze am Symptom und nicht an der Ursache an; es sei wahrscheinlicher, sein Haupt beim Treppensturz zu beschädigen. Ob diese Argumente stark genug sind, Sie vom Helmtragen abzuhalten, müssen Sie entscheiden.

Reflektoren und Helme sind weitere Sicherheits-Accessoires, auf die Sie nicht verzichten sollten.

Bei schnell gefahrenen Rennen und MTB-Downhills geht ohne Helm wirklich nichts. Wenn Sie eine Radtour in mäßigem Tempo im Flachland auf autofreien Wegen machen, ist es weniger kritisch, den Helm wegzulassen.

Übrigens tragen Kinder häufiger Helme als Erwachsene, und ihnen kommt es wegen ihrer teilweise unsicheren Fahrweise auch besonders zugute.

Beim Helmkauf sollten Sie darauf achten, daß der Helm Ihrer Wahl eine relevante Sicherheitsnorm erfüllt (Snell, CE). Achten Sie beim Anprobieren auf die Paßform, auf das Aussehen und die Belüftung.

Oben links: LED-Rücklichter haben einen hohen Aufmerksamkeitswert, die Batterien halten ewig.

Links: Zum Befahren unbeleuchteter Routen können Sie auch eine wiederaufladbare Akkubeleuchtung einsetzen.

OUTFIT FÜR DEN SOMMER

Fahrradbekleidung bestand einst aus Wollhose, Wollpullover und flachen, schwarzen Schuhen. Heutzutage ist Fahrradbekleidung modischer und dabei noch praktischer.

Kopf

Sie brauchen einen Helm mit ausreichender Belüftung, sonst wird er im Sommer zur Qual. Achten Sie also beim Kauf darauf, daß er wenigstens acht Belüftungsschlitze aufweist. Ihre Anordnung ist natürlich auch von Bedeutung.

Falls Sie keinen Helm tragen, sollten Sie wenigstens eine Schirmmütze tragen, und zwar mit dem Schirm nach hinten, damit er Ihren Nacken vor Sonne schützt.

Normale Kleidung ist zu warm, führt den Schweiß nicht ab, ist unbequem und verschlechtert zudem die Aerodynamik.

Auf längeren Strecken führt kein Weg an spezieller Radbekleidung vorbei. Shorts mit Einsätzen sind dabei ebenso unverzichtbar wie ein Shirt mit guter Wärmeabführung. Steife Schuhe erlauben sauberes Pedalieren, und eine Brille schützt vor Wind, Sonne und Insekten.

Gegen den Durst

Wollen Sie länger als eine Stunde radfahren, füllen Sie Ihre Trinkflasche ab. Ihr Flüssigkeitsbedarf beträgt einen Liter und mehr. Trinken Sie, bevor Sie Durst bekommen. An heißen Tagen benötigen Sie einen Liter je Stunde. Auf Langstrecken benötigen Sie zwei oder drei Flaschen.

Mountainbiker beklagen sich über verdreckte und schlecht erreichbare Flaschen und steigen auf den Camelbak um. Das ist ein rucksackartiger Trinkbehälter mit Schlauch zum Mund. Es gibt auch Rucksäcke mit integriertem Camelbak.

Augen

Eine Sonnenbrille schützt die Augen nicht nur vor Sonne, sondern auch vor Wind und Insekten. Ein Windschutz ist aber nur gegeben, wenn die Brillengläser durch ihre Form auch die Seiten abdecken. Eine um den Nacken geführte Schnur sichert die Brille.

Hände

Nützlich sind fingerlose Handschuhe, die die Vibrationen dämpfen und die Handflächen bei Stürzen schützen. Es gibt Sonderausführungen, die die reibungsintensive Betätigung des Drehschalters „Grip Shift“ erleichtern.

Körper

Baumwoll-T-Shirts saugen sich mit Schweiß voll, eine Erkältung kann die Folge sein. Spezielle Fahrrad-Shirts aus einer angepaßten Kunstfaser führen Nässe ab und halten auch den Wind besser fern.

Es gibt inzwischen auch hervorragende Jacken, die als Windstopper fungieren, und atmungsaktive Regenjacken. Funktionsbekleidung ist normaler Bekleidung deutlich überlegen.

Beine

Spezielle Radhosen sind die beste Wahl, denn die eingearbeiteten Einsätze haben keine stark auftragenden Nähte, an denen man sich wundscheuern könnte. Hosen mit dicken Säumen (z.B. Jeans) sind für lange Fahrten ungeeignet.

Neben dem pflegeintensiven Leder sind die Einsätze zunehmend auch aus pflegeleichten Kunstfasern. Shorts aus Coolmax/Lycra verursachen weniger Schwitzen als solche aus einem Nylon-Lycra-Gemisch. Es gibt noch mehr Unterschiede, die eine Beratung im Fachhandel klären sollte.

Füße

Radschuhe zeichnen sich durch eine steife Sohle aus, damit Sie ohne Kraftverlust pedalieren können. Socken schützen vor Blasen.

Bei Rennen sind Systempedale mittlerweile Standard. Man kann nicht vom Pedal rutschen, und sie erlauben eine längere Kraftübertragung innerhalb einer Kreisbewegung des Pedals.

Im Mountainbike- und Tourenbereich hat sich das SPD-(Shimano Pedaling Dynamics)-System von Shimano durchgesetzt; Fremdanbieter bauen “SPD-kompatibel”. Die zugehörigen Schuhe sind beim Laufen durch den eingebauten Spalt angenehm beim Gehen. Rennradler, die nicht absteigen und laufen müssen, benutzen auch Schuhe mit vorstehenden Verbindungselementen.

Pedale mit Haken und Riemen sind dagegen weitgehend verschwunden. An normalen Fahrrädern werden vorwiegend schlichte Gummiblockpedale verwendet.

WINTER-KLEIDUNG

Radfahren im Winter muß nicht unangenehm sein, solange Sie nur bei der Kleidung vorsorgen. Entsprechend ausstaffiert können Sie den schlimmsten Unwettern trotzen und dabei warm und trocken bleiben.

Kopf

Wenn nasses Laub oder Glatteis die Straßen rutschig machen, ist ein Helm erst recht unverzichtbar.

Was im Sommer gebraucht wird, stört im Winter: eine gute Ventilation. Steigen Sie auf einen dichteren Helm um, oder tragen Sie ein dünnes, aber warmes Tuch (Motorradzubehör) unter dem Helm. Stirnbänder zum Schutz der Ohren sind auch sehr gut geeignet.

Eine Schirmmütze oder ein Schirmvorsatz halten Niederschlag vom Gesicht ab. Eine Kapuze an der Jacke ist nur dann hilfreich, wenn sie sich mit dem Kopf mitdreht - sonst schauen Sie, wenn Sie zur Seite oder nach hinten schauen wollen, in die Kapuze.

Hände und Arme

Handschuhe aus Fleece/Neopren oder Gore-Tex halten Ihre Hände warm und trocken.

Wenn es richtig kalt ist, ziehen Sie dünne Seidenhandschuhe drunter, oder greifen Sie zu Gore-Tex-Fäustlingen (Fäustlinge halten wärmer als Fingerhandschuhe).

Für kurze Fahrten können Sie auch Gummihandschuhe über Wollhandschuhen tragen. Auf längeren Fahrten produzieren Sie damit im Inneren ein Schweißbad.

Ihre Jackenärmel müssen so lang sein, daß sie mit den Handschuhen abschließen. Elastische Bündchen am Ärmelende verhindern, daß die Kälte in den Ärmel kriecht.

Körper

Bei der Bekleidung folgen Sie dem Zwiebelprinzip mehrerer Schichten, mit dem Sie sich flexibel den Gegebenheiten anpassen können. Ihre Jacke muß hinten lang genug sein, daß sie auch bei gebeugter Fahrhaltung Ihren Rücken noch bedeckt. Unten und am Hals muß sich die Jacke mindestens durch eine Tunnelbundschnur zuziehen lassen, um auch hier die Kälte nicht hereinzulassen. Am Hals ist ein Klettverschluß aber vorzuziehen. Ein Schal ist stets von Nutzen. Alle Reißverschlüsse müssen von Klappen bedeckt sein, denn sie sind "ideale" Kältebrücken; die Nähte müssen wegen der Nässe versiegelt sein.

Es gibt inzwischen ein breites Angebot an speziellen Jacken mit Bezeichnungen wie Gore-Tex, Sympatex etc. Aber es sollte eine spezielle Radfahrerjacke sein. Hier sollen auch nicht die Regencapes unerwähnt bleiben, die man

Die Ärmel dieser Jacke sind ausreichend lang bemessen. Kopf, Hände und Füße sind ebenfalls gut gesichert.

Solange Sie sich bewegen, erzeugen Sie Wärme und benötigen daher weniger „Verpackung" als beim Herumstehen. Da Sie aber auch zu einem unvorhergesehen Halt gezwungen sein könnten, sollten Sie auch ein oder zwei Schichten in Reserve haben.

während der Fahrt über den Lenker stülpt und die somit den gesamten Körper trocken halten.

Beine

Tragen Sie dicke Radlerhosen über Ihren Shorts. Bei starker Kälte empfehlen sich auch zusätzliche Beinwärmer. Gegen Regen helfen Überhosen aus Gore-Tex.

Füße

Überschuhe aus Neopren benötigen Sie, weil ja auch Nässe von unten hochgewirbelt wird. Sie sind aber nicht hundertprozentig wasserdicht. Für alle Fälle gibt es ja auch Socken aus Gore-Tex. Sie halten die Füße garantiert trocken und warm, sind aber auch relativ teuer.

Das Zwiebelschalenprinzip

Beim Radfahren kann Ihre Körpertemperatur stark schwanken. Bergauf erzeugen Sie viel Schweiß; bergab werden Sie vom Wind ausgekühlt. Tragen Sie lieber mehrere dünne Schichten als eine dicke, dann können Sie immer eine an- oder ablegen.

Auf der Haut sollten Sie ein leichtes Kleidungsstück tragen, das Schweiß abführt – beispielsweise ein Thermo-Unterhemd. Darüber benötigen Sie ein bis zwei isolierende Schichten wie zum Beispiel ein Radshirt oder ein Fleece. Als oberste schließlich tragen Sie eine wasser- und winddichte Schicht (Gore-Tex o.ä.). Alle Schichten sollten atmungsaktiv sein.

Fachbegriffe

Coolmax
Kunstfaser, die Schweiß abführt und sehr gut auf der Haut zu tragen ist.

Gore-Tex
Atmungsaktives, wasser- und winddichtes Material. Es basiert auf einer Membran, die die kleineren Schweißtröpfchen durchläßt, nicht jedoch die größeren Wassertropfen. Es gibt unterdessen mehrere Stoffe dieser Art unter verschiedenen Bezeichnungen (Sympatex etc.)

Neopren
Leicht dehnbares Material, das auch naß noch warm bleibt. Einige Überschuhe bestehen aus Neopren. Wird als Material für Schwimmanzüge eingesetzt (Triathlon).

Pertex
Weiches, beständiges Material aus festen, superfeinen Nylonfäden. Es ist atmungsaktiv, winddicht und einigermaßen wasserabweisend, aber hierin Gore-Tex unterlegen.

AUSRÜSTUNG FÜR UNTERWEGS

Nicht erst bei langen Touren von 100 Kilometern oder mehr kommt es auf Werkzeug und Ersatzteile entscheidend an. Die Mitnahme der richtigen Teile entscheidet zwischen den Alternativen „Reparieren“ oder „Laufen“.

Auf jeder Tour sollten mindestens dabeisein:

- Pumpe
- Set fürs Reifenflicken
- Ersatzschlauch
- Kompaktwerkzeug mit den wichtigsten Schlüsseln.

Immer nützlich ist etwas Kleingeld für einen Schokoriegel oder die nächste Telefonzelle, wobei das Handy auch bei Radfahrern an Verbreitung zunimmt. Alle diese Utensilien sollten Sie in einer kompakten Tasche beisammen haben, die Sie nicht am abgestellten Rad zurücklassen sollten (Diebstahlgefahr).

Auf großer Reise

Wenn Sie sich beim Packen der Taschen nicht sinnvoll beschränken, werden Sie unterwegs dafür büßen; insbesondere bei Steigungen. Umgekehrt dürfen Sie auch nicht zuwenig dabei haben, aber diesen Fehler begehen nur wenige.

Es hat keinen Sinn, Ersatzteile für eine Öl-Luft-Federgabel dabeizuhaben. Lieber sollten Sie eine Federgabel verwenden, die weniger Teile hat, die kaputtgehen könnten. Die Komponenten eines Reiserades für Ferntouren müssen daher unter dem Gesichtspunkt gewählt sein „Je weniger (bewegliche) Teile, desto sicherer“. Wer nur den Donau-Radweg entlangradelt, findet natürlich schnell eine Servicestation.

Wichtige Werkzeuge und Ersatzteile:

Ersatzreifen, Kettenschmiermittel, Fett, Kugellager, Kettenglieder, Bowdenzüge, Sechskantschlüssel, Ersatzspeichen, Pedalschlüssel, Konusschlüssel, Zahnkranzabzieher, Tretlagerwerkzeuge.

TIP

● Überprüfen Sie Ihren Ersatzreifen öfters. Achten Sie darauf, daß er überhaupt das richtige Ventil hat, denn manche Ventile passen nicht durch manches Ventilloch in der Felge. Übrigens soll es schon vorgekommen sein, daß sich der vermeintliche Ersatzschlauch als jener zerstörte entpuppt, den man schon mal ersetzen mußte („Ich wollte doch immer mal einen neuen Schlauch ...")!

Werkzeuge

Fahrräder sind Artikel mit geringem Technisierungsgrad; selbst die wenigen komplizierten Teile lassen sich mit wenig Werkzeug zumindest provisorisch richten. Natürlich kann es sein, daß eine Notreparatur alle halbe Stunde erneuert werden muß, keine sichere Dauerlösung darstellt oder sonstwie unzureichend ist. Sie können und müssen aber unterwegs keine stationäre Werkstatt ersetzen, sondern nur eine solche erreichen. Beispielsweise können Sie eine 21-Gang-Schaltung mit gerissenen Zügen wenigstens als 1-Gang-Schaltung weiterbenutzen.

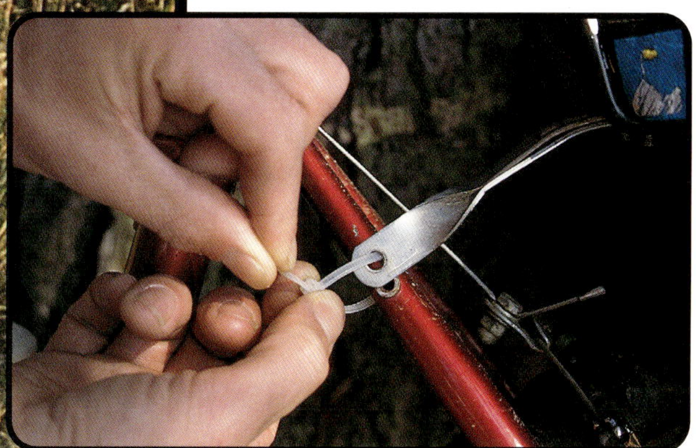

Oben: Kabelbinder fixieren einfach alles.

Links: Kombiwerkzeuge sind kompakt, variabel und dabei sehr gut zu handhaben. Sind lose Werkzeugteile dabei, gehen diese jedoch leicht verloren.

Eine wohlüberlegte Werkzeugauswahl versetzt Sie in die Lage, die weitaus meisten Reparaturen unterwegs durchzuführen. Dazu gehören ein Schraubenschlüssel, 4/5/6-mm-Inbusschlüssel, Reifenheber, ein kleiner Schraubenzieher und ein Kettennieter. Nützlich sind kompakte Kombiwerkzeuge, die im Prinzip wie ein Schweizer Taschenmesser aufgebaut sind.

Sparen Sie nicht am Werkzeug; Sie brauchen anständige Qualität. Billige Werkzeuge überstehen kaum den ersten Einsatz.

Nachtfahrten

Für Fahrten im Dunkeln benötigen Sie Beleuchtung und Reflexmaterialien. Für Reparaturen im Dunkeln ist eine Taschenlampe übrigens nur dann hilfreich, wenn Sie eine zweite Person haben, die für Sie leuchtet; denn Sie werden keine Hand frei haben. Ideal ist eine Stirnlampe, denn Sie leuchtet automatisch dahin, wohin Sie schauen.

FAHREN MIT KINDERN

Kinder genießen das Radfahren von klein auf, aber bis sie in der Lage sind, aus eigener Kraft auf einer längeren Strecke mitzuhalten, brauchen Sie Hilfsmittel für die Mitnahme.

Oben: Wenn sie ohne Hilfe aufrecht sitzen können, sind Kinder reif für Kindersitze. Ihr Gewicht hat Einfluß auf die Fahrdynamik des Fahrrades, insbesondere wenn der Rahmen einen niedrigen Durchstieg hat. Ein Mountainbike wie das hier gezeigte ist meistens stabil genug.

Kinderanhänger

Ein Kinderanhänger bietet in der Regel zwei Kindern Platz und wird über eine Deichsel überwiegend an der linken Kettenstrebe, seltener an der Sattelstütze, des Zugfahrrades angekuppelt. Normalerweise können Kinder bis zu sechs Jahren darin transportiert werden. Richtig angeschnallt oder unter Zuhilfenahme einer Babyschale für Autos können Kinder schon ab sechs Wochen im Hänger transportiert werden.

Die Vorteile des Kinderanhängers liegen auf der Hand: Man kann zwei Kinder mitnehmen, was in Kindersitzen am Rad eine wacklige Angelegenheit ist; sie sind vor Wind und Wetter geschützt; die Fahrstabilität des Rades wird nicht beeinträchtigt, und man kann den Hänger auch mal als Lastesel für den Einkauf gebrauchen. Viele sind faltbar.

Anhänger sind sicherer als sie aussehen. Hohe Fahnen machen sie weithin sichtbar. Autos machen einen größeren Bogen um ein Gespann. In der Regel bleibt der Hänger auch stehen, wenn das Zugfahrrad umfällt. Allerdings sollten Kinderanhänger eine breite Spur und einen niedrigen Schwerpunkt aufweisen.

Kindersitze

Vordersitze werden am Oberrohr befestigt, rückwärtige Sitze auf dem Gepäckträger oder an der Sitzstrebe. Sie sind einsetzbar, sobald ein Kind frei sitzen kann, in der Regel also in einem Alter von sieben bis neun Monaten.

Vordersitze beeinträchtigen das Fahrverhalten weniger, und das Kind wird zwischen Ihren Armen gehalten. Aber sie bestehen meist nur aus einer flachen Sitzschale und Fußrasten, können also nur von Kindern ab vier Jahren genutzt werden. Kleinstkinder gehören in einen Sitz, der ihrem Rücken die volle Stützung bietet. Solche gibt es auch für vorn, und sie sehen aus wie kleine Ausgaben der rückwärtigen Sitze. Sie sind bis zu einem Alter von zweieinhalb Jahren verwendbar.

Die hinten angebrachten Sitze tragen ein bis zu 22 Kilo schweres Kind. Der Kopf sollte ebenfalls gestützt sein. Die Füße müssen in Fußrasten und Riemen stecken, um nicht in die Speichen zu geraten. Die Sicherheitsgurte sollten auch über die Schultern verlaufen. Weil Kinder im Kindersitz gerne einschlafen, ist ein Kindersitz mit neigbarer Rückenlehne hilfreich, weil dann der Kopf nicht mehr nach vorne fällt.

„Anhängefahrräder“

Ein „Anhängefahrrad“ ist eine Sonderkonstruktion, auf der ein Erwachsener und ein Kind gemeinsam fahren. Es gibt verschiedene Konstruktionen: Entweder wird eine Verbindungsstange eingesetzt, die ein Kinderrad an ein Erwachsenenrad anhängt. Der Erwachsene zieht dann das Kind. Der Vorteil dieser Lösung ist, daß das Kind zunächst eigenständig fährt, solange seine Kondition ausreicht. Andererseits stellt sich die Frage, wie die Verbindungsstange mitzuführen ist, solange sie nicht gebraucht wird. Oder die Konstruktion ist von vornherein als „halbes Fahrrad“ aufgebaut, also als reines Anhängsel gedacht. Es besteht aus dem hinteren Teil eines Kinderrades und einer Stange zum Ankuppeln. Solche Modelle haben häufig eine eigene Schaltung, damit das Kind seinen Tretrhythmus individuell regulieren kann.

Fahren mit Kindern

Bedenken Sie, daß Sie beim Radfahren warm werden, Kinder aber in Kindersitzen und Anhängern leicht frösteln können. Achten Sie darauf, daß Schals nicht in die Speichen geraten können.
Machen Sie auf längeren Fahrten Pausen, um die Langeweile zu bekämpfen. Halten Sie reichlich Snacks und Getränke bereit.
Tragen Sie Sorge dafür, daß Ihr Fahrrad sicher ist, denn davon hängt nicht nur Ihre eigene Sicherheit, sondern auch die Ihres Kindes ab. Wegen des größeren Gewichtes benötigt das Rad stärkere Bremsen und eine Gangschaltung mit leichteren Gängen.

Tandems

Ein Tandem kann entweder von den Eltern benutzt werden, die einen Kinderanhänger anschließen, oder der hintere Platz wird mit Hilfe einer adaptierten Tretkurbel kindertauglich gemacht. Sie wird mit einer kurzen Kette mit dem eigentlichen Tretlager verbunden; so wird die kürzere Beinlänge ausgeglichen. Diese „kiddy cranks“ können ab dem vierten Lebensjahr benutzt werden.

Übrigens gab es auch mal ein spezielles Erwachsenen-Kind-Tandem, bei dem der Vorderplatz für kleine Körper ausgelegt war, aber der Hersteller ging in Konkurs, und über eine Serienproduktion ist derzeit nichts bekannt.

So funktioniert die adaptierte Tretkurbel für die Kleinen. Sie können auf diese Weise auf einem normalen Tandem mitfahren.

DAS KIND ALS RADFAHRER

Vom vierten Lebensjahr an sind Kinder in der Lage, Radfahren zu lernen. Es wird ihren Spaß aber steigern, wenn sie ein leichtes und hochwertiges Fahrrad haben.

Das Fahrrad

Kinderräder sind zwar deutlich kleiner als Erwachsenenfahrräder, aber für den Hersteller sind Materialeinsatz und Aufwand bei der Fertigung nahezu gleich. Da aber leider viele Eltern nur niedrige Preise für Kinderräder akzeptieren, wird eben an der Qualität gespart. Hohes Gewicht, Bauteile aus minderwertigem Material und schwache Bremsen sind die häufigsten Folgeerscheinungen.

Dabei ist der Mehrpreis für ein besseres Kinderrad gut angelegt, denn man kann es an die Geschwister weiterreichen oder gebraucht verkaufen. Hochwertige, kindgerechte Komponenten und ein niedriges Gewicht sind jedoch Garanten für großen Fahrspaß und damit eine intensive Nutzung. Kinder haben noch nicht die Kraft, schlechte Fahrräder zu bewegen.

Das erste Rad sollte niedrig genug sein, daß das Kind mit beiden Füßen auf die Erde kommt, wenn der Sattel niedrig gestellt ist. Widerstehen Sie der Versuchung, ein Fahrrad zu kaufen, in das Ihr Kind noch „hineinwächst"; wir reden hier ja nicht von einem Anorak.

Der Lenker sollte nicht so breit sein, daß es einer unnatürlichen Armspreizung bedarf, um ihn zu fassen. Außerdem kommt es auf eine aufrechte Sitzhaltung an. Notfalls muß der Lenker gekürzt oder der Vorbau ausgetauscht werden. Gebogene Lenker kommen aber erst ab acht Jahren in Betracht.

Das erste Rad braucht keine Gangschaltung; damit kann sich das Kind in der Lernphase nicht auch noch beschäftigen. Und auch beim zweiten Rad reicht eine robuste Nabenschaltung mit drei bis sieben Gängen. Eine Kettenschaltung mit mehr Gängen verwirrt nur; auch die motorische Entwicklung ist noch nicht so weit fortgeschritten, daß das Kind das komplizierte Schalten und die Aufmerksamkeit für den Verkehr gleichzeitig bewältigt.

Auch eine Federgabel hat an einem Kinderrad noch nichts verloren. Die in Kinderrädern verbauten Ausführungen genügen in der Regel nicht einmal bescheidenen Qualitätsansprüchen.

Eine der wichtigsten Forderungen überhaupt betrifft den Abstand zwischen Bremshebel und Lenker. Können die kleinen Kinderhände den Bremshebel nicht umfassen, ist Gefahr im Verzug. Es gibt inzwischen spezielle Kinderbremshebel am Markt.

Der beste Einstieg ins Radfahren: Pedale ab und mit den Füßen abstoßen. Dazu den Sattel runter, und so kann das Kind die Balance ohne Gefahr üben.

Individuelle Bestückungen mit Lieblingsklingel, persönlicher Wasserflasche und ähnlichen Dingen steigern die Identifikation: „Das ist mein Rad."

Radfahren lernen

Wichtigster Leitsatz: Keine Stützräder, bitte! Sie behindern den Lernprozeß und sind im ungünstigsten Falle sogar gefährlich, etwa wenn das Kind mit einem Stützrad vom Bordstein herunterkommt.

Es fördert den Lernprozeß, wenn Sie zunächst die Pedale entfernen und den Sattel tiefer stellen. Das Kind stößt sich mit den Füßen ab und gewöhnt sich an die nötige Balance.

Lassen Sie Ihr Kind ein oder zwei Nachmittage so „im Schonraum" herumfahren, und beobachten Sie, wie es mit Lenkung und Bremsen umgeht. Klappt dies, ermuntern Sie das Kind, sich mit beiden Füßen

Kurbeln für Kinder

An vielen Kinderrädern sind die Kurbeln zu lang. Genau wie bei Erwachsenen sollte ihre Länge ein Fünftel der Schrittlänge betragen.

Schritt-länge (cm)	**Kurbel-länge (mm)**
40–45	90
46–50	100
51–55	110
56–60	120
61–65	130
66–70	140

Manche Werkstätten können Kurbeln kürzen.

abzustoßen und diese dann hochzunehmen. So wird der Sinn für die Balance gezielt weiterentwickelt.

Dann schrauben Sie die Pedale wieder an und lassen es fahren. Halten Sie nicht den Sattel fest und rennen mit. Das spüren Sie bald im Rücken und kann das Kind verunsichern. Wenn der Lernprozeß fortschreitet, können Sie den Sattel schrittweise auf die richtige Höhe bringen. Zeigen Sie Ihrem Kind, wie man notfalls abspringt.

Da Kinder statistisch häufiger vom Rad fallen als Erwachsene, sollte der Helm eine Selbstverständlichkeit sein.

Wenn die Kurbeln zu lang sind, strengt das Pedalieren zu sehr an. Lassen Sie die Finger von Stützrädern, sie behindern den Lernprozeß.

Beim Anschließen sollten Sie das Vorderrad „mit reinnehmen“. Innerhalb des Schloßbügels sollte möglichst wenig „Luft“ für das Ansetzen von Aufbruchwerkzeugen sein.

DIEBSTAHL-SICHERUNG

Ein Fahrrad in der Stadt unabgeschlossen zurückzulassen, ist Beihilfe zum Diebstahl. Aber selbst manche Bügelschlösser halten Profi-Diebe nur für Sekunden auf. Hier ein Ratgeber.

Ihr Fahrrad

Sieht Ihr Fahrrad attraktiv aus, ist es besonders gefährdet. Mit attraktiv ist gemeint, daß man ihm ansieht, daß es eine Menge Geld gekostet hat.

Manche Fahrradkuriere verschandeln ihr hochwertiges Fahrrad mit Klebeband und Schaumstoff, damit es alt und vergammelt wirkt. Das hält wenigstens unkundige Gelegenheitsdiebe ab. Aber in der Tat kann man in der Stadt auch weniger teure Modelle einsetzen, die genügend Qualität bieten, aber einen geringeren Reiz ausüben.

Wenn Sie Ihr Rad abstellen, dann an belebten Plätzen und nicht dort, wo keiner hinkommt und hinsieht. Verschließen Sie es immer, egal wie kurz Sie davon weg sind.

Viele Schlösser können mit Bolzenschneidern in Sekunden geöffnet werden. Ein hochwertiges Bügelschloß ist die bessere Wahl und kostet immer noch weniger als ein neues Fahrrad.

Ein gut sichtbarer Hinweis, daß die Garage durch eine Alarmanlage gesichert ist, läßt viele Diebe weiterziehen.

Ihr Schloß

Die beste Kombination aus gutem Handling und Sicherheit bieten Bügelschlösser. Die besten widerstehen allen Aufbruchmethoden von Hämmern über Sägen, Aufstemmen und Durchschneiden bis zur Manipulation des Schließzylinders. Wenn Sie aber der Versuchung nicht widerstehen können, statt der ausgewiesen guten Markenware ein halb so teures Imitat zu erwerben, könnten Sie dafür büßen; jedenfalls wiegen Sie sich in falscher Sicherheit.

Schließen Sie Ihr Rad an einen soliden Gegenstand (Straßenschild, Laternenmast etc.) an, und vergewissern Sie sich, daß man diesen nicht aus der Erde ziehen oder absägen kann. Lassen Sie so wenig Luft wie möglich zwischen Fahrradrahmen, Schloßbügel und Laternenmast, um das Ansetzen von Aufbruchwerkzeugen nicht zu erleichtern. Haben Sie ein Vorderrad mit Schnellspanner, nehmen Sie es in das Bügelschloß mit herein; eine Sattelstütze mit Schnellspanner müssen Sie mitnehmen.

Alternativ können Sie auch alle leicht abbaubaren Teile mit speziellen unsichtbaren Schraubensicherungen absichern; diese Produkte bewirken, daß Inbus- und Schraubenschlüssel durchdrehen. Das stoppt den zunehmenden Teileklau. Lassen Sie Packtaschen, Radcomputer oder Batterielichter nicht am Rad zurück. Und lassen Sie Fahrräder nicht unverschlossen auf dem Autoträger stehen.

Sicherheit zu Hause

Auch zu Hause müssen Sie Ihr Fahrrad anschließen. Ein verschlossenes Garagentor reicht als Sicherung nicht aus. Bringen Sie Halterungen in der Betonwand der Garage an, um dort Ihr Fahrrad anzuschließen.

Die Garage könnte durch eine Alarmanlage gesichert werden. Ein automatisch bei Bewegung angehendes Licht ist ebenfalls hilfreich. Das alles kostet weniger als Sie denken.

Versicherung

Die hohen Diebstahlquoten und auch mancher Versicherungsbetrug haben dazu geführt, daß die Prämien für Fahrraddiebstahlversicherungen ebenso in die Höhe gegangen sind wie die Selbstbeteiligungsquoten im Schadensfall. Außerdem wird Ersatz oft nur noch auf der Basis des Zeitwertes geleistet. Manche Versicherungen begrenzen die Auszahlungssummen auf Beträge, für die moderne Spitzenfahrräder nicht zu bekommen sind; solche Topmodelle sind dann unterversichert.

Sie sollten also vor Abschluß eines Vertrages sorgfältig vergleichen und stets das Kleingedruckte lesen. Achten Sie darauf, inwieweit bestehende Hausratversicherungen das Fahrrad einschließen, und ob sie bei Neuabschluß überhaupt eine Alternative zur reinen Fahrradversicherung sein können.

Wenn diese Ausführungen über Diebstahl Sie nervös gemacht haben, um so besser: Je mehr Sorgen Sie sich machen, desto unwahrscheinlicher ist es, daß es Sie trifft.

DAS FAHRRAD FÄHRT MIT

Eigentlich sind Fahrräder weder besonders schwer noch allzu sperrig. Mit ein wenig Demontage passen sie in so manche kleine Lücke. Sie können Ihr Rad aber auch komplett im Flugzeug oder Zug mitnehmen, wenn auch gelegentlich verbunden mit kleinen Hemmnissen.

Auto

Natürlich ist es immer noch das beste, ein Fahrrad im Auto zu transportieren statt am Auto. Funktioniert dies auch nach Abbau sperriger Teile nicht, gibt es genügend Alternativen für den Außentransport. Ob Heckträger oder Dachträger vorzuziehen sind, ist dabei umstritten. Auf dem Dach verursachen Fahrräder höheren Benzinverbrauch und sind Regen und Schmutz stärker ausgesetzt, und es ist schwieriger, sie dorthin zu heben. Allerdings gibt es inzwischen Dachträger mit Liftmechanismus, die einem dieses Problem ersparen. Die Räder werden in Brusthöhe in einen

Links: Ein zusätzliches Nummernschild wird fällig, wenn Heckträger und Ladung das Nummernschild des Autos verdecken.

Das Fahrrad in einer speziellen Tasche unterzubringen, ist nicht zwingend notwendig, aber sicher nicht von Nachteil.

Schwenkarm eingehängt, der sie mit Federkraft aufs Dach hievt.

Der Heckträger ist also auf den ersten Blick die überzeugendere Lösung. Dies relativiert sich aber, wenn man zwischen zwei Ausführungen unterscheidet: Derjenige, der mit Riemen und Schnallen an der Heckklappe fixiert wird, und derjenige, der auf eine Anhängerkupplung aufgesetzt wird. Ersterer liefert keinen restlos sicheren Halt, insbesondere wenn die Schnallen und Riemen durch Bedienungsfehler nicht hundertprozentig korrekt fixiert sind. Es gibt hier allerdings aufwendigere Lösungen, die ziemlich sicher sind, aber für Leute mit zwei linken Händen nicht leicht aufzubauen sind.

Kupplungsgestützte Heckträger sind definitiv die sicherste und sauberste Lösung. Wenn sich aber nicht schon aus anderen Gründen eine Anhängerkupplung am Rad befindet, erhöht sich der Kaufpreis des Heckträgers um den Preis der Kupplung. Dafür sind kupplungsgestützte Träger oft leicht zu demontieren; ein wichtiger Punkt, wenn Sie zwischendurch mal an den Kofferraum müssen. Kupplungsgestützte Heckträger müssen beim TÜV abgenommen und in Ihren Fahrzeugbrief eingetragen werden. Dafür entstehen ebenso Kosten wie für ein drittes Nummernschild, das Sie erwerben müssen, wenn der Heckträger das Nummernschild Ihres Autos verdeckt.

Bahn

Rückgrat der Fahrradmitnahme in der Bahn ist das Interregio-Netz. Jeder Interregio führt einen Wagen mit Aufhängevorrichtungen für Fahrräder mit. Wegen der begrenzten Anzahl ist Reservierung ratsam. Normalerweise fahren Interregios im Zwei-Stunden-Takt auf zahlreichen Linien durch die Republik und halten auch in Kleinstädten.

Dagegen sind Intercitys nur selten und ICEs fast gar nicht zur Fahrradmitnahme zugelassen. Wenn es darum geht, das Fahrrad über große Entfernungen zu transportieren, ist dies sicher zu bedauern; sonst überwiegt der Interregio-Vorteil der dichteren Haltfolge. Die regionalen und Nahverkehrszüge nehmen fast alle Fahrräder in den Einstiegsräumen oder einem separaten Gepäckwagen mit.

TIP

● Beim Flug: Sollte eine Fluggesellschaft sich weigern, Ihr Fahrrad unverpackt zu befördern, könnte die Lösung darin bestehen, daß Sie die Fluggesellschaft schriftlich von der Haftung für Schäden befreien.

MIT DEM MOUNTAINBIKE IM GELÄNDE

ERSTE SCHRITTE

Zwischen einer Radtour entlang der Donau und Mountainbiking in schwerem Gelände liegen Welten. Das eine ist eine Freizeitbeschäftigung, das andere ein regelrechter Sport, der erlernt sein will wie Kugelstoßen oder Fechten.

Der große Reiz des Mountainbikens liegt aber in dem engen Kontakt mit der Natur, abseits des Autoverkehrs. An diesen Reizen liegt es, daß es nicht länger jugendlichen Freaks vorbehalten bleibt. Radfahrer aller Altersgruppen entdecken das Mountainbiken. Das betrifft Sportskanonen ebenso wie Familien.

Mountainbiking macht ungeheuren Spaß, wenn die Ausrüstung stimmt. Beispielsweise sollte auch bei dem Befahren solcher Wege wie hier die Bereifung schon angepaßt sein.

Warum das Mountainbike?

Die bessere Sicherheit, Haltbarkeit, Stabilität, Robustheit, die Fähigkeit, damit überall hinzukommen – das alles macht die Vorteile des Mountainbikes aus.

Zwar kann auch das MTB nicht überall hinkommen, auf vielen Strecken ist man zu Fuß schneller und müht sich weniger ab; aber im Vergleich zu anderen Fahrradtypen ist das Mountainbike klar im Vorteil.

Mehrwert

Egal welche Marke und welches Modell Sie nehmen, erst ab 800-1000 Mark bekommen Sie überhaupt seriöse Qualität. Geben Sie mehr aus, bekommen Sie

● niedrigeres Gewicht ● einen besseren Rahmen (Fahrverhalten, Dämpfung) ● mehr Präzision beim Schalten, Bremsen und gesamten Handling ● höhere Lebensdauer, strapazierfähigere Komponenten.

Sie können dies für sich selbst überprüfen, indem Sie vor dem Fahrradkauf Mountainbikes verschiedener Preisklassen probefahren. Seien Sie nicht zu knauserig; Mountainbikes sind keine Spielzeuge.

Wo kaufen?

Der qualifizierte Fachhandel bietet als einziger Auswahl, Beratung und Service auf hohem Niveau. Andere Vertriebsformen auf der sogenannten grünen Wiese bieten billigere Fahrräder, aber fragen Sie sich mal selbst, warum sie dies können. Dort verzichten Sie eben auf all das, was den Fachhandel stark macht.

Rahmenhöhe

Bei Mountainbikes werden niedrigere Rahmenhöhen gefahren als sonst. Normalerweise können Sie von Ihrer Schrittlänge 33 cm abziehen. Die Sattelstütze darf ruhig 12-15 cm herausschauen.

Gelängefahrten belasten das Material. Billige Komponenten stehen sie nicht lange durch.

Darauf sollten Sie achten

Ein gutes Einsteigermodell für 800-1000 Mark weist heutzutage auch schon einen Aluminiumrahmen aus einer mittlerweile bewährten taiwanischen Massenfertigung auf. Stark profilierte Stollenreifen sind die Eintrittskarte in matschige Gelände. Weil man aber davon ausgeht, daß Einsteigermodelle sehr viel auf der Straße gefahren werden, ist bei ihnen häufig ein weniger profilierter Reifen montiert. Je nachdem, wohin Ihre Interessen tendieren, sollten Sie notfalls beim Kauf den Reifen wechseln.

TIP

● Sie sollten grundsätzlich nur bei solchen Fahrradgeschäften kaufen, die Ihnen Probefahrten erlauben. Der Vergleich mehrerer in Frage kommender Modelle bei der Probefahrt hilft Ihnen, die richtige Kaufentscheidung zu treffen.

Mountainbike-Kategorien

Einsteigermodelle

In der Einsteigerklasse müssen Sie noch Gewichte von 15 Kilo und mehr hinnehmen. An Reifen, Sattel und Pedalen wird in der Regel gespart, so daß sie womöglich bald gegen bessere Exemplare ausgetauscht werden müssen. In dieser Preisklasse sollten Sie nur zu ungefederten Rädern greifen, denn da ist eine seriöse Federung einfach noch nicht drin.

Mittelklasse

Hier fängt Qualität im engeren Sinne an. Für 1300-2500 Mark können Sie schon einiges erwarten, bis hin zu echten Qualitätsreifen. Federgabeln finden sich in dieser Gruppe schon recht häufig.

Topmodelle

Für 3000 Mark und mehr - die Skala ist nach oben offen - können Sie sich fast jeden Wunsch erfüllen, bis hin zu individuell bestückten Mountainbikes. Dabei kommen vermehrt sogenannte Kultteile zum Einsatz, häufig aus den USA und mit wohlklingenden Namen. Exotische Materialien (Carbon, Titan) gewinnen dabei zunehmend an Bedeutung. Niedriges Gewicht ist Pflicht.

Federung

Ab der Mittelklasse aufwärts finden Sie viele ausgereifte „Full-Suspension"-Mountainbikes, die außer der Federgabel auch einen gefederten Hinterbau aufweisen und damit im Gelände ein Optimum an Fahrsicherheit und Komfort bieten. Aus dem Downhill-Bereich sind Federungen nicht mehr wegzudenken.

AUSRÜSTUNG FÜRS GELÄNDE

Wenn Sie zu den ernsthaften Bikern gehören, können Sie auch nicht im Baumwoll-T-Shirt herumfahren.

Bekleidung

Mountainbiken ist eine anstrengende Tätigkeit, bei der Ihnen rasch warm wird. Aus diesem Grunde ist Radbekleidung häufig aus atmungsaktivem Material hergestellt. Andernfalls würde der Mountainbiker bald im eigenen Saft schmoren. Auch Mountainbiker benötigen manchmal mehrere Schichten, aber es müssen sehr dünne Schichten sein.

So sollte eine MTB-Jacke sein

- vorn kurz, damit sie sich nicht aufwirft, wenn Sie vorgebeugt fahren
- hinten möglichst lang, um die Nieren vor Auskühlung und den Rücken vor Regen zu schützen
- breite Schultern und lange Ärmel, um auch gestreckte Körperhaltungen mitzumachen
- Belüftungsschlitze, um Schwitzen und Schweißbildung zu vermindern
- hoher Kragen mit Nackenabschluß, damit der Nacken vor Wind geschützt wird.

So sollte ein MTB-Trikot sein

- Kunstfasern - bringen Feuchtigkeit von der Haut weg
- aufstellbarer Kragen mit Reißverschluß, um je nach Wunsch Körperwärme zu halten oder abzuführen
- weiter Schulterschnitt, um Komfort bei allen Armhaltungen zu sichern
- Ärmel für vorgebeugte Position ausreichend bemessen
- Tasche auf dem Rücken für Energieriegel
- fest und in Paßform, um Flattern zu unterbinden
- hinten länger, um den Rücken auch bei vorgebeugter Haltung zu bedecken.

So sollten MTB-Shorts sein

- Stretchmaterial für Bewegungsfreiheit
- eventuell zwei Lagen Material für besseren Fallschutz
- Sieben-Bahnen-Schnitt für perfekte Körperpaßform
- vorn tiefer geschnitten, um den Unterleib nicht einzuschnüren
- weiche Sitzeinlage, um Reibung und Stöße abzumildern
- lange Beine, um Scheuern am Sattel zu verhindern
- elastische Bünde am Bein unten, um die Hose am Schenkel in Form zu halten.

TIP

- Um Scheuern am Sattel zu verhindern, werden Radhosen ohne Unterhose getragen. Eine „rote Linie“ am Po entlarvt den Radnovizen, sie stammt nämlich vom Saum der Unterhose!

Hosen

Shorts sind gut im Sommer und bei Rennen, sonst aber sollten Sie lange Radhosen vorziehen. Mit Fleece-Einsatz sind sie auch kältetauglich. Beinwärmer sind bei wechselhaftem Wetter eine gute Reserve.

Sie sollten nur die besten Radhosen kaufen. Bei billigen Hosen geht die Naht im unpassenden Moment auf. Die besseren Modelle rechtfertigen ihren Preis durch lange Lebensdauer und hervorragende Qualität.

Schuhe

In den Gründerzeiten des MTB fuhr man in schweren Wanderschuhen. Heute trägt man leichte Freizeit- oder Rennschuhe mit steifer Sohle, gegebenenfalls mit der Adaption an Klickpedale. Dadurch pedaliert man effektiver, denn es geht weniger Energie verloren. Klickpedale haben sich gegenüber solchen mit Haken und Riemen mit Recht durchgesetzt. Das SPD-System von Shimano hat dabei wegen seiner Einfachheit starke Verbreitung gefunden.

Klickpedale sind sicher und verbessern die Tritteffizienz.

Helm

Da die Sturzgefahr im Gelände größer ist als auf der Straße, darf der Helm beim Biken nicht fehlen. Mountainbiker sieht man ohnehin häufiger mit Helm als andere Radfahrer. Wie vorn schon erwähnt, sollten Sie Helme mit anerkannten Prüfzeichen bevorzugen. Für den Downhill-Einsatz werden vermehrt leichte Integralhelme angeboten, die ringsum bis zum Hals herunterreichen. Bei einem kapitalen Sturz wird man für diese Investition dankbar sein.

Wenn Sie ins Gelände gehen, nehmen Sie reichlich Flüssigkeit mit. Die hier im Bild zu sehenden Camelbaks sind praktischer als Trinkflaschen.

Handschuhe

Spezielle Radhandschuhe sind im Off-Road-Einsatz noch unentbehrlicher als auf der Straße. Bei einem Sturz stützen Sie sich reflexartig auf den Händen ab. Dabei ist Gras zwar weicher als Asphalt, aber auf grobem Kies können Sie sich Schürfwunden holen, auf die wir hier lieber nicht näher eingehen.

DAMENHOSEN

Frauen tun gut daran, Ausschau nach speziell für sie konzipierten Radhosen zu halten. Sie passen besser und sind komfortabler. Auch die Einsätze sind dort, wo sie die Frau am meisten braucht. Der Schnitt der Hose ist der weiblichen Anatomie angemessen.

GELÄNDEÜBUNGEN

Die gewöhnliche Methode, die Grundlagen des Mountainbikens zu erlernen, heißt „Trial and Error". Regelrechte Kurse werden selten angeboten.

Kontrollierte Sprünge

Es gibt zwei wesentliche Punkte für das sichere Manövrieren: Erstens muß Ihr Körper sich wie eine Feder verhalten, zweitens müssen Sie die Gewichtsverteilung auf dem Mountainbike jederzeit kontrollieren und blitzartig verlagern können. Wenn Sie über Hügel springen, sitzen Sie nicht starr im Sattel und stecken den Schlag demütig ein; heben Sie sich ein paar Zentimeter aus dem Sattel empor. Ihre Arme sollten leicht gekrümmt und Ihr Po geringfügig hinter dem Sattel sein. Ihre Pedale müssen senkrecht stehen und Ihre Beine dabei gekrümmt wie Spiralfedern. Sie dürfen Arme und Beine weder strecken noch verkrampfen. Packen Sie den Lenker nicht zu fest, bleiben Sie locker und entspannt. In dieser Position können Sie Ihr Mountainbike auch in rauhestem Gelände und bei starken Bergabfahrten kontrollieren.

Ihren Schwerpunkt sollten Sie der Situation anpassen. Bei harten Buckelsprüngen müssen Sie das Gewicht nach hinten verlagern. Wenn Sie diese Technik auf buckeligen Downhills anwenden,halten Sie beide Bremsen leicht angezogen, um das Tempo zu begrenzen.

Der Schlüssel zum erfolgreichen Fahren bergauf wie bergab heißt Gewichtsverteilung. Das heißt: am Anstieg Körper nach vorn; bergab Körper nach hinten.

TIP

● Um das Fahrrad gut über Hindernisse zu führen, ist es ratsam, die Oberschenkel gegen die Sattelnase zu pressen. Aber tun Sie es mit viel Gefühl, es geht nicht darum, einen Schraubstock nachzuempfinden.

Kontakt mit System

Steigen Sie so bald wie möglich auf SPD-Pedale um. Sie verbessern damit Ihre Kontrolle über das Rad nicht nur während normaler Fahrt, sondern auch beim Überspringen oder Umfahren von Hindernissen. Beginnen Sie mit niedriger Auslösespannung, um sich an das Pedal-Schuh-System zu gewöhnen. Später können Sie die Spannung erhöhen, um eine festere Bindung Pedal-Schuh zu erreichen. Mit der richtigen Bewegung kommen Sie immer noch schnell genug heraus, aber Sie haben eine viel bessere Kontrolle als mit Pedalhaken und Riemen.

Downhill

Wenn Sie die Sprungfeder-Downhilltechnik für Buckelpisten beherrschen, sollte Ihr Mountainbike wie Wachs in Ihren Händen sein, während Sie alles unter Kontrolle haben. Downhill-Fahren ist dann fast wie Skifahren: In beiden Fällen entstehen die Schwünge und Bögen durch Ihre Gewichtsverlagerungen. Das Fahrrad muß mit Ihrem Körper eins sein.

Diese Technik funktioniert auch sehr gut auf zahmen Abstiegen, buckeligen Wegen und happigen Abhängen. Es ist die grundlegende Geländefahrtechnik mit etlichen Varianten. Anfänger und leicht Fortgeschrittene sollten nicht gleich ins Extreme gehen. Einfach locker bleiben!

Bergauf

Bei sehr steilen Anstiegen müssen Sie aus dem Sattel gehen, sehr hart treten und zusätzlich mit den Armen am Lenker ziehen (in einer flachen Ruderbewegung). Sie müssen Ihr Körpergewicht nach vorn verlagern, um ein Abheben des Vorderrades zu verhindern, aber nicht so weit, daß Sie am Hinterrad Traktion einbüßen. Halten Sie also die Balance und verlagern Sie Ihr Gewicht richtig, wenn Sie Buckel überfahren.

Ehe Sie sich im Wiegetritt überanstrengen, schalten Sie lieber einige Gänge zurück, und bewältigen Sie den Anstieg im Sitzen. Bergauffahrten belasten Lunge und Beine ungemein, doch schöne Landschaftsaussichten und rauschende Talfahrten sind der Lohn.

Für ein spektakuläres Foto ist hohes Tempo am besten; für optimale Kontrolle ist mäßiges Tempo besser.

FAHR-TECHNIK FÜR MTB-TOUREN

Ihre ersten Stunden auf einem mit Gepäck beladenen Mountainbike sind sicherlich kritisch. Sie müssen das Lenken, Kurvenfahren und Notbremsen neu lernen. Beim Fahren mit Gepäck wird Ihnen bewußt, wie leicht Fahren ohne Gepäck ist.

Einmal in flüssiger Fahrt, ist die Beherrschung eines beladenen Mountainbikes gar nicht so schwer, denn es läuft wie auf Schienen. Voraussetzung ist aber eine ausgewogene Beladung. In Grenzsituationen müssen Sie natürlich einrechnen, daß Ihr Fahrrad nicht wie gewohnt reagiert.

Fahrtechniken

Kurvenfahrt

Kurvenfahrten sind mit Gepäck schwieriger. Auf Asphalt können Sie Kurven auch schnell angehen, solange Ihre Taschen optimal am Rad angeordnet sind. Packen Sie die schweren Gegenstände in den Taschen nach unten. So bleibt der Schwerpunkt niedrig. Bis Sie an das Fahrrad gewöhnt sind, stellen Sie sich rechtzeitig auf Kurven ein und gehen Sie mit dem Tempo runter. Steigern Sie Ihre Kurvengeschwindigkeit allmählich, ohne zu vergessen, daß Sie Gepäck dabeihaben. Nutzen Sie auch die Möglichkeit der Gewichtsverlagerung; legen Sie sich also ein Stück weit in die Kurve.

Bremsen

Bremsen in der Kurve ist reichlich riskant, aber auch Bremsen auf einer schnurgeraden Strecke kann gefährlich sein. Durch die Gepäckzuladung verlängert sich der Bremsweg dramatisch. Sie müssen also stärker vorausdenken. Es kommt vor allem auf die Vorderbremse an, sie erzeugt die höchste Wirkung. Da die Bremsen besser dosierbar geworden sind, sollte es sich mit etwas Übung vermeiden lassen, beim Betätigen der Vorderbremse „über den Lenker zu gehen". Auch die Hinterradbremse ist ein

TIP

● Was nicht wirklich unverzichtbar ist, sollte nicht ins Gepäck kommen. Dazu gehören Dinge, die man „nur für alle Fälle" mitnehmen will. Ist das Gepäck schwerer als das Rad, ist es überladen.

Gefahrenherd, falls sie blockiert: Das Rad beginnt zu schleudern.

Trittfrequenz

Mit der Trittfrequenz ist die Zahl der Pedalkurbelumdrehungen pro Zeiteinheit gemeint. Radrennfahrer erreichen 90-100 Umdrehungen pro Minute; für den normalen Tourenfahrer sind 75 Umdrehungen pro Minute ein guter Wert. Sehr viel weniger sollten es nicht sein. Der Laie sagt: „Das strengt ja viel mehr an, so schnell zu treten!" Doch das Gegenteil ist richtig. Lockeres Durchpedalieren mit höherer Trittfrequenz schont die Knie und Muskeln stärker, als wenn man langsam und mit viel Druck tritt. Im Zweifelsfall ist also der leichtere Gang der richtige. Das gilt erst recht für kritische Streckenabschnitte mit Steigungen oder Gegenwind.

Bergauf

Fahren Sie langsam, aber stetig bergauf. Bleiben Sie im Rhythmus, und vor allem, ärgern Sie sich nicht über die starke Anstrengung. Denken Sie an etwas anderes, erfreuen Sie sich an den Pflanzen am Wegesrand.

Es ist übrigens keine Schande, bergauf zu schieben, und vielleicht wirkt es mal ganz entspannend, eine andere Körperhaltung einzunehmen und den Po zu „lüften". Andererseits ist es nicht nur subjektiv anstrengender, ein beladenes Rad bergauf zu schieben. In jedem Fall können Sie genügend Pausen einlegen.

Der Wiegetritt ist hier nicht so hilfreich, weil er das beladene Rad destabilisiert. Er bringt aber immerhin dem Gesäß Entlastung.

Bergab

Nach anstrengender Bergauffahrt ist die Versuchung groß, sich an einer rauschenden Talfahrt schadlos zu halten. Ist die Strecke gerade und übersichtlich, ist nichts dagegen einzuwenden. Aber das schwere Fahrrad erreicht bergab rasch sehr hohe Geschwindigkeiten, und dann reicht ein Schlagloch, um große Gefahr heraufzubeschwören.

Oben: Die wichtigste Übung für jeden Tourenfahrer ist die Navigation. Am Lenker angebrachte Kartenhalter sind nützlich: Sie müssen nicht an jeder Weggabelung die Karte hervorkramen.

Links: Man kann auch ein beladenes Fahrrad auf einem ungeteerten Weg schnell fahren. Man muß das Gepäck aber ausgewogen verteilt haben und vorausschauend fahren.

ROUTEN-PLANUNG

Selbst Ihre Lieblingsstrecken werden mit der Zeit langweilig. Neue Routen ausfindig zu machen, gehört zur Freude am Mountainbiken dazu. Routenplanung ist fast so schön wie die Fahrt selbst.

Es gibt grundsätzlich drei Möglichkeiten, seine Tour zu planen:

1. Sie wählen ein Gebiet und probieren die Wege einfach aus.
2. Sie benutzen einen Tourenführer.
3. Sie planen Routenverläufe anhand einer Landkarte.

Beachten Sie, daß Wege für Mountainbikes gesperrt sein können. Im Alpenraum gibt es andererseits ausgewiesene und beschilderte MTB-Routen. Die Auswahl an frei zugänglichen Wegen ist im Augenblick jedenfalls schier unbegrenzt.

Fußwege

Ein Wanderweg ist, sofern nichts Gegenteiliges bekannt ist, für Fahrräder nicht gesperrt. Ein Problemfall ist allerdings das kreisrunde weiße Schild mit rotem Rand. Seine Bedeutung „Verbot der Einfahrt für Fahrzeuge aller Art“ schließt theoretisch Fahrräder mit ein. De facto ist aber bei der Aufstellung der meisten dieser Schilder nicht an Fahrräder gedacht worden, und sie sind damit auch meistens nicht gemeint. Sie müssen hier also normalerweise keinen Ärger befürchten.

Begeben Sie sich in eine Urlaubsregion etwa in den Alpen, so sollten Sie über das Fremdenverkehrsamt erkunden, ob in dieser Region besondere Regelungen bestehen. Im übrigen müssen Sie im Einzelfall eigenverantwortlich entscheiden, ob die Wegebreite und -beschaffenheit ein Befahren erlauben.

Reitwege

Wenn nicht ausdrücklich anders angegeben, können Sie einen Reitweg benutzen. Da er aber eigens für Reiter angelegt ist, müssen Sie diesen im Falle eines Falles absoluten Vorrang einräumen und an die Seite gehen. Allerdings sind etliche Reitwege im Vergleich zu Feld- und Waldwegen erheblich schlechter zu befahren.

Links: Diese beiden Mountainbiker haben einen gut befahrbaren Weg in schöner Landschaft gewählt.

Rechts: Dieser Mountainbiker hat einen gut befahrbaren Reitweg gefunden; viele haben aber einen weichen, erdigen oder sandigen Boden.

Unten: Gutes Kartenmaterial hilft Ihnen, sich auf den Wanderwegen zurechtzufinden.

TIP

● Ihre Expeditionstour muß Sie ja nicht gleich in die Wüste Gobi führen. Eine weniger exotische Region reicht auch, um dem Massentourismus zu entfliehen.

Tourenplanung

Hinsichtlich Expeditionen durch unwegsames Gelände gibt es zwei unterschiedliche Auffassungen. Die eine sagt, daß man gar nicht genug planen kann, um sich auf alle möglichen Unwägbarkeiten einzustellen. Die andere sagt, daß Planen sinnlos ist, weil ohnehin alles anders kommt, als man denkt. Egal welcher Auffassung Sie sich anschließen: Es kommt, wie es kommt, und unterwegs müssen Sie es immer nehmen, wie es kommt. Dazu gehört ein gesunder Fatalismus. Zwingen Sie beispielsweise sintflutartige Regenfälle zu einem nicht eingeplanten längeren Zwischenstop in einem Dorf, so könnte es ja sein, daß die Dorfbewohner einen Geheimtip für Sie auf Lager haben, von dem Sie nichts wußten. Also: das Positive sehen.

Planen Sie daher nicht bis ins Detail. Erforschen Sie lieber die Möglichkeiten. Informieren Sie sich über die Region, die Sie bereisen wollen. Vertiefen Sie sich in Landkarten, aber bedenken Sie, daß der Wegezustand anders sein könnte, als z.B. in alten Karten angegeben.

WAS TUN IM NOTFALL?

Stürze sind nichts Außergewöhnliches beim Mountainbiken. Passiert ein solcher wenige Kilometer von zu Hause, können Sie theoretisch noch zurückhumpeln. Für Unfälle in freier Wildbahn sollten Sie ein paar Vorkehrungen treffen und über Grundkenntnisse in Erster Hilfe verfügen. Dies gilt insbesondere fürs Mountainbiking.

Da man im Gelände nicht immer einen Arzt in der Nähe hat, sollte ein Erste-Hilfe-Kit stets dabei sein.

Erste Hilfe

Sie können sich einen Erste-Hilfe-Kit selbst zusammenstellen oder einen fertigen in einem Ausrüsterladen kaufen, der kompakt gehalten ist und trotzdem alles bietet, was Sie unterwegs brauchen.

Wunden versorgen

Bei offenen Wunden kommt es auf schnelles Handeln an. Haben Sie keine Mullbinde zur Hand, die natürlich ideal wäre, drücken Sie solange die blutende Stelle ab, bis sich der Strom verlangsamt. Dann reinigen Sie die Wunde und verpflastern sie.

Knochenbrüche

Gebrochene Knochen müssen fixiert werden, damit der Bruch sich nicht fortsetzt. Betroffene Gliedmaßen werden mittels eines Astes oder einer Luftpumpe geschient. Bei einem gebrochenen Bein kann man diesen Effekt auch erreichen, indem man es mit dem gesunden Bein straff zusammenbindet. Legen sie dann aber Kleidungsstücke als Polster zwischen die Beine. Das gleiche Verfahren funktioniert auch bei Fingern. Bei Verdacht auf Wirbelsäulen- oder Genickbruch darf das Opfer überhaupt nicht mehr bewegt werden; hier müssen Sie professionelle Hilfe anfordern.

Unterwegs-Reparaturen kann man nur begrenzt erlernen; Improvisation beruht auf Erfahrung.

Notreparaturen

Notreparaturen unterwegs schaffen Provisorien, damit Sie noch irgendwie nach Hause oder zur nächsten Werkstatt kommen. Denn die Bedingungen einer Profi-Werkstatt haben Sie im Wald sowieso nicht. Und wenn Sie auf fast jede Eventualität mit Werkzeug und Ersatzteilen vorbereitet sind, passiert sowieso das, worauf Sie nicht vorbereitet sind.

Reparatur aus der Natur

Ausrangierte Drahtstücke, herumliegende Holzstücke, Zweige und Gras können für eine Reihe von Reparaturen genutzt werden. Mit Kabelbindern fixiert man alles Mögliche, vom Schaltwerk, das aus den Fugen geraten will, bis zur gebrochenen Gepäckträgerstrebe.

Panne

Selbstklebende Flicken wiegen fast nichts und helfen Ihnen, eine Reifenpanne zu beheben. Sind sie Ihnen ausgegangen, machen Sie in den Schlauch einen Knoten an der Lochstelle. Dann können Sie den Schlauch wieder einsetzen und aufpumpen.

Kette gerissen und Kettenwerkzeug defekt

Mit ein wenig Draht kann man eine Kette zusammenhalten, indem man ihn durch die Ösen fädelt.

Laufrad eiert

Mit dicken Reifen, richtiger Speichenspannung und defensiver Fahrweise ist es eigentlich unmöglich, ein Laufrad aus seiner Form zu bringen. Falls es doch passiert und kein Zentrierschlüssel zur Hand ist, können Sie versuchen, das Laufrad durch Druck mit Ihrem gesamten Körpergewicht wieder gerade zu bekommen.

Schaden im hinteren Antrieb

Verfängt sich ein Ast im hinteren Schaltwerk und stützt sich zudem beispielsweise an der Kettenstrebe ab, so verbiegt er die Schaltschwinge und vielleicht sogar das Ausfallende, wenn Sie nicht rechtzeitig anhalten. Dann müssen Sie das Schaltwerk außer Betrieb nehmen und in einem festen Gang weiterfahren. Eventuell müssen Sie die Kette dafür kürzen.

Verbogene Kettenblätter

Verbogene Kettenblätter begradigt man mit einem kleinen verstellbaren Schraubenschlüssel und der richtigen Dosis Kraft. Beim Zurückbiegen achten Sie darauf, keine Zähne zu beschädigen.

TIP

- Ist bei einer Reifenpanne weder Flickzeug noch Ersatzschlauch zur Hand, kann man den Mantel auch mit Zweigen, Moos etc. füllen und damit noch halbwegs komfortabel die nächste Service-Station ansteuern.

RADREISEN

Tagesausflüge - bei schönem Wetter, auf einem guten Fahrrad, mit Rückenwind - sind eine tolle Sache. Sie bleiben fit und sind an der frischen Luft. Aber wie alle schönen Dinge gehen sie auch zu Ende. Mit der Dämmerung geht es heimwärts.

Irgendwann wird Ihnen das nicht mehr reichen. Dann brauchen Sie mehr, das verlängerte Wochenende auf dem Rad oder eben den ganz großen Radurlaub. Und für den können Sie alles dabeihaben; dafür gibt es Gepäckträger, die selbst Ihr Zelt klaglos schultern.

Vom rein rationalen - man könnte auch sagen: bequemen - Standpunkt aus betrachtet, ist ein Urlaub mit körperlicher Anstrengung die reinste Energieverschwendung. Für Fahrradenthusiasten gehört das einfach mit dazu. Der eine will seine Grenzen erfahren, der andere betrachtet die Anstrengung als Mittel zum Zweck.

Auf jeden Fall gilt für diese Art des Reisens ganz besonders, daß es den Horizont erweitert. Man lernt neue Leute und Lebensweisen kennen. Die Intensität der Erfahrung hängt auch mit dem optimalen Reisetempo zusammen: Nicht so schnell wie das Auto, wo die Eindrücke nur vorbeirauschen; nicht so langsam wie zu Fuß, was den Aktionsradius zu sehr einschränkt.

Das Hauptmotiv für Radreisen aber heißt Freiheit. Die Freiheit, zu reisen, wohin man will.

Radtouristen sind willkommene Gäste in der Fremde, denn sie wirken nicht bedrohlich. Vom Obst über die Wegweisung bis zur kostenlosen Übernachtung ist Radreisenden schon alles angeboten worden.

Langsam, aber nicht zu langsam: Fahrradfahren ist die ideale Art, die Welt zu sehen - allein oder mit Freunden.

Anforderungen

Hinaus in die Welt zu radeln ist weder teuer noch bestimmten Personengruppen vorbehalten. Spezielle Ausrüstung ist nützlich, aber nicht unabdingbar.

Der größte Feind jedes potentiellen Abenteurers heißt Trägheit, Komfortsucht, Verwöhntheit. Schwimmen Sie sich von solchen Einschränkungen frei und Abenteuer werden zur Leichtigkeit, egal ob im Münsterland oder in Australien.

Nicht jeder will Kontinente überqueren. Für manchen sind drei Tage Flußtour Abenteuer genug. Aber dabei können die Ansprüche wachsen, die Sehnsucht nach mehr aufkommen. Wie heißt es doch so schön: Der Appetit kommt beim Essen.

Sie müssen für eine Radtour nicht jung, durchtrainiert und alleinstehend sein. Jung sollten Sie schon sein, aber nicht an Jahren, sondern im Denken: Neuem aufgeschlossen und wißbegierig.

TIP

● **Warnung:** Radreisen macht süchtig. Wenn Sie einmal losgefahren sind, wollen Sie nicht wieder aufhören. Sie können auch künftig Ihre Ferien nur noch auf dem Rad verbringen und an nichts anderes mehr denken.

Tour ist nicht gleich Tour

Es gibt unterschiedliche Arten des Abenteuers, die man mit dem Fahrrad durchfahren kann; manche würden von Stufen sprechen. Diese Stufen führen zu einem individuellen Ziel, das man erreichen möchte. Das mag zum Beispiel eine Weltumradlung sein, mit wenig Geld und Kleidung, aber viel Optimismus. Gleich damit zu beginnen, also niedrigere Stufen in Form von einfacheren Touren auszulassen, ist zwar aufregend, man macht es sich aber unnötig schwer. Besser man sammelt erst Erfahrungen auf einer niedrigeren Stufe. Es ist durchaus sinnvoll, mit Tages- und Wochenendfahrten zu beginnen und sich dann allmählich zu steigern. Diese Touren sind auch gute Proben, wenn man die große Fahrt mit einem Reisepartner antreten will, den man beispielsweise per Inserat gefunden hat. Dadurch stellt man im Vorfeld fest, ob man miteinander harmoniert.

Wie gesagt, nicht jeder will so hoch hinaus, und nicht jeder empfindet eine Bodensee-Umrundung als langweilig - zum Glück. Und wer das Schlafen im Zelt nicht gewohnt ist, wird einen nächtlichen Regenguß im Zelt als zuviel des Abenteuers empfinden. Es möge jeder für sich entscheiden, woran er sich gewöhnen will und woran nicht.

GEPÄCK

Genauso wie ein solides Reiserad gehören auch gute Packtaschen zur Grundausrüstung. Für kurze Touren ohne Campingausstattung genügen Seitentaschen hinten und eine Tasche oder Sack auf dem Gepäckträger. Es gibt auch Kombitaschen, die aus den beiden Seitentaschen und einer Aufsatztasche („Kompartement") bestehen. Bei mehr Gepäck benötigen Sie einen vorderen Gepäckträger in Lowrider-Ausführung und entsprechende Taschen.

Es ist überraschend, wieviel Gepäck Sie auf einem Fahrrad mitnehmen können, aber das sollte Sie nicht zum Überladen verleiten.

Rucksäcke

Für Tagesfahrten ist ein leichter Rucksack in Ordnung, aber soll er das Gepäck einer größeren Reise aufnehmen, wird er unkomfortabel. Weil aber in unebenem Gelände die Packtaschen abspringen könnten, empfiehlt sich Mountainbikern durchaus ein Blick auf spezielle Fahrrad-Rucksäcke. Sie haben Helmaufnahmen und Belüftungsmechanismen für den Rücken.

Manche Packtaschen können in Rucksäcke verwandelt werden. Die Schulterriemen sind während der Fahrt in einer Reißverschlußhülle verborgen.

Das müssen Packtaschen leisten

● **Größe/Kapazität:**
Ein guter Wert sind 25 Liter pro Hinterradtasche und 10-15 Liter pro Vorderradtasche.

● **Qualität und Haltbarkeit:**
Als besonders robustes Material hat sich das synthetische Cordura erwiesen. Es ist leicht und abriebfest.

● **Ausstattung:**
Gute Befestigungshaken, mehrere Aufsatztaschen, Reflexstreifen, Regenüberzug, steife Rückseite (damit die Tasche nicht in die Speichen wandert), Kompressionsriemen und verstärktes Material an den belasteten Stellen (Berührung mit dem Gepäckträger) zeichnen eine gute Tasche aus.

Links: Rucksäcke eignen sich für Kurztrips und rauhes Gelände.

Oben: Eine kleine Tasche unter dem Sitz nimmt Ihre Windjacke auf.

TIPS

- Sollte die werksseitig vorgesehene Befestigung der Tasche am Gepäckträger Ihnen nicht ausreichend erscheinen, können Sie sie zusätzlich mit Expandern sichern.
- Wenn Sie keine absolut wasserdichte Tasche verwenden, können Sie sicherheitshalber die Dinge, die unbedingt trocken bleiben müssen, in Plastiktüten wickeln und dann in der Tasche verstauen.

- **Regenschutz:** Während die einen Taschen mit einem Regenüberzug ausgestattet sind, sind andere gleich aus einem wasserdichten Material mit geschweißten Nähten. Ob das direkt notwendig ist, müssen Sie selbst entscheiden.

- **Befestigungssystem:** Am komfortabelsten sind die Klick-Fix-Befestigungen. Ein Gegenstück ist fest am Gepäckträger montiert; man drückt die Tasche hinein, bis man das Einrastgeräusch hört. Herausgenommen wird sie per Knopfdruck.

Es ist klug, bei längeren Touren Ersatzhaken mitzunehmen. Sie sollten außerdem regelmäßig überprüfen, ob die angebrachten Schrauben fest sitzen.

DAS REISERAD PACKEN UND BELADEN

Ein Reiserad oder ein Hybrid (Mischung zwischen Reiserad und Mountainbike) ist ideal für eine Radreise, die weitgehend auf befestigten Straßen verläuft. Bei einem hohen Anteil schlechter Wegstrecken ist das Mountainbike zu bevorzugen.

Egal welcher Typ: Ihr Fahrrad muß Befestigungsaugen für Gepäckträger haben; auch ein gut gepolsterter Sattel und komfortable Griffe gehören dazu. Außerdem sollte es wartungsarm sein, was im Prinzip gegen Federungen spricht (wenn schon, dann sollten Sie Elastomere wählen).

Vor der Tour

Vor einer großen Tour sollten Sie Ihr Fahrrad auf Wochenendtrips geprüft haben, ob es den Anforderungen genügt. Alle Komponenten sollten ihren Mann stehen und die Übersetzung der Schaltung Ihren Bedürfnissen entsprechen. Während einer großen Tour probiert man nichts mehr aus. Probefahrten macht man grundsätzlich mit vollem Gepäck. Machen Sie auch Packproben, damit Sie nicht in letzter Sekunde feststellen, daß Sie das alles gar nicht mitbekommen.

TIP

● Wenn Sie abseits der Zivilisation radeln wollen, sollten Sie bedenken, daß ein gebrochener Rahmen oder Gepäckträger aus Stahl fast überall auf der Welt geschweißt werden kann. Mit anderen Materialien wie Aluminium, Carbon oder Titan haben Sie hier schlechte Karten.

Einpacken

Gewicht

Ein Fahrrad ist ein echter Lastesel, es trägt Sie und Ihr Gepäck klaglos. Entscheidend ist jedoch die Gewichtsverteilung. Die schwersten Gegenstände - Zelt, Werkzeuge, Kochgeschirr - gehören so weit wie möglich nach unten.

Außerdem müssen gegenüberhängende Packtaschen gleich schwer sein.

Hintere Packtaschen

Sie nehmen das meiste Gewicht auf. Schwere Gegenstände gehören nach unten. Aufsatztaschen helfen Ihnen, Ordnung zu schaffen.

Vordere Packtaschen

Sie sind für leichtere Gegenstände wie Kleidung reserviert. Als Gepäckträger sollte der sogenannte Lowrider zum Einsatz kommen, eine Konstruktion, die rechts und links an der Gabel auf Nabenhöhe montiert wird. Dort eingehängt, stabilisieren die Taschen das Fahrverhalten sogar.

Auf dem Gepäckträger

Wenn Sie keine Dreifachtasche mit sogenanntem Kompartement benutzen, ist die Auflagefläche des Gepäckträgers noch frei. Sie ist ein guter Platz für die Iso-Matte oder Zeltstäbe. Befestigen Sie diese Dinge gut mit Expandern.

Lenkertaschen

Sie eignen sich für Kleinigkeiten, die stets zur Hand sein müssen, wie Brieftasche, Sonnencreme, Energieriegel und Obst. Für manche

Lenkertaschen gibt es Kameraeinsätze; so mutieren sie zur gut zugänglichen Fototasche.

Kamera-Mitnahme
Die Lenkertasche ist aber nur für leichtes Fotoequipment der richtige Platz. Schwere Kameras und Objektive gehören in die Hinterradtaschen. Dort sind sie auch am ehesten vor Vibrationen geschützt, durch die schon manches Objektiv in Einzelteile zerlegt wurde.

Flaschenhalter
Wegen Ihres hohen Flüssigkeitsbedarfes sollten Sie hier alle Register ziehen. Wie schon erwähnt, ist der rucksackartige Camelbak die praktikabelste Lösung fürs Trinken während der Fahrt. Flaschen in Flaschenhaltern sollten Sie trotzdem mitführen, und zwar als Auffüllreserve. Nicht benötigte Flaschenhalter können statt dessen auch mit einem Werkzeugkit oder Energieriegeln gefüllt werden.

Grundsätzliches
Überladen Sie nicht! 11 Kilo in 70-80 Litern sollten Sie sich als Limit fest vornehmen. Am Vorderrad sollten Sie nicht mehr als 3,5 Kilo unterbringen.

Vergessen Sie nicht, Platz zu lassen für Essen, Wasser und Mitbringsel.

Großes Bild: Hintere Packtaschen können eine ganze Menge schlucken. Schwere Sachen gehören nach unten.

Kleines Bild: Die Lenkertasche nimmt die Kleinigkeiten auf, die zur Hand sein müssen.

DAS BREITEN-SPORTANGEBOT DES BDR

Einige Radtouristikfahrten führen auch in gebirgiges Gelände und verlangen schon einiges ab.

Die Angebote im Breitensport zeichnen sich in der Regel dadurch aus, daß es keine Zeitnahme und keine Rangliste bei den jeweiligen Veranstaltungen gibt. Dadurch ist es allen Teilnehmern möglich, in einer selbstgewählten Geschwindigkeit und ohne Zeitdruck die Touren zu fahren, und somit die Fortbewegung per Pedes und die Umgebung bewußt wahrzunehmen und zu genießen. Da man bei den meisten Veranstaltungen den öffentlichen Verkehrsraum als „Sportstätte" nutzt, suchen die Vereine bewußt verkehrsarme und landschaftlich reizvolle Strecken aus.

Mit Erteilung der Genehmigung sind in der Regel verschiedene Pflichten für den Ausrichter verbunden. Die wichtigste davon, die auch eine direkte Auswirkung auf das Verhalten eines jeden Teilnehmers hat, ist die Verpflichtung zur Einhaltung der Bestimmungen der Straßenverkehrsordnung.

Das bedeutet für jeden Teilnehmer:

- an einer roten Ampel muß gewartet werden
- Stoppschilder sind zu beachten
- vorhandene Radwege müssen genutzt werden
- auf andere Verkehrsteilnehmer ist Rücksicht zu nehmen
- Behinderungen sind zu vermeiden
- ausgegebene Rückennummern sind deutlich sichtbar zu tragen.

TIP

- Weitere Informationen zum Breitensport erhalten Sie beim Bund Deutscher Radfahrer, Otto-Fleck-Schneise 4, 60528 Frankfurt/Main, Tel.: 069/967800-0, Fax: 069/967800-80, e-mail: info@bdr-online.org.

Das Volksradfahren

Volksradfahren richtet sich an die ganze Familie. Die meist um die 20 km lange, ausgeschilderte Strecke ist für jeden zu bewältigen, weshalb sich diese Veranstaltung auch besonders für Untrainierte, Kinder und Ältere eignet. Es soll breiten Schichten der Bevölkerung die Gelegenheit geben, sich aktiv zu betätigen und Freude am Radfahren zu gewinnen. Mitfahren kann jeder, der über ein verkehrssicheres Fahrrad nach der Straßenverkehrszulassungsordnung (StVZO) verfügt. Gegen eine geringe Teilnahmegebühr erhält jeder am Ende der Veranstaltung eine Auszeichnung.

Volksradfahrten werden in der Regel einmal im Jahr von einem örtlichen Verein ausgerichtet, wobei viele Teilnehmer erstmalig das „organisierte Radfahren“ kennenlernen. Termin, Ort und Rahmenprogramm werden auch in der lokalen Presse veröffentlicht.

Radwandern

Radwanderungen bieten eine hervorragende Möglichkeit, die Heimat per Rad kennenzulernen und dadurch einen zum Teil völlig neuen Einblick in die umgebende Natur zu gewinnen. So bilden oftmals besondere Landschaftsstriche oder auch kulturelle Einrichtungen (z. B. Museen, Burgen etc.) das Ziel. Sicherlich kann man Radwanderungen auch alleine unternehmen; bei den terminlich festgelegten Angeboten steht aber das Radeln in einer Gruppe Gleichgesinnter bewußt im Mittelpunkt.

Sie können damit sowohl zum individuellen Wohlbefinden beitragen, als auch die Freude an der Fortbewegung mit dem Fahrrad steigern. Die Teilnahme ist jedem möglich; auch ohne Mitgliedschaft im Radsportverein.

Das Radtourenfahren (RTF)

Das Radtourenfahren (RTF) ist die bekannteste und meist verbreitete Veranstaltungsform des Radsports für jedermann im Bund Deutscher Radfahrer e.V. Man unterscheidet zwischen RTF-Formel A (Ausdauer), permanenten Radtourenfahrten und Etappen-Radtourenfahren. Sportliches Radfahren steht beim Radtourenfahren im Vordergrund; alleine und/oder in der Gruppe. Da keine Zeitnahme erfolgt und meist drei parallel angebotene Strecken (zwischen 41 und 170 km) zur Wahl stehen, ist eine individuelle Belastungsmöglichkeit gegeben.

Gesundheitsfördernden Ansprüchen kommt das Radtourenfahren durch diese persönliche Dosierungsmöglichkeit der Belastungsgröße besonders entgegen. Regelmäßiges Radfahren verbessert die Herz-Kreislauf-Funktion und ist, im Gegensatz zum Laufen, auch für gewichtige Personen besonders zu empfehlen!

Bundesweit werden jährlich von über 1.000 Mitgliedsvereinen Veranstaltungen organisiert, welche auch die landschaftlichen Reize der jeweiligen Region auf überwiegend verkehrsarmen Straßen „erfahrbar“ machen. Die Teilnahme an Radtourenfahrten ist jedem möglich; auch ohne Mitgliedschaft in einem Radsportverein. Verständlicherweise ist die Startgebühr für Mitglieder geringer.

Permanente Radtourenfahrten bieten - im Gegensatz zu den auf Wochenend- und Feiertage beschränkten A-Fahrten - die Möglichkeit, an jedem Tag der Woche eine beschriebene Tour zu fahren. Die Startzeit für diese zwischen 50 und 110 km langen Strecken kann man selber wählen. Startorte sind in der Regel Tankstellen oder Gaststätten.

Manche Radfahrer haben bei Wettbewerbsfahrten nur das notwendigste dabei.

Der Radmarathon

Hierunter werden diejenigen Veranstaltungen zusammengefaßt, die eine Streckenführung über mehr als 200 km ausweisen und für eine Listung als Radmarathon angemeldet sind. Die meisten Vereine bieten parallel dazu auch noch kürzere Begleitstrecken an. In der Regel wird bei diesen Extremstrecken ein besonderes Verpflegungsangebot und ein umfangreicheres Serviceangebot gestellt. Der Start bei diesen Veranstaltungen ist dadurch mit einer höheren Teilnahmegebühr verbunden. Diese geht aus den Ausschreibungen der jeweiligen Organisatoren hervor. Die Teilnahme an diesen Veranstaltungen wird mit 5 Punkten für die Jahreswertung des BDR gewertet.

RADREISEN OHNE ZELT

Radurlaub ohne Zelt und Schlafsack wird gelegentlich auch als „Credit-card touring" bezeichnet, wobei hin und wieder etwas Abfälliges in dieser Bezeichnung mitschwingt.

Dabei hat diese Form des Radurlaubs durchaus etwas für sich. Das Fahrrad ist weniger beladen und läßt sich leichter steuern. Und für den größeren Komfort eines festen Dachs über dem Kopf - egal ob Jugendherberge oder Hotel - braucht sich niemand zu schämen.

Nach einem harten Tag im Sattel ist es höchster Luxus, in einem Hotel abzusteigen.

Hotels und Pensionen

Möchten Sie Ihr Zimmer nicht mit Fremden teilen, so ist ein Hotel oder eine Pension das Richtige für Sie. Diese Lösung ist unter Umständen nicht ganz billig, das hängt vom Anspruch ab. In einigen Urlaubsregionen, beispielsweise in Österreich, gibt es spezielle Radlerhotels. Dort können Sie mit einem Fahrradabstellraum und einem gesunden Frühstück rechnen. Während der Saison sind Vorausbuchungen zu empfehlen.

Jugendherbergen

Entgegen ihrer Bezeichnung stehen sie allen Altersklassen offen. Ausnahme: In Bayern werden Einzelgäste nur bis 27 Jahre aufgenommen. Jugendherbergen haben sich in den letzten Jahren stark verändert. Das gängige Klischee mit den Massenschlafsälen und dem strengen Herbergsvater, der kontrolliert, ob um 22 Uhr auch überall das Licht aus ist und morgens alle Betten gemacht sind, stimmt nicht mehr. Heute sind Vierbettzimmer und Familienzimmer mit eigenem Bad keine Seltenheit.

Organisierte Reisen

Wer sich mit der Planung einer Radreise überfordert fühlt oder dafür keine Zeit hat, kann an einer Pauschalreise teilnehmen, wie sie in Deutschland von über 100 Radreiseveranstaltern angeboten werden. Der Veranstalter übernimmt Routenplanung, Hotelbuchung und, wenn gewünscht, Gepäcktransport. Man hat die Wahl zwischen Gruppenreisen und Individualreisen. Bei einer Gruppenreise ist man mit 7-15 Mitreisenden zusammen; ein Tourenführer fährt voraus und organisiert alles. Teilweise fährt ein Fahrzeug der Gruppe nach und nimmt Teilnehmer auf, die erschöpft sind oder eine Panne haben. Bei einer Individualreise sind nur die organisatorischen Vorkehrungen getroffen, und Sie erhalten Kartenmaterial, fahren aber allein.

TIP

- Achten Sie in einem Hotel auf sichere Unterbringung des Fahrrades. Wenn das Hotel keine Routine mit radelnden Gästen hat, kann der Portier andere Vorstellungen von „sicher“ haben als Sie.

Egal ob Sie im Hotel oder Zelt schlafen, Sie müssen an die Sicherheit Ihrer Wertsachen denken.

mehr, und die Ausstattung der früher recht kargen Herbergen ist beständig modernisiert worden. Natürlich darf man nicht übersehen, daß im Gegenzug auch die Preise erheblich gestiegen sind. Für zwei gemeinsam fahrende Radurlauber wird es so zum Rechenexempel, ob eine einfache Pension vielleicht für wenig mehr Geld ein Doppelzimmer mit Frühstück und vollem Service bietet. Aber immer noch bieten Jugendherbergen den Vorteil, daß man dort Gleichgesinnte trifft. Dieser Vorteil ist nicht in Geld umzurechnen.

RADREISEN MIT ZELT

Mit Ihren eigenen vier Wänden auf dem Gepäckträger sind Sie sehr flexibel. Sie müssen nicht den nächsten Ort noch bis zum Abend erreichen und können statt dessen das Zelt an einem malerischen Platz aufstellen. Sie können auch bei schlechtem Wetter einfach „Schluß für heute" sagen und ins Zelt kriechen.

Leichte Zelte mit Bogengestänge haben geringe Packmaße und sind überraschend geräumig. Sie lassen sich schnell aufbauen.

Zelt und Schlafsack

Die offene Landschaft in einen gemütlichen Zufluchtsort transformieren zu können, wiegt die schlimmsten Unwetter auf, vor denen man sich im Zelt auch nicht restlos geschützt fühlt. Zelten gibt nämlich ein ganz eigenes Gefühl.

Zelte

Ein Zelt muß leicht zu transportieren sein, vom Packmaß wie vom Gewicht. Es schützt vor den Elementen, neugierigen Blicken und lästigen Insekten. Moderne Zelte, insbesondere die leichten, kompakten, stellen diesen Schutz durch eine Doppelwand-Konstruktion her. Die innere Wand „atmet", die äußere ist wasserdicht.

Das Spektrum an Zelten ist groß, es gibt viele Variationen bei Geometrie, Design, Gewicht, Material und Funktion. Im Hinblick auf eine Radtour gilt es, einen sinnvollen Kompromiß aus Haltbarkeit, Preis, Größe und Gewicht zu finden.

Materialien

Die meisten leichten Zeltplanen bestehen aus beschichtetem Nylon oder Polyester, das zunächst einmal möglichst wasserdicht sein soll. Nähte, Reißverschlüsse, Ösen und Schnüre sind potentielle Schwachpunkte. Maschennetze halten Insekten fern, gestatten aber den Ausblick.

Kochen

Ein leichter Kocher ist eine hervorragende Investition. Warmes Essen und heißer Kaffee, wann immer Sie wollen, das ist verlockend. Die Qual der Wahl haben Sie bei Bauart und Energieversorgung. Hier die Vor- und Nachteile:

Gas
Pro: Saubere Verbrennung, einfache Geräte, relativ geringer Kohlenmonoxid-Ausstoß, Kartuschen in Europa leicht zu beschaffen.
Kontra: teuer, schwere Kartuschen.

Benzin
Pro: Leicht zu beschaffen, heizt stark und schnell.
Kontra: Hoher Kohlenmonoxid-Ausstoß, explosiv, unhandliche Bedienung, Additive verursachen „Verkokung". Allerdings gibt es auch Benzin ohne diese Additive.

Oben: Sie finden schnell heraus, ob Sie mit Ihrem Reisepartner harmonieren. Im Zelt ist man ohne Ausweichmöglichkeit eng beisammen.

Petroleum

Pro: Überall außer in den USA erhältlich, billig, große Hitze, weniger explosiv als Benzin.

Kontra: Stinkt, schwer zu entzünden, Kocher muß regelmäßig gereinigt werden.

Spiritus

Pro: Leicht zu entzünden, arbeitet ohne Druck.

Kontra: Schwer zu beschaffen, ungünstiges Verhältnis Leistung/Gewicht, schlecht regelbar, unter 0 °C schwierig zu entzünden.

TIP

● Benutzen Sie den Kocher nur im Zelt, wenn Ihnen das Wetter wirklich keine andere Wahl läßt. Das Zeltmaterial muß weit genug von der Flamme weg sein. Belüften Sie gut, um eine CO-Vergiftung auszuschließen.

Schlafsäcke

Egal welches Design und welche Füllung: Schlafsäcke tun nichts anderes, als eine Isolationsschicht zwischen die kalte Luft und Ihren Körper einzufügen.

Daunenfüllung: Daunen speziell von Wasservögeln gelten als ausgezeichnetes Isoliermaterial. Dabei wiegt es noch deutlich weniger und nimmt erheblich weniger Volumen ein als jegliche Kunstfaser (bei gleicher Isolierwirkung).

Kunstfasern: Kunstfasern sind billiger, nehmen wenig Wasser auf und halten ihre Wärme, wenn sie feucht sind. Erhebliche Fortschritte in der Herstellung haben zu vermindertem Volumen geführt. Auch in der „Wärmeleistung" haben sie sich Daunen angenähert.

Wärmefaktoren und Kosten: Üblicherweise werden Schlafsäcke danach klassifiziert, für welche Außentemperaturen sie geeignet sind:

1 Jahreszeit – nur im Sommer unserer Breitengrade

2 Jahreszeiten – auch im späten Frühling und Frühherbst zu benutzen

3 Jahreszeiten – alles außer Winter

4 Jahreszeiten – alle Wetterbedingungen

CHECKLISTE FÜR DIE TOUR

Die hier vorgestellte Mitnahmeliste gilt für eine Radtour mit Expeditionscharakter. Sie kann reduziert werden für Radtouren in Mitteleuropa, aber ein paar Dinge sind an der Donau und am Amazonas gleich.

Natürlich kann diese Liste nur ein Anhaltspunkt sein und nicht Ihre persönlichen Bedürfnisse erfassen. Sie können sie also jederzeit um einen Elektrorasierer, einen Teddybär oder andere unentbehrliche Gegenstände ergänzen.

Nehmen Sie leichte und kompakte, aber hochwertige Ausstattung. Komfort kostet Zuschlag.

Für das leibliche Wohl

- Kocher
- Kartusche
- wasser- und winddichte Streichhölzer
- leichte Töpfe
- Plastiktasse
- Löffel
- Schweizer Offiziersmesser
- Trockennahrung
- Nahrungsmittel: Teebeutel, Zucker, Nudeln, schnellkochender Reis, Gewürze
- Energieriegel
- Salz
- Wasserbehälter
- Wasser-Desinfizierungsfilter (z.B. Katadyn)
- Jodtinktur oder Wasserentkeimungstabletten

Camping

- Moskitonetz
- Zelt
- Schlafsack
- Toilettenpapier
- Taschenlampe
- Batterien
- Kerze

Medizin

- Erste-Hilfe-Set
- Tropenmedizin-Set

Kleidung

- zwei T-Shirts
- dünnes Fleece- oder Stretch-Unterhemd
- zwei „Zwischenschichten“ zum An- und Ausziehen
- Jacke aus Gore-Tex oder vergleichbarem Material
- eventuell dünne Windjacke
- Thermo-Unterhose
- zwei Radhosen
- drei Paar Socken
- ein Satz normale Unterwäsche
- Radhandschuhe (eventuell richtige Handschuhe)
- Seiden-Sturmhaube
- Helm, eventuell Kappe
- Sonnenbrille

- Radschuhe
- Sandalen

Hygiene

- Reinigungsmittel
- Seife
- Zahnbürste
- Kamm
- Shampoo
- Nähzeug
- Sonnencreme
- Lippensalbe

Werkzeug

- Kompakt-werkzeug (siehe Seite 106)
- Kabelbinder

Weitere Ausstattung

- Kamera und Film
- Paß
- Schreibzeug
- Geld, Reise-schecks, Kreditkarte
- sechs paß-gerechte Fotos
- Flug-, Zug-, Schifftickets
- Liste der Nummern von Paß, Reise-schecks etc.
- Uhr
- Landkarten
- Kompaß

Schreiben Sie Ihre eigene Checkliste. Nur so vermeiden Sie, daß Dinge fehlen, die man leicht vergißt, wie Lippensalbe (oben) oder Kompaß.

Daß Sie Ihr Zelt vergessen, wollen wir mal nicht annehmen, aber für die kleinen Dinge wie eine Kaffeetasse ist es besser, eine Checkliste zu haben. Und machen Sie sie nicht auf den letzten Drücker.

EXPEDITIONEN

Das Wort „Expedition" für eine Radreise ist sicherlich keine Übertreibung, wenn die Reise in unbekanntes Gebiet führt. Übrigens ist eine solche Reise auch in einer Gruppe ein Abenteuer, nicht nur allein.

Aber nicht nur ein Extremtrip durch die Sahara oder den Himalaya ist eine lohnende Angelegenheit. Man kann auch in näherliegenden Regionen und mit schmalem Budget Abenteuer erleben. Sogar Familien, ja Großmütter können Expeditionen unternehmen. Die wichtigste Regel für Radtouren heißt: Es gibt keine.

Auf einer Tour abseits der Zivilisation - hier in Mexiko - müssen Sie alles, was Sie für Ihr Wohlbefinden brauchen, bei sich haben.

Ein durchweichter, aber glücklicher Radfahrer in Sambia im Regensturm.

Auf Sie kommt es an

Sie können ein Vermögen in Reiserad und Top-Ausrüstung stecken, aber das ist keine Garantie für problemloses Reisen. Letztlich kommt es auf Ihre Einstellung an. Aber natürlich ist nicht zu leugnen, daß es ohne einen Mindeststandard beim Equipment nicht geht.

Fit sein für die Tour

Keine rein muskelbetriebene Fortbewegung ist so effizient wie das Fahrradfahren. Trotzdem bedarf es einer gewissen Fitness. Ein untrainierter und unerfahrener Radfahrer sollte seine Tagesetappen auf 50 Kilometer, im Bergland auf 30 Kilometer beschränken. Man baut aber relativ rasch eine bessere Fitness auf.

Man muß es nur am Anfang ruhig angehen lassen, dann verbessert man schon bald seine Kondition. Natürlich können Sie, wenn Sie schon vor der Tour eine gewisse Fitness erlangt haben, hier noch „draufsatteln".

Das Reiserad

Ein zuverlässiges Reiserad ist nicht ganz billig. Für einfache Touren mag ein Modell zwischen 1000 und 1300 Mark genügen, da aber auch hier

TIP

● Ein gut trainierter Radtourist kann auf flachen Asphaltstrecken locker 100-120 Kilometer täglich bewältigen. Die ganz Durchtrainierten schaffen auch 200 Kilometer, vor allem, wenn es länger hell ist. Mountainbiker schaffen auf unbefestigten Wegen je nach Kondition zwischen 60 und 90 Kilometer am Tag. Im Zweifelsfall entscheiden Sie sich besser für kürzere Tagesstrecken und mehr Vergnügen unterwegs. Sie machen ja kein Rennen!

Bei jeder Art Fahrrad gilt: für mehr Geld bekommen Sie mehr...

- ... **Belastbarkeit** bei niedrigerem Gewicht.
- ... **Präzision beim Schalten, Bremsen etc.:** Dafür lohnt sich Geldausgeben wirklich. Auf einer langen Tour ohne Infrastruktur an Fahrradwerkstätten brauchen Sie Schaltung und Bremsen, die Sie nicht im Stich lassen.
- ... **Zusatzausstattung:** Federgabeln können einen erheblichen Komfortgewinn bedeuten. Aber nur sogenannte Parallelogramm-Federgabeln harmonieren gut mit einem Lowrider-Gepäckträger.

gewisse Belastungen auf die Komponenten zukommen, sollten Sie hier lieber gleich etwas möglichst Hochwertiges kaufen.

Bei sehr starken Belastungen durch schlechte Wegbeschaffenheit stellt sich natürlich die Frage, ob das Mountainbike nicht das bessere Reiserad ist. Aber die Spitzenmodelle unter den Reiserädern sind diesen Anforderungen auch gewachsen, insbesondere wenn sie auf 26-Zoll-Räder gestellt werden.

Los geht's

Auf Ihrer ersten großen Radreise werden Sie vielleicht nicht „auf Rosen gebettet“ sein. Kalkulieren Sie Rückschläge mit ein. Lassen Sie sich davon nicht unterkriegen. Ihre erste große Radtour soll nicht Ihre letzte sein.

Der wichtigste Schritt - nachdem man den Plan gemacht hat - heißt, überhaupt einmal anfangen. Viele Leute entwerfen großartige Reisepläne, aber dann kommt dies und jenes dazwischen, und schließlich verschwinden die Pläne in der Schublade. Seien Sie anders: Machen Sie realistische Pläne und ziehen Sie sie durch. Setzen Sie ein Datum fest. Fangen Sie klein an - mit einer Wochenendtour zum Beispiel - und steigern Sie sich allmählich.

Machen Sie sich auch von Ausreden frei: Sie haben einen Job? Treten Sie ihn später an. Zu viele Verpflichtungen? Sagen Sie sie ab. Sie denken, Sie seien zu alt, dick, schüchtern, arm? Ausreden.

Lassen Sie nicht das Leben an sich vorüberziehen. Planen Sie Ihre erste Radtour jetzt. Sie werden es nicht bereuen.

RADRENNEN

Zur Jahrhundertwende waren Fahrräder die schnellsten Verkehrsmittel auf der Straße. Junge Männer machten sich einen Spaß daraus, Pferdekutschen zu überholen. Heute erscheinen uns Fahrräder langsam. Unser Gefühl für Geschwindigkeit hat nachgelassen; vom Auto aus sind 60 km/h nicht besonders schnell.

Wenn Sie jedoch auf dem Fahrrad sitzen, verhält sich das ganz anders. Wenn Sie sich bergab dem Geschwindigkeitsrausch hingeben, sind 60 km/h ziemlich viel. Auf einem Fahrrad entdecken Sie Geschwindigkeit neu.

Warum Rennrad fahren?

Ein Grund, warum Rennrad fahren einen solchen Spaß macht: Es gibt Ihnen einen Adrenalinstoß.

Natürlich gibt es, wie in jedem Sport, dabei auch den Wettbewerbsaspekt. Aber zum Radsport gehört mehr als nur Athletik. Man muß auch seinen Kopf benutzen.

Sie müssen sich aufgrund der höheren Geschwindigkeit über Ihre Aerodynamik Gedanken machen. Renntaktik und Ausrüstungsfragen können entscheidend sein. Das wendigere, aber auch nervösere Rennrad erfordert von Ihnen entsprechende Fahrkünste.

Es ist machbar

Beim Radrennen sind alle gleich. Jeder, der radfahren kann, kann sich darin versuchen. Man muß dafür keine muskelbepackte Sportskanone sein. Auch „Fliegengewichte" können gewinnen. Letztendlich zählt Ihr persönliches Kraft-Gewichts-Verhältnis.

Sie können auch übergewichtig radfahren. Das ist zwar anstrengend, im Vergleich zum Joggen aber erholsam.

Andererseits ist Radfahren der richtige Sport für Sie, wenn Sie Ihre eigenen Grenzen erfahren und überschreiten wollen. Radsportler erreichen Erschöpfungsgrade, die in anderen Sportarten undenkbar sind, denn auf dem Fahrrad können Sie sich über den toten Punkt hinaustragen. Radprofis gehören zu den fittesten Athleten überhaupt.

So fängt es an

Alles was Sie für den Start brauchen, sind ein Fahrrad, ein Helm und eventuell eine Lizenz des Bundes Deutscher Radfahrer (BDR), wobei Sie an den einfacheren Rennen (z.B. Radtouristikfahrten) auch ohne Lizenz teilnehmen können. Die Termine von Radsportveranstaltungen erfahren Sie aus Fahrradzeitschriften, aus der Tagespresse oder direkt beim BDR in Frankfurt. Zweckmäßig ist der Eintritt in den örtlichen Radsportverein, der wiederum dem BDR angehört. Dann erhalten Sie Termininformationen über Ihren Verein.

Der BDR richtet Radrennen und Radfahrten mit verschiedenen Schwierigkeitsgraden aus. Unterstes Level ist das Volksradwandern, und die höchsten Levels unterscheiden sich kaum noch von Profi-Rennen. Besonders populär sind die Radtouristikfahrten.

Der Grad der Ernsthaftigkeit, mit dem Radsportler an die Sache herangehen, variiert von „just for fun" bis zum Religionsersatz, mit rasierten Beinen und ähnlichen Begleiterscheinungen. Sie sollten nicht allzu verbissen an die Sache herangehen.

Links: Ein Straßenrennrad ist die schnellste Art, Ihre Körperkraft in Bewegung umzusetzen. Sie spüren förmlich das Tempo.

Unten: Downhill-Mountainbiken ist wie Alpinskifahren - schnell, berauschend und immer kurz vor dem Super-Sturz. Integralhelme und „Dämpfer" für alle exponierten Körperteile gehören daher zur Grundausstattung.

DOWNHILL-FAHREN MIT DEM MOUNTAINBIKE

MTB-Downhill-Wettbewerbe der Top-Kategorie sind ein Sport, in dem in wenigen Minuten alles gelaufen ist und Zehntelsekunden über Sieg und Niederlage entscheiden. Es ist eine sehr extreme Sportart, dementsprechend überwiegen unter den Akteuren die Paradiesvögel.

Outfits wie beim Eishockey, Technikfetischismus wie bei der Formel Eins und das Tempo des Alpinskifahrens sind die Ingredienzen des aufregendsten „Cocktails", den es beim Radfahren gibt.

Inzwischen gibt es Mountainbikes, die auf Downhill-Fahren spezialisiert sind.

Wenn Sie Stürze nicht mögen, dann lassen Sie das Downhill-Fahren.

Verrückt

Ein Downhiller der Spitzenklasse scheint verrückt und außer Kontrolle geraten zu sein, in Wahrheit jedoch berechnet er kühl seine Fahrweise, und was waghalsig aussieht, ist doch wohlbedacht.

Technik

Downhill-Neulinge sollten sich zu Beginn auf ein paar heftige Stürze einstellen. Das gehört dazu, achten Sie aber darauf, eher ins Gras als auf Steine zu fallen.

Um Fortschritte zu machen, müssen Sie eins mit Ihrem Bike sein. Flüssige Bewegungsabläufe statt Verkrampfungen heißt die Parole: nur nicht nervös werden.

Rennen

Anfänglich waren Downhill-Rennen frei von jeglichen Zulassungsbeschränkungen. Mit der Professionalisierung des Sports hat sich dies etwas geändert, und Sie sollten sich vergewissern, ob Sie für das Rennen Ihrer Wahl eine Qualifikation brauchen.

Fitness

Glauben Sie nicht, daß Downhill-Fahren die einfache Variante für Konditionsschwache ist. Downhill-Biken ist harte Arbeit.

Sobald Ihre Bewegungsabläufe flüssig sind, können Sie sich zu Rennen anmelden. Dazu müssen Sie nicht erst in die Alpen fahren. Außer in der norddeutschen Tiefebene gibt es Downhill-Rennen überall, und selbst in einem Stadtwald im Ruhrgebiet können Sie rasch das Gefühl bekommen, Sie führen die Eiger-Nordwand herunter.

TIP

- Schutzpolster an den exponierten Körperstellen leisten nicht, was sie suggerieren: daß Sie damit einen 75-km/h-Aufprall auf einen Baum überleben. Lassen Sie sich also nicht zu waghalsiger Fahrweise verleiten. Schutzpolster verhindern Hautabschürfungen, aber keine Knochenbrüche.

Bei Wettbewerben fahren Sie gegen die Uhr. Sie können aber auch ohne Zeitdruck Spaß am Downhillen haben. Veranstalter von Abenteuerreisen organisieren Mountainbike-Ferien in aller Herren Länder. Dort steht Downhill täglich auf dem Programm. Ein Geländewagen bringt Sie auf den Gipfel.

Auch haben sich manche Skigebiete auf Downhiller eingestellt und öffnen ihnen im Sommer die Lifte. Aus ökologischen Gründen ist dieses Angebot aber nicht überall vorhanden.

Schutz

Ein guter Helm ab 100 Mark ist unbedingt notwendig. Integralhelme sind die beste Wahl. Tragen Sie stets Handschuhe.

Fahrradmodelle

Hinsichtlich der aktuellen Top-Technik, etwa bei Federungen, müssen Sie sich in einem spezialisierten Fahrradgeschäft beraten lassen. Richtige Downhill-Maschinen fangen preislich erst deutlich jenseits der 2000-Mark-Grenze an. Am Anfang tut es natürlich auch ein einfaches MTB, an dem man später eine Federgabel nachrüstet.

MTB CROSS-COUNTRY-RENNEN

Innerhalb von zehn Jahren hat sich Mountainbiken vom Freizeitvergnügen einiger kalifornischer Spinner zu einer olympischen Disziplin entwickelt. Inzwischen existiert ein Profizirkus mit Sponsoren und großen Budgets. Trotzdem hat sich der Geist der Gründerjahre erhalten; man kann den Sport so fanatisch oder so relaxed ausüben, wie einem der Sinn steht. Sie können also auch nur zusehen, daß Sie in Ihrer Klasse gut mithalten. Sie können aber beispielsweise auch mitten im Rennen stehenbleiben, um einem gestrandeten Kameraden beim Reifenflicken zu helfen.

Es ist also alles eine Frage des Standpunktes. Natürlich gibt es immer ein paar Ehrgeizige, die so rasch wie möglich aufsteigen wollen, aber die große Mehrheit betrachtet es doch als Fun. Man will sehen und gesehen werden.

Kosten

Hinsichtlich des Startgeldes müssen Sie sich beim Veranstalter erkundigen. Startgelder sind im übrigen berechtigt, denn der Veranstalter hat eine Menge zu leisten, was nach außen hin nicht immer sichtbar ist. Die meisten Rennen finden auf abgesperrtem Gelände statt, damit Wanderer, Reiter etc. nicht in die Quere kommen. Das bedeutet, daß man mit den Landeignern verhandeln muß. Auch die Werbung für die Veranstaltung kostet Geld. Geld kostet auch die Lautsprecheranlage.

Mineralien-Verlust

Es ist wichtig, während der Fahrt oft zu trinken, insbesondere während des Rennens. Ein Flüssigkeitsverlust von nur 5 Prozent kann die Muskelarbeit um 30 Prozent verringern. Wenn der Durst sich bemerkbar macht, ist es im Prinzip schon zu spät. Viele Rennfahrer benutzen daher den Camelbak, einen Trinkbehälter in Rucksackform. Ein langer Schlauch führt zum Mund. Auf diese Weise haben Sie Ihren Flüssigkeitshaushalt fest im Griff.

Das Rad

Sie müssen, um an solchen Rennen teilzunehmen, kein spezielles Rad kaufen, sondern können Ihr normales Mountainbike weiterbenutzen, solange es nicht eine „Schrottkarre" ist. Mit wachsenden Erfolgen können Sie auch Ihre Ausstattung verbessern, aber nicht vorher. Eine Federgabel sollten Sie allerdings nachrüsten, sobald Ihr Kontostand dies erlaubt. Auf Bergabstrecken sind Sie damit leicht 10 km/h schneller.

TIP

● Wenn Sie ein Rennen gewinnen wollen, müssen Sie sich praktisch vom Start an selbst antreiben. Setzen Sie sich rasch vom Pulk ab, um als erster an den Engstellen zu sein. Kommen Sie schlecht aus den Startlöchern, werden Sie von langsameren Fahrern blockiert.

Training

Zunächst einmal besteht Training in ganz normalem Mountainbiking allein oder mit Freunden. Wenn Sie ernsthaft trainieren wollen, wird ein Pulsmesser Ihre nächste Anschaffung sein. Vielleicht gehen Sie auch ins Fitness-Studio oder investieren ein kleines Vermögen in Energieriegel.

Was manche Möchtegern-Profis vergessen: Erholungsphasen gehören zum Trainingszyklus unabdingbar dazu. Ihr Körper muß mit den Belastungen wachsen, statt an ihnen zu zerbrechen.

Um auf professionelles Niveau zu kommen, müssen Sie an drei Dingen arbeiten:

1. Ausdauer: Fahren Sie viele Kilometer auf dem MTB und Rennrad.
2. Kraft: Sprinten Sie kurze Anstiege im Wiegetritt hinauf.
3. Tempo: Sprint- und Intervalltraining.

Holen Sie sich auch Rat von geschulten Sporttrainern.

Altersklassen

Sie sind nicht mehr der jüngste und haben keine Lust, hinter dem Hauptfeld hinterherzuhecheln? Kein Problem: Bei vielen MTB-Rennen werden Altersklassen gebildet. Wegen der Einteilung erkundigen Sie sich beim Veranstalter.

Wenn Sie zu einem MTB-Rennen gehen, treffen Sie viele Gleichgesinnte. Und vielleicht klappt es auch beim Rennen gut (großes Bild).

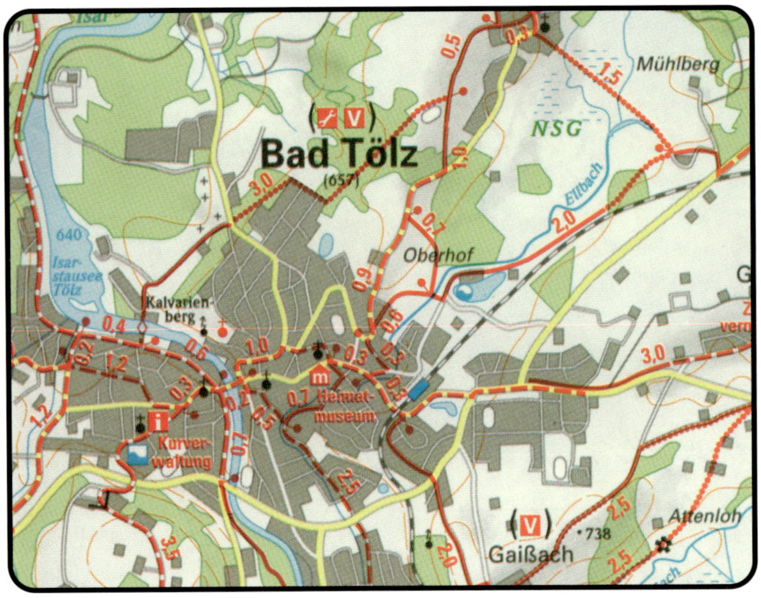

ORIENTIERUNG MIT KARTEN

Der Radfahrer hat einen großen Aktionsradius, und bei Radtouren verläßt er schnell die vertraute Umgebung. Die Landkarte hat immer große Bedeutung, wenn wenig oder keine Ortskenntnisse des Radlers vorliegen. Die Karte enthält Antworten auf seine Fragen, z. B. wie ist eine Gegend beschaffen (bergig oder flach), wie komme ich von A nach B (Hauptstraße oder Nebenstraße) oder wie lang ist die Route von C nach D. Der Kartenbenutzer erhält diese Informationen durch Übersetzen der Kartenzeichen - er verschafft sich mit Hilfe der Karte ein Bild von der ihm unbekannten Gegend. Wenn das Kartenlesen gut funktioniert, stimmen das aus der Karte gewonnene Bild und die Wirklichkeit überein.

Groborientierung

Dieses „Sichzurechtfinden" beginnt schon bei der Planung einer größeren Fahrt. Sie verschaffen sich zuerst einen Überblick über die mögliche Fahrtstrecke, d. h. Sie legen die zu durchquerenden Gebiete vom Ausgangspunkt bis zum Ziel fest. Interessante Gebiete und Objekte für Abstecher werden ins Auge gefaßt. So entsteht eine große Tour anhand von Karten im Maßstab 1:200.000 und kleiner. Bei dieser Planung gewinnen Sie einen ersten Überblick über die Fahrtroute. Objekte in der Landschaft, die Sie für die Groborientierung heranziehen sollten, haben immer eine gewisse Größe und landschaftliche Bedeutung, also Bergzüge, größere Seen und Flüsse ebenso wie großflächige Waldgebiete und auch Ortschaften. Karten für diesen Orientierungszweck dürfen vereinfacht gezeichnet sein, sollten aber Entfernungsangaben und Straßenausbauzustand enthalten wie auch Grenzübergänge, Fähren, Sehenswürdigkeiten und Höhenpunkte. Die Auswahl der Strecke richtet sich nach Ihrem persönlichen Geschmack und Ihrer Kondition.

Detailorientierung

Die Detailorientierung dient zur Einhaltung der Fahrtroute während der Tour mit Hilfe von Karten im Maßstabsbereich von 1:15.000 bei Stadtplänen, bis 1:100.000 bei topographischen Karten. Diese Orientierung geschieht jedoch mit unterschiedlichen Hilfsmitteln: in der Stadt wegen des eingeschränkten Blickfeldes nach Straßennamen, im offenen Gelände nach gut sichtbaren Orientierungsmerkmalen.

In der topographischen Karte stehen Ihnen für die Detailorientierung keine Straßennamen zur Verfügung - daher müssen Wirklichkeit und Karte ständig verglichen werden. Besonders wichtig für diesen Vergleich sind einzeln stehende Objekte, die in der Karte durch topographische Einzelzeichen wiedergegeben und in der Legende erläutert werden. Je seltener ein Objekt

Eine Radreise will geplant sein: Mit dem richtigen Kartenmaterial kommen Sie auf den rechten Weg.

vorkommt, desto höher ist sein Orientierungswert. Solche Objekte sind Fernsehtürme, Aussichtstürme, Kirchen, Denkmäler, Schornsteine, Windmühlen, Einzelbäume und Hochspannungsleitungen. Sind solche Orientierungsmerkmale nicht in ausreichend dichter Zahl vorhanden, müssen Sie sich auf kleinere Indizien für die Einhaltung der Fahrtroute beschränken: Das Verkehrsnetz bietet weitere Details durch den Ausbauzustand und Straßenverlauf.

Die Bebauung wird in topographischen Karten sehr detailliert dargestellt. Verschiedene Arten und Anordnungen von Häusern sind in der Abbildung vereinfacht aufgeführt. Die Bebauung dient Ihnen nur als ergänzendes Orientierungsmittel neben dem Verkehrsnetz. Weiterhin bietet sich die Bodenbewachsung als prägender Teil der Landschaft zur Orientierung an. Auch hier gibt die topographische Karte erschöpfend Auskunft über Wälder, Wiesen, Äcker, Heide- und Moorlandschaften. Dem Wald kommt der größere Orientierungswert zu, da er von weitem zu erkennen ist. Innerhalb ausgedehnter Waldgebiete sind Schneisen und Lichtungen wertvolle Anzeichen für den richtigen Weg.

TIP

● Übrigens funktioniert eine Orientierung wie die hier beschriebene nur mit qualifiziertem und aktuellem Kartenmaterial. Führend für Deutschland sind die Radkarten der BVA Bielefelder Verlagsanstalt.

Das Gewässernetz bietet Orientierungsmöglichkeiten, jedoch mit regional unterschiedlicher Bedeutung: In Friesland besitzt ein Graben kaum Orientierungswert bei tausend anderen Gräben, ebensowenig wie eine Moselschleife bei der Vielzahl von Flußschleifen im Verlauf des ganzen Flusses. Ob Sie den Fluß mit einer Brücke oder Fähre überwinden, können Sie der Karte entnehmen. Die Höhenlinien geben die Formen des Geländes an. Für Sie ist nur die Stärke und Länge der Steigung oder des Gefälles interessant. Je enger die Höhenlinien verlaufen, desto steiler geht es bergauf bzw. bergab. Die Höhenlinienzahlen stehen in deutschen topographischen Karten immer mit dem Fuß zum Tal, so daß Sie ganz leicht ablesen können, ob eine Steigung oder ein Gefälle vor Ihnen liegt. Strecken parallel zu Flüssen oder Eisenbahnstrecken haben immer geringe Höhenunterschiede.

Moderne BMX-Räder sind erheblich ausgereifter als die ersten Modelle vor zehn Jahren. Ihre Technik ist dem Mountainbike entlehnt. Trials ziehen immer das Publikum an. Es kommt auf die richtige Balance am Hindernis an.

BMX/ TRIALS

Auf dem Fahrrad ein „Wheelie“ zu machen, gehört offenbar zu den Grundlagen. Man macht diese Übung, bei der das Vorderrad hochgerissen wird, ungefähr als erstes, wenn man ein neues BMX hat. Die logische Fortsetzung sind dann allerlei Kunststücke auf dem Rad. Während die eine Form, die sogenannten Trials, offenbar voll im MTB-Sport aufgegangen ist, zeigt das BMX eine eigenständige Entwicklung.

BMX

Bevor das Mountainbike aufkam, war bei Jugendlichen das BMX-Rad populär. Zunächst waren es reine Spaßräder für Kunststücke und kurze Rennen. Mit dem MTB-Boom wurde das BMX in eine Nische zurückgedrängt, in der es sich aber hartnäckig hält.

Heute hat sich die Szene stark ausdifferenziert. Neben reinen Kinder-Spaß-Modellen gibt es auch teure Spezialmaschinen für Erwachsene. Regelrechte BMX-Rennen sind jedoch selten geworden; man kann dasselbe letztendlich auch auf einem MTB-Rennen erleben. Heute wird das BMX eher in einer Freestyle-Richtung benutzt, etwa an sogenannten Halfpipes.

Trials sind immer attraktiv für die Zuschauer. Hindernisse fordern die Geschicklichkeit der Fahrer heraus.

Freestyle

Man kann beim Freestyle drei Disziplinen unterscheiden. Es ist normal, sich auf eine dieser Disziplinen zu konzentrieren:

Straßenfahren ist deshalb sehr populär, weil es dazu keiner Infrastruktur bedarf. Sprünge werden von Mini-Rampen ausgeführt. Was BMX beim Normalbürger jedoch unbeliebt macht, ist, mit den Achsstummeln an Geländern und Parkbänken entlangzuschrammen.

Flachlandfahren findet auf ebenen Betonplatten statt und besteht aus aufwendig einstudierten Tricks, beispielsweise das Rad unter dem Fahrer in verschiedenen Variationen umherzuwirbeln.

Die spektakulärste Disziplin ist die, die an entsprechenden Vorrichtungen ausgeübt wird, insbesondere der Halfpipe, die man hinauffährt, in der Luft herumwirbelt und wiederaufkommend, sie herunterfährt. In öffentlichen Shows sieht man diese Disziplin recht oft.

Das Rad

BMX-(Bicycle Motocross)-Räder haben 20-Zoll-Laufräder und winzige Rahmen. Klein, leicht und agil, eignen sie sich für Kunststücke ideal. Sie haben keine Schaltung. Preise beginnen bei 800 Mark.

Zubehör

Außer dem Helm gehören Knie- und Ellbogenschoner zur Grundausstattung. Das gleiche gilt für Radhandschuhe, für die man bei einem Sturz besonders dankbar ist.

TIP

● Um für Kunststücke zu üben, können Sie alte Autoreifen benutzen. Schichten Sie sie aufeinander, um Sprünge durchzuführen. Vorteil: Gummi beschädigt keine Kettenblätter. Wenn Sie Fortschritte machen, wenden Sie sich echten Hindernissen zu, benutzen aber einen Kettenblattschutz.

Beeindruckende Stunts erregen immer und überall Bewunderung.

Trials

Bei dieser Art Veranstaltung geht es darum, Hindernisse zu umfahren. Die Plazierung des Fahrers errechnet sich aus Punkten für die Geschicklichkeit und der Zeit. Auch dürfen die Füße nicht auf den Boden kommen. Stürze sind an der Tagesordnung, aber Fortgeschrittenen zuzusehen, wie sie förmlich eins sind mit ihrer Maschine, hat schon seinen Reiz.

Das Rad für Trials

Hier genügt zunächst ein schlichtes Mountainbike. Spezialisierte Maschinen zeichnen sich durch beidseitigen Kettenblattschutz aus, sind kürzer gebaut als MTBs, haben einen einzigen, leichten Gang und Reifen mit mehr als zwei Zoll Breite. Das Tretlager liegt höher, und die Rahmenwinkel fallen steiler aus.

Trialfahrer benutzen flache Pedale ohne Bindungssysteme oder Pedalhaken.

ZEITFAHREN

Zeitfahren ist die ursprünglichste Form des Radrennens: Ein Fahrer fährt gegen die Uhr auf einer festgelegten Distanz, oder er fährt in einer festgelegten Zeit so weit wie möglich. Die Zeitfahrten bei der Tour de France, der Olympiade oder ähnlichen Rennen gehen über eine feste Distanz. Die umgekehrte Methode gibt es nur bei langen Fahrten, beispielsweise als 24-Stunden-Rennen, oder wenn man versucht, den Stundenweltrekord zu knacken. Die Fahrer fahren einzeln in festen Zeitabständen los; Windschattenfahren ist nicht möglich und verboten. Aerodynamik ist alles.

Zeitfahrstrecken

Zeitfahrten werden auch auf öffentlichen Straßen ausgetragen. Man könnte sie überall durchführen, bevorzugt werden aber breite, gerade und flache Straßen, weil dort mit höchstem Tempo gefahren werden kann.

Wie schon erwähnt, gehören Zeitfahrten auch zum Programm der großen Radrennen wie der Tour de France und der Spanienrundfahrt. Bei den olympischen Spielen finden sie sowohl auf der Straße als auch auf der Bahn statt. Der Stundenweltrekord wird grundsätzlich in einem Velodrom ausgetragen.

Für Anfänger

Zeitfahren ist die Form des Rennens, bei der es keine Entschuldigungen gibt. Aber Sie fahren mehr gegen sich selbst als gegen die anderen, wollen also Ihren persönlichen Rekord verbessern. In einem normalen Rennen dagegen kann es Sie demoralisieren, wenn Sie laufend überholt werden. Zeitfahren ist auch eine gute Vorbereitung für „Massenrennen".

Oben links: Mit Triathlon-Lenkeraufsätzen wird eine aerodynamische Fahrhaltung ermöglicht.

Großes Bild: Chris Boardman ist einer der besten Zeitfahrer der Welt.

Die Zeitfahrmaschine

Sie können diverse Fahrräder für ein Zeitfahren benutzen, sogar ein Mountainbike mit Slicks. Aber sofern es Ihr Geldbeutel erlaubt, sollten Sie ruhig in Aerodynamik investieren. Carbonfiber-Rahmen mit messerähnlichem Profil markieren die Spitze. Sie können aber auch ein Standardrennrad aufrüsten.

Das Wichtigste ist der Aero-Lenkeraufsatz. Damit reduziert man den Luftwiderstand um bis zu 25 Prozent. Scheibenräder und Trispoke-Laufräder sind aerodynamischer als normale Laufräder, bei denen die Speichen erhebliche Luftverwirbelungen verursachen. Sie sind aber auch seitenwindempfindlicher. Die Vorderräder sieht man häufig in 26 oder 24 Zoll, um das Fahrrad vorn niedriger zu machen und den Fahrer damit in eine noch tiefer gebeugte Position zu bringen.

Der hintere Zahnkranz ist in Schritten von einem Zahn abgestuft, um die feinstmögliche Anpassung zu erreichen. Selten sieht man Zeitfahrer mit festem Gang.

Ein Radcomputer hilft Ihnen, den Überblick über momentane und Durchschnittsgeschwindigkeit, Wegstrecke und neuerdings auch den eingelegten Gang zu behalten. Auch ein Pulsmesser ist nützlich, damit Sie nicht zu früh ans Limit gehen.

RADRENNEN

Wegen der hohen Geschwindigkeiten und der Einteilung des Fahrerfeldes in Rennställe sind Radrennen sehr stark von Taktik dominiert. Beim Zeitfahren gewinnt der Schnellste, beim Straßenrennen der Cleverste.

Das Hauptfeld, in dem die meisten Fahrer zusammenfahren, nennt man auch Peloton.

Etappenrennen

Etappenrennen sind die größten und beeindruckendsten Radsportereignisse. Die berühmtesten heißen Tour de France, Giro d'Italia, Spanienrundfahrt, Tour de Suisse. Sie dauern fünf Tage bis drei Wochen. Die Tagesetappen sind zwischen 120 und 250 Kilometer lang.

In den meisten Etappenrennen sind ein bis drei Zeitfahren vorgesehen.

Der Sieg gehört dem Fahrer mit der geringsten Fahrzeit über alle Tagesetappen hinweg. Der im Klassement führende Fahrer trägt auch während des Rennens ein spezielles Trikot, bei der Tour de France ist es das gelbe Trikot. Es gibt aber auch Trikots für andere Wertungen. Bei der Tour de France gibt es beispielsweise ein grünes Trikot für den besten Sprinter, das der Deutsche Erik Zabel kürzlich drei Jahre hintereinander eroberte, und das rotgepunktete für den Sieger der Bergwertung.

Oben: Die drei Tour-de-France-Trikots: das gelbe, das rotgepunktete für den Besten am Berg, das grüne für den besten Sprinter.

Etappenrennen sind zermürbend. Die Fahrer sitzen sechs Stunden am Tag im Sattel und erzielen Durchschnittsgeschwindigkeiten von 40 km/h. Dabei verbrauchen sie 8000-9000 Kalorien täglich.

Die Taktik

Im wesentlichen drehen sich die taktischen Ranküne um das Windschattenfahren. Der nachfolgende Fahrer kann bis zu 30 Prozent der Energie sparen und trotzdem mit dem Feld mithalten. Daher wechseln sich die Fahrer eines Teams in der „Führungsarbeit" ab. Wer sich vorn eine Weile

Andere Rennen

Es gibt auch Tagesrennen, darunter so berühmte wie Rund um den Henninger Turm (Frankfurt), Lüttich-Bastogne-Lüttich und Mailand-San Remo. Solche Rennen sind das Paradefeld für Sprinter, auf der Zielgeraden kann man häufig Massenspurts erleben.

verausgabt hat, läßt sich zurückfallen und ein anderer fährt vor.

Weil also ein geschlossenes Fahrerfeld schneller ist als ein einzelner Fahrer, wird ein Ausreißer vom Hauptfeld oft wieder eingeholt. Deshalb reißt man lieber in Gruppen von vier bis fünf Fahrern aus, weil man sich dann immer noch mit dem Vorfahren abwechseln kann. Übrigens ist ein einzelner Fahrer auch seitenwindanfälliger, während Gruppen eine günstige Staffel bilden können

Um den Windschatten des Vordermannes voll auszunutzen, müssen Sie auf einen Meter am Hinterrad des Vordermannes dran sein. Wegen der damit verbundenen Kollisionsgefahr ist höchste Aufmerksamkeit geboten. Hier hat es schon, ausgelöst von einem einzigen Fahrfehler, Massenstürze gegeben.

Teams schirmen auch ihre Sprint-Asse ab, damit diese für die letzten Kilometer Kraft sparen. Kommen mehrere Sprinter gleichzeitig in die Zielzone, belauern sie sich gegenseitig, wollen noch den Windschatten des Konkurrenten nutzen und müssen den Schlußspurt im richtigen Moment explosiv anziehen.

Die Fahrer

Im Team gibt es eine Arbeitsteilung. Es gibt den oder die Kapitäne, den Leutnant und die Wasserträger. Die einfachen Fahrer schirmen die Kapitäne ab. Leutnants fahren eng am Kapitän, schützen ihn, dürfen aber, wenn die Situation es hergibt, auch eigene Meriten sammeln. Das dürfen die Wasserträger nicht. Jedes Team hat Spezialisten. Sprinter sind große, kraftvolle Fahrer, denen aber die Ausdauer etwas fehlt. Kletterer sind klein und drahtig, haben ein gutes Kraft-Gewichts-Verhältnis.

Die letzten Tour-de-France-Sieger waren unterschiedliche Typen. Indurain war Zeitfahrspezialist, Pantani Bergspezialist, Jan Ullrich Allrounder, der auch in den Bergen sehr gut ist.

Für Anfänger

Als Anfänger nehmen Sie an lokalen Rennen teil, bei denen taktische Aspekte nur am Rande eine Rolle spielen. Die Bedeutung des Windschattens sollten Sie aber kennen und nutzen.

Oben: Ein Schlußspurt ist alles andere als einfach. Die Fahrer attackieren gezielt von hinten.

Das kleine Vorderrad der Team-Verfolgungsräder erlaubt den Fahrern, näher aneinander zu bleiben, um den Windschatten voll auszunutzen.

BAHNFAHREN

Bahnfahren findet in einem Stadion statt. Die Fahrer flitzen wie Windhunde über eine geneigte Bahn, entweder auf Holz in einem Velodrom oder draußen auf Beton. Die Zuschauer sitzen ringsum auf Tribünen, seltener innerhalb der Bahn. Auf Sechs-Tage-Rennen wird umfangreiches Rahmenprogramm geboten: Musik, Essen, VIP-Lounge.

Die Fahrt

Eine olympische Bahn ist auf dem Papier 333,3 Meter lang, in der Praxis jedoch meistens 250 Meter. Die Bahn hat eine Neigung von 50 Grad, auf den Geraden ist sie etwas flacher. Diese Überhöhung hilft dem Fahrer beim Bremsen und Beschleunigen. Bahnräder haben nämlich keine Bremsen und auch nur einen festen Gang.

Eine Gangschaltung wird auch nicht gebraucht, es gibt ja weder Steigungen noch Gegenwind, die Bedingungen sind immer gleich. Top-Fahrer erreichen Geschwindigkeiten von mehr als 50 km/h. Stürze können bei diesem Tempo sehr gefährlich sein.

Bahnwettbewerbe

Der einfachste Wettbewerb ist die Zeitfahrt. Taktik gibt es kaum: Einzelne Fahrer fahren gegen die Uhr. Sie fahren am unteren Rand der Bahn mit höchstmöglichem Tempo. Es gibt aber auch Teamwettbewerbe, bei denen vier Fahrer eines Teams auf einmal unterwegs sind. Sie sind wegen des Windschattens schneller.

Bei der Verfolgung starten zwei Fahrer (oder Teams) gleichzeitig auf gegenüberliegenden Seiten. Sie verfolgen einander über einige Kilometer. Wer am meisten an Boden gewinnt oder den Gegner gar einholt, gewinnt.

Sprints sind stärker von Taktik geprägt. Zwei Fahrer fahren jeweils drei Runden, aber nur die letzten 200 Meter zählen. Am Anfang des Rennens versucht man sich nur eine günstige Ausgangsposition zu verschaffen. Jeder Fahrer will im Windschatten des anderen fahren, Energie sparen und überraschend attackieren.

Ein Punkterennen findet mit 20 Fahrern über eine definierte Rundenzahl statt, beispielsweise 100. Die ersten Fahrer nach jeder fünften Runde erhalten Punkte. So kommt es in den jeweils ersten vier Runden zu Ausbrüchen und Verfolgungen, die jeweils fünfte Runde bringt dann eine wilde Jagd.

Beim Madison treten Teams von zwei Fahrern an. Einer der beiden Fahrer fährt gegen den einen eines anderen Teams. Die jeweils nicht mitfahrenden Fahrer fahren derweil langsam am oberen Rand der Bahn entlang. Ermüdet ein Fahrer, wird er von seinem wartenden Partner abgelöst, indem dieser herunterkommt und die beiden sich die Hand geben. So wird der neue Mann auch gleich auf Tempo gebracht.

Der Name rührt vom Madison Square Garden in New York her, wo die ersten Wettbewerbe dieser Art Anfang des Jahrhunderts stattfanden. Es wird auch im Rahmen von Sechs-Tage-Rennen ausgetragen.

Oben: Bahnräder haben spezielle Schlauchreifen, die mit Spezialkleber an der Felge fixiert sind. Diese Reifen springen selten ab, aber wenn doch, sind dramatische und schmerzhafte Stürze die Folge.

Bahnräder

Alle Bahnräder haben nur einen Gang und keine Bremsen. Bis auf diese beiden Punkte ähneln Verfolgungs- und Zeitfahrmaschinen den Zeitfahrmaschinen für die Straße. Auf einer überdachten Bahn fehlt der Seitenwind, so daß Scheibenräder eingesetzt werden können.

Bahnräder für Sprints müssen leicht sein, weil kleinere Massen schneller beschleunigt werden können. Sie können unter sieben Kilo wiegen. Der Lenker muß sehr stabil sein, da stark an ihm gerissen wird.

Die Speichenlaufräder haben größere Nabenflansche. Die Speichen sind somit kürzer, das Laufrad ist seitensteifer. Aus dem gleichen Grund können die Speichen an den Kreuzungspunkten mit Drähten verbunden und verlötet sein. Der Radstand ist für eine gute Beschleunigung kurz.

CROSS-FAHREN

Schon in den 20er Jahren fuhren die Menschen durch Schlamm und Dreck, als noch niemand etwas vom Mountainbike ahnte. Crossfahren, gewissermaßen eine Kreuzung aus Rennrad- und Mountainbikefahren, ist als Wintersport für Rennradler populär geblieben.

Die Besonderheiten

Crossen ist erheblich anstrengender als normales Rennradfahren. Die Rundkurse sind höchstens zwei Kilometer lang, und man fährt etwa zwölf Runden. In einer Stunde ist alles vorüber.

Die Bedingungen auf dem Parcours können sehr unterschiedlich sein. Üblich ist eine Mischung aus Asphalt, Gras, Schlamm und Abhängen, wo Sie absteigen und das Rad schultern müssen. Hindernisse wie Baumstämme, Gräben und selbst Bäche sind gezielt in den Parcours eingearbeitet.

Wegen der niedrigen Geschwindigkeit und der heiklen Bedingungen kommt es auf Aerodynamik überhaupt nicht an. Es kommt also auf Ausdauer und Geschick und weniger auf Taktik an. Sie müssen, um erfolgreich zu sein, Geländefahren trainieren. Sie sollten auch das rasche Auf- und Absteigen beherrschen, um dabei nicht wertvolle Zeit zu verlieren.

Crossfahren ähnelt natürlich den Cross-Country-Mountainbike-Rennen sehr, war aber früher da. Strecken für MTB-Rennen werden in der Regel härter und langsamer ausgelegt. Außerdem dürfen Sie beim Crossfahren unterwegs das Rad wechseln, beim MTB-Fahren nicht.

Wo der Mountainbiker in schwierigem Gelände weiterfährt, schultert der Crosser sein Rad und läuft.

Das Crossrad

Ein spezielles Crossrad erinnert am ehesten an ein Rennrad und an ein abgespecktes Reiserad. Die Rahmenwinkel sind flacher als beim Rennrad. Üblich sind die Cantileverbremsen, die wir vom Reiserad her kennen. Sie sind weniger schmutzempfindlich als Seitenzugbremsen.

Die 28-Zoll-Laufräder werden mit schmalen Stollenreifen bestückt. Auch wenn die genauen Maße auf das Terrain abgestimmt werden, werden doch die Reifenbreiten des MTB bei weitem nicht erreicht. Die Schaltung wird über Lenkerendschalter gesteuert oder neuerdings über kombinierte Brems-Schalthebel.

Die Gänge sind kleiner gewählt als auf der Straße. Kränze haben 13-28 Zähne. SPD-Pedale sieht man auch immer häufiger.

Übrigens sieht man zunehmend auch Mountainbikes bei Cross-Rennen. Auch ein angepaßtes Reiserad kommt in Frage.

Das Crossrad ist empfindlicher als ein Mountainbike, aber im Gegensatz zu den Mountainbikern können die Crosser ihr Rad während des Rennens wechseln.

Teilnahme am Rennen

Die Cross-Saison läuft von September bis Februar, wenn Straßenrennen Pause machen. Einige Straßenfahrer halten sich damit im Winter lieber fit als mit einem Heimtrainer.

Cross-Rennen sind im Schnitt deutlich zwangloser als Straßenrennen. Es fehlen oft die rot-weißen Absperrbänder und die endlosen Formulare. Meistens können Sie einfach hinkommen und gegen ein Startgeld mitmachen.

RENNEN FÜR KINDER ?

Können Sie sich noch an Ihre erste Fahrt als Kind mit dem Rad erinnern? War es nicht aufregend? Und wenn Sie selbst Kinder haben, werden Sie den Wunsch verspüren, daß sie diese Erfahrung auch machen sollten. Allerdings sollten sie spielerisch an das Radfahren herangeführt werden und nicht unter Leistungsdruck.

Warum Rennen?

Radrennen unter Kindern gibt es natürlich inoffiziell, in Form von Wettfahrten unter Freunden um den Häuserblock. Für kleinere Kinder gibt es indes keine richtigen Rennen, das bieten die Vereine erst für Jugendliche an. Aber auch dort sollte man keinen falschen Ehrgeiz an den Tag legen: Gewinnen ist schön, aber verlieren macht auch nichts.

Natürlich gibt es Eltern, die aufmerksam beobachten, ob ihr Sprößling der nächste Jan Ullrich oder Erik Zabel sein könnte. Das sind insbesondere solche Eltern, die selbst Radsport betreiben. Aber man sollte in Ruhe beobachten, welches Potential wirklich im Nachwuchs steckt, und nicht zu früh zu viel verlangen. Entscheidend ist ohnehin, daß der Jungfahrer nicht dazu gezwungen wird - dann wird er nur in eine Abwehrhaltung verfallen und am Ende das Radfahren noch lassen. Ohne Motivation geht hier nichts, und zuviel Ehrgeiz zerstört Erfolge, statt sie zu fördern.

Kinder-Übungen

Kinder bewegen sich in der westlichen Welt immer weniger. Experten sagen eine Zunahme von Herzkrankheiten und Fettleibigkeit voraus. Um so schöner, wenn Ihre Kinder Spaß am Radfahren haben.

Kinder reagieren auf aerobe Übungen ähnlich wie Erwachsene. Sie verbessern ihre Ausdauer und senken ihren Ruhepuls und Belastungspuls. Anaerobes Training (hohe Intensität) ist dagegen nutzlos, denn die kleinen Körper haben ein niedrigeres Schlüssel-Enzym-Niveau. Auch sogenanntes Widerstandstraining sollte man vermeiden. Es ist generell nicht gut für Radfahrer, aber der noch wachsende Knochenbau von Kindern kann beschädigt werden.

Wie fördern?

Wie schon gesagt, erscheint es sinnvoller, erst Jugendliche in wettbewerbsähnliche Veranstaltungen einzubeziehen. Finden diese im Gelände statt, so können sie nicht durch Autoverkehr gestört werden. Außerdem übt das Mountainbike mittlerweile die größere Anziehungskraft aus. Sie können sich beim BDR ebenso nach Veranstaltungen erkundigen wie beim örtlichen Radsportverein. Einige haben eigene Trainingsgruppen für Jugendliche.

Vorbereitung

Strukturiertes Training ist bei Kindern vor der Pubertät nutzlos, ja gefährlich, sowohl für ihren Körper als auch für ihre Motivation. Wenn ihnen der Sinn danach steht, kann man Kinder weniger als eine Stunde locker trainieren lassen, und das maximal dreimal pro Woche. Dabei darf die Herzfrequenz ansteigen, aber nur soweit, daß Sprechen während der Fahrt weiter möglich ist. Ab 14 Jahren kann regelmäßiges aerobes Training aufgenommen werden, aber auch nicht mehr als viermal pro Woche eine gute Stunde.

Ganz links: BMX-Fahren ist ein guter Einstieg für Kinder.

Links: Mountainbike-Rennen verlangen mehr ab als die kurzen BMX-Rennen, aber erfreuen sich bei Jugendlichen steigender Beliebtheit.

DARUM IST RADFAHREN GESUND

Radfahren macht nicht nur Spaß, es ist auch ein Mittel gegen viele Leiden des modernen Menschen. Bei regelmäßiger Ausübung des Radfahrens sinkt die Wahrscheinlichkeit einer Herzerkrankung deutlich. Sie stabilisieren Ihr Gewicht. Sie fühlen sich besser, und das sieht man Ihnen an. Sie halten Streß besser aus.

Besser mit dem Rad

Jede Sportart ist gesund, aber Radfahren ist eine der besten. Laufen belastet Knöchel, Knie, Hüfte und Achilles-Sehnen. Es ist hart und anstrengend, speziell für Übergewichtige. Gewichtheben wiederum bildet Muskeln, macht Sie aber nicht fit.

Laufen belastet die Gelenke erheblich. Radfahren ist gesünder.

Als Allround-Sport ist nur Schwimmen noch besser als Radfahren. Aber es ist nicht annähernd so komfortabel, und es kann nicht in den Alltag integriert werden wie Radfahren. Sie können beim Radfahren das Angenehme mit dem Nützlichen verbinden, indem Sie Fahrtziele erreichen. Beim Schwimmen schwimmen Sie und sonst nichts. Und Sie müssen erst einmal hinkommen.

Fahrradfahren erfordert keine besonderen Einrichtungen und verursacht keine Kosten außer dem Fahrrad selbst. Und man kann es in jedem Alter ausüben.

Ein gesundes Herz

Ein Herz ist ein Muskel, der Blut pumpt. Wie jeden Muskel können Sie es durch Training stärker und größer machen. Wenn Sie Ihr Herz nicht trainieren, läßt es nach. Fließt das Blut träge, kann es sich zusammenklumpen und Ablagerungen in den Arterien bilden wie Kalk in einem Rohr.

Ihr Herz bemüht sich dann, eine bestimmte Menge Blut zu pumpen. Wenn Sie - zum Beispiel durch schnelles Treppensteigen - Ihr Herz überfordern, kann es nicht mithalten und versagt: Herzinfarkt.

Ganz links: Radfahren stärkt Geist und Körper, weil es entspannt.

Links: Nur wenige Sportarten sind noch besser geeignet, Sie in Form zu bringen, als Radfahren. Gesäß, Schenkel und Waden werden schlanker und muskulöser.

Regelmäßiges Training steigert die Effizienz Ihres Herzens, und der verbesserte Blutfluß - zwischen 5 und 25 Litern in der Minute, je nach Belastung - hält die Venen und Arterien sauber.

Radfahren wirkt auch gegen hohen Blutdruck, Fettleibigkeit und Streß. Männer mit hohem Blutdruck leben im Schnitt 15 Jahre weniger als solche mit niedrigem Blutdruck.

Vorteile für den Körper

Beim Radfahren werden die größten Muskeln des Körpers beansprucht, speziell der Quadrizeps im Oberschenkel und der Gluteus Maximus im Rücken. Auch die Wadenmuskeln werden beansprucht. Wenn Sie also Ihre Muskeln kräftigen wollen, fahren Sie Rad.

Radfahren kann Sie fitter und schlanker machen. Nicht anstrengendes Radfahren verbrennt bereits 250-300 Kalorien in der Stunde. Ein Kilogramm Fett enthält 7700 Kalorien. Um ein Kilo zu verlieren, müssen sie 25 Stunden fahren. Das schaffen Sie in sieben Wochen, wenn Sie täglich eine halbe Stunde fahren.

Ein plötzlicher Gewichtsverlust ist damit nicht verbunden. Aber es hilft Ihnen auch, weniger fett und süß zu essen. Denn regelmäßiges Radfahren reguliert auch Ihren Appetit. Probieren Sie es aus. Wenn Sie kein Übergewicht haben, können Sie mehr als eine sitzende Person essen, ohne zuzunehmen.

„Mens sana in corpore sano"

„Ein gesunder Geist in einem gesunden Körper", sagten schon die Römer. Radfahren ist auch ein Gegenmittel gegen Streß. Sie gehen raus, fahren hart, und irgendwann gewöhnen Sie sich ab, immer automatisch ins Auto steigen zu wollen, wenn Sie das Haus verlassen. Darum ist Radfahren für Pendler so interessant: Anstatt sich über den Stau aufzuregen, kommen Sie ruhig und gesammelt bei der Arbeit an und kehren erfrischt nach Hause zurück.

WAS TUN BEI BESCHWERDEN

Radfahren ist nicht immer problemlos, besonders am Anfang. Deshalb finden Sie hier eine Liste mit möglichen Beschwerden und was Sie dagegen tun können.

PROBLEM	MÖGLICHE URSACHE	ABHILFE
Knieschmerzen	1. Zu schwerer Gang. 2. Sattel zu niedrig. 3. Ihre Knie sind kalt.	1. Wählen Sie einen Gang, den Sie gut rundtreten können, nicht einen, wo Sie die Tretkurbel zur Rotation förmlich zwingen müssen. Die optimale Trittfrequenz liegt bei ein bis anderthalb Umdrehungen pro Minute. 2. Stellen Sie die Sattelhöhe so ein, daß Ihr Bein voll ausgestreckt ist, wenn Sie mit der Ferse auf dem Pedal stehen. Stehen Sie mit dem Ballen auf dem Pedal, sollte das Bein beim Pedalieren nicht ganz durchgestreckt werden. 3. Dreiviertellange Hosen tragen oder Beinwärmer verwenden.
Taubes oder wundes Gesäß	1. Nach oben geneigter Sattel. 2. Sattel ist zu hoch, zu schmal oder zu breit. 3. Zu früh zu lange Strecken gefahren.	1. Den Sattel absolut waagerecht oder so einstellen, daß er nach vorn hin ganz leicht nach unten geneigt ist. 2. Sattel wählen, mit dem Sie besser zurechtkommen. Radhosen tragen. 3. Kilometerleistung erst allmählich steigern.
Taube oder wunde Füße	1. Schuhe haben zu dünne oder flexible Sohle. 2. Schuhe oder Pedalhaken zu eng.	1. Schuhe mit steifer Sohle (Radschuhe) benutzen. 2. Passende Schuhe tragen, Pedalriemen lösen, Systempedale verwenden.
Kreuzschmerzen	1. Sattel zu hoch, Becken schaukelt bei jedem Pedaltritt hin und her, Wirbel reiben aneinander.	1. Sattel niedriger stellen, gemäß allgemeiner Regel.

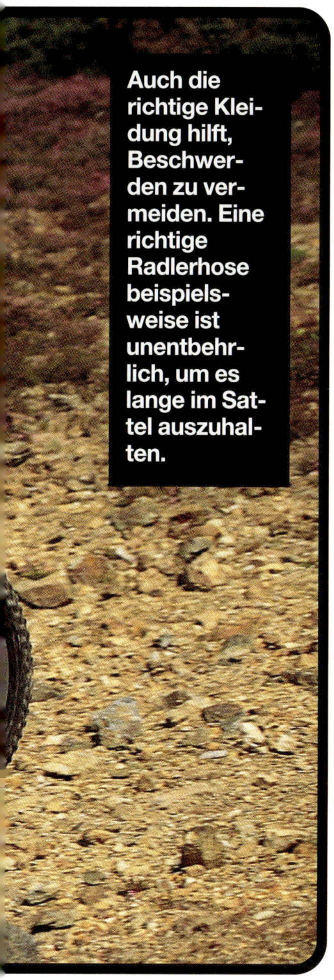

Auch die richtige Kleidung hilft, Beschwerden zu vermeiden. Eine richtige Radlerhose beispielsweise ist unentbehrlich, um es lange im Sattel auszuhalten.

Kreuzschmerzen (Fortsetzung)	2. Sitzposition zu gestreckt oder zu niedrig.	2. Mit Hilfe von Seite 22 feststellen, ob das Fahrrad überhaupt paßt. Vorbau höher stellen, oder kürzeren Vorbau mit größerem vertikalen Einstellbereich wählen.
Schulterschmerzen	1. Lenker zu breit. 2. Zuviel Gewicht auf den Armen.	1. Lenker mit Säge auf Schulterbreite kürzen oder passenden Lenker kaufen. 2. Kürzeren, höheren Vorbau wählen. Eventuell Triathlon-Lenkeraufsatz wählen.
Schmerzen im Handgelenk	1. Zuviel Gewicht auf den Armen. 2. Immer dieselbe Handhaltung während langer Fahrt benutzt.	1. Kürzeren, höheren Vorbau wählen. 2. Handhaltung variieren. Lenker mit mehreren Griffpositionen wählen oder Lenkerhörnchen nachrüsten.
Taube oder schmerzende Hände	1. Lenker zu fest gehalten. 2. Unzureichende Griffpolsterung. 3. Keine Variation der Handhaltung. 4. Zu viel Gewicht auf den. Armen.	1. Lenker lockerer halten. 2. Komfortable Griffe oder gepolstertes Lenkerband wählen. 3. Handhaltung variieren (siehe oben). 4. Siehe oben (Handgelenke).
Steifer Hals	1. Lenker zu oft in der unteren Biegung gefaßt, oder zu gestreckte Sitzposition, wodurch der Hals verkrampft, um die Straße beobachten zu können.	1. Fahren Sie auf den Bremsgriffen, oder fassen Sie den Lenker oben. Wenn Sie den Lenker häufig unten fassen müssen, wechseln Sie zu einem mit schärferer Krümmung, oder stellen Sie den Vorbau höher.
Schwindelgefühl	1. Flüssigkeitsmangel. 2. Zu niedriger Blutzucker.	1. Viel und regelmäßig trinken. 2. Energieriegel und Bananen bereithalten.
Augen tränen	1. Wind, Sonne, Staub.	1. Sonnenbrille tragen (mit Klargläsern bei mäßigem Licht).
Krampf	1. Flüssigkeitsverlust. 2. Überlastung ohne ausreichendes Training und Stretching.	1. Regelmäßig trinken. 2. Entfernungen erst allmählich steigern. Erst stretchen oder locker fahren und dann an die Belastungsgrenzen gehen.
Seitenstechen	1. Nicht genug Sauerstoff in den Muskeln, möglicherweise wegen Keuchens.	1. Tief atmen, langsam fahren.
Verspannungen in der Beinmuskulatur	1. Kein Stretching.	1. Stretching oder eventuell Schwimmen.

Vorbeugen ist besser als heilen

Zuallererst stellen Sie sicher, daß Ihr Fahrrad Ihnen paßt und korrekt eingestellt ist (siehe Kapitel „Das richtige Rad“). Dann führen Sie einige Stretchübungen durch.

Wadenstretching (links):
Stehen Sie zwei Meter vor einer Wand, Beine gerade, Hände flach gegen die Wand. Lehnen Sie sich an die Wand.

Kniesehnenstretching (rechts):
Stellen Sie einen Fuß auf einen Tisch, beugen sich vornüber und berühren Ihre Schuhe. Dito mit dem anderen Bein.

Vierfachstretching:
Legen Sie sich auf den Bauch, fassen Sie einen Fuß am Knöchel, und ziehen Sie den Fuß zum Rücken. Dito mit dem anderen Bein.

Kreuzstretching:
Legen Sie sich auf den Rücken, halten Sie die Beine an den Knien fest, und ziehen Sie sie zur Brust.

ERNÄHRUNG

Ernährung ist nicht so kompliziert, wie oft vorgegaukelt wird. Die meisten Diätbücher können Sie vergessen, wenn Sie an einen einzigen Lehrsatz denken: Je mehr Kalorien Sie zu sich nehmen, desto dicker werden Sie, und umgekehrt. Auch die Ernährung für Radfahrer ist frei von Geheimnissen. Die Ratschläge sind die gleichen wie sonst auch: viel Kohlehydrate, einige Proteine und etwas Fett.

Oben: Produkte wie diese liefern viel Energie in kompakter Form, sind aber kein Ersatz für eine gute Mahlzeit.

Kohlehydrate: Welche, wie und wann?

Kohlehydrate sind der Brennstoff, den Ihr Körper braucht, um seine Grundfunktionen aufrechtzuhalten. Sie werden in der Leber und den Muskeln gespeichert als Glykogen. Kohlehydratreiche Lebensmittel sind Kartoffeln, Nudeln, Reis und Brot. Sie sollten Bestandteil jeder Mahlzeit sein und sind das sinnvollste Mittel gegen Hunger. Dazu sollten Sie regelmäßig kleinere Mahlzeiten einnehmen und auch das Frühstück nicht auslassen. Ersetzen Sie keine Mahlzeit durch Schokolade.

Nach einer anstrengenden Fahrt braucht Ihr Körper frische Kohlehydrate. Essen Sie etwas in den ersten zwei Stunden nach der Fahrt, weil Sie sich sonst anderntags müde fühlen.

Oben: Nehmen Sie Snacks auch auf kurze Fahrten mit. Wenn Sie ermüden, sind Sie für den Energieriegel dankbar.

Fett, Proteine, Zucker

Etwas Fett brauchen Sie immer: Olivenöl, Saatöl und Fischöl sind gut geeignet, gesättigte tierische Fette nicht. Sie benötigen nicht viel Fett. Fett sollte nicht in Kombination mit Zucker oder Proteinen aufgenommen werden.

Proteine baut Ihr Körper selbst auf. Sie benötigen eine regelmäßige Zuführung an Proteinen, aber weniger als Sie denken. Leider kommen Proteine häufig in Verbindung mit Fett vor, etwa in Fleisch und Milchprodukten. Bessere Protein-Quellen sind Geflügel, Fisch, Bohnen, Linsen und Tofu.

Wer regelmäßig Sport treibt, für den ist Zucker keine Gefahr, sondern eine Energiequelle. Man nimmt Zucker idealerweise als Fruktose in Obst oder Getränken zu sich (aber auf Kalorien achten). Zucker ist nur schlecht in Kombination mit Fett - Kekse, Schokolade, Eis, Kuchen.

Vitamine und Mineralstoffe

Essen Sie reichlich frisches Obst und Gemüse, und Ihre Vitaminzufuhr stimmt automatisch, insbesondere für die Vitamine A, C und E. Außer Ihrer guten Kondition spricht die antioxidierende Wirkung für Vitamine - zu deutsch: weniger Muskelschmerzen nach der Fahrt.

Vitamin A ist in grünen, gelben und roten Früchten enthalten, einschließlich Spinat, Karotten, Rote Beete und Mais. Vitamin E ist in Nüssen, Kernen, Saatölen und Körnern enthalten. Vitamin C ist in rohen und kurz gekochten Gemüsen, Obst und Säften enthalten.

Im Gegensatz zu Vitaminmangel ist Eisenmangel sehr häufig anzutreffen. Ein typisches Symptom dafür ist Müdigkeit. Eisen steckt in grünem Gemüse, getrockneten Früchten, Bohnen, Hülsenfrüchten und Vollkornbrot sowie in Fleisch und dunklem Geflügel.

Essen unterwegs

Radtrikots haben Taschen auf der Rückseite, in die Snacks sehr gut passen. Beim Fahren über größere Distanzen müssen Sie Ihre Kohlehydratspeicher regelmäßig auffüllen. Natürlich scheiden z.B. Kartoffeln hierfür aus. Fettfreie Zuckermahlzeiten sind ideal. Die Banane ist hier das traditionelle Nahrungsmittel, aber Energieriegel sind noch besser. Hinzu kommen neuerdings Energiedrinks.

Ohne Kohlehydrate ist Ihr Energiespeicher leer. Sie laufen dann „in eine Wand", wie Läufer und Radfahrer sagen. Sie fühlen sich plötzlich träge und kraftlos.

Weiterhin müssen Sie Ihren Blutzuckerspiegel halten. Ist er zu niedrig, können Sie Schwindelgefühle bekommen. Knabbern Sie unterwegs kleine Snacks, um dies zu vermeiden.

Gegen den Flüssigkeitsverlust

Durch Schweiß 2 % seines Körpergewichts (1,5 Liter für eine 75-kg-Person) zu verlieren, genügt für einen nachhaltigen Leistungseinbruch. Sie können mehr als das verlieren, ohne Durst zu verspüren. Also trinken Sie viel und oft. Steigen Sie nach einem heißen Tag auf die Waage. Bei Gewichtsverlust trinken Sie viel Wasser.

Zum Schluß

Als kleine Freude zwischendurch ist eine „Sünde" wie Schokolade in Ordnung. Aber eben nicht als Hauptmahlzeit.

RADTRAINING

Regelmäßiges Radfahren hält Sie gesund, macht Sie aber noch nicht zum Athleten. Wenn Sie erfolgreich Rennen fahren wollen, müssen Sie ein spezielles Training aufnehmen.

Pulsmesser

Ohne einen Pulsmesser können Sie einen Trainingsplan nicht sinnvoll umsetzen. Es gibt preisgünstige Einsteigermodelle, die für

Trainingslevels

Um effektiv zu trainieren, ist es gut zu wissen, was Ihre höchste Herzfrequenz ist (auch anaerober Schwellenwert genannt). Eine grobe Annäherung bietet die Formel, das Lebensalter von 220 abzuziehen. Wenn Sie es genauer wissen wollen, fahren Sie 15 km so schnell Sie können und lesen dann Ihren Schwellenwert auf einem Pulsmesser ab.

Wenn Sie Ihre maximale Herzfrequenz kennen, können Sie den passenden Puls für die Trainingslevels errechnen. Die Pulsfrequenz gibt Ihnen einen Anhaltspunkt, wie viele Kalorien Sie verbrennen und welche Energie Sie beim Fahren aufbringen.

1. Level
Mehr als 30 Schläge unter Ihrer maximalen Herzfrequenz.
Dies entspricht leichtem Fahren, bei dem Sie sich sogar noch unterhalten können, ohne außer Atem zu kommen. Davon werden Sie nicht fitter, denn Ihre Herzfrequenz steigt nicht an, aber das Level ist gut zum Warmwerden.

2. Level
10-15 Schläge unter Ihrer maximalen Herzfrequenz.
Auf diesem Level können Sie immer noch sprechen, wenn auch schwieriger, und Sie müssen sich stärker auf Ihren Rhythmus konzentrieren. Dieses Level sollten Sie drei Stunden halten können. Es ist der Einstieg in Ihren Trainingsplan.

3. Level
Maximale Herzfrequenz.
Dies ist das Level, das Sie bei einem sehr

den Anfang vollkommen ausreichen. Es kommt auf die Anzeige des aktuellen Pulses und vielleicht noch auf die Aufzeichnung Ihrer Pulsentwicklung an. Einige Modelle haben Alarmsignale bei Überschreitung eines vorher eingestellten Wertes.

Erholung ist wichtig

Ständiges Training macht Sie nicht automatisch zum besseren Fahrer. Ohne die notwendigen Erholungsphasen bleibt der Fortschritt aus. Training heißt, den Körper so zu belasten, daß er stimuliert wird, stärker zu werden. Aber bei Überbelastungen kann sich der Körper den neuen Anforderungen nicht schrittweise anpassen.

Sie müssen während und nach dem Training ausreichend essen und trinken. Fühlen Sie sich ausgepumpt, legen Sie eine Rast ein und essen Sie etwas.

Ihr erster Trainingsplan

Wählen Sie zunächst eine Trainingsstrecke ohne starke Steigungen, die Sie in einer Stunde bewältigen können. Fahren Sie sie drei- bis viermal in der Woche, und bleiben Sie zunächst zwischen den ersten beiden Levels. Nach zwei Wochen gehen Sie zum zweiten Level über. Sie werden bemerken, daß Sie die Strecke inzwischen in kürzerer Zeit bewältigen.

Haben Sie dies einige Wochen getan, sollten Sie auf eine längere Trainingsstrecke umsteigen. Sie sollten auf einem Zwei-Stunden-Trip das zweite Level halten. Danach können Sie sich folgenden Trainingsplan zurechtlegen:

Sonntag:	2. Level, zwei Stunden
Montag:	Pause
Dienstag:	2. Level, eine Stunde vor oder nach der Arbeit
Mittwoch:	Pause
Donnerstag:	2. Level, eine Stunde vor oder nach der Arbeit
Freitag:	Pause
Samstag:	2. Level, zwei Stunden

Behalten Sie diesen Turnus einige Monate bei. Dann sind Sie fit für die erste härtere Fahrt. Sie werden die Fortschritte deutlich erkennen. Jetzt ist es an der Zeit, einem Radsportverein beizutreten, Fahrradzeitschriften und Trainingsbücher zu lesen und sich so weiterzuentwickeln.

schnell gefahrenen 15-km-Trip erreichen. Sie können nicht sprechen, müssen tief und regelmäßig atmen. Sehr effektiv für die Stärkung des Körpers, aber nur eine halbe Stunde durchzuhalten.

4. Level
Über der maximalen Herzfrequenz.
Auf diesem Level sind Sie schon im anaeroben Bereich (den Muskeln wird kein Sauerstoff mehr zugeführt). Sie können nur ganz kurz in diesem Bereich bleiben. Er ist gut für das Sprinttraining.

WARTUNG

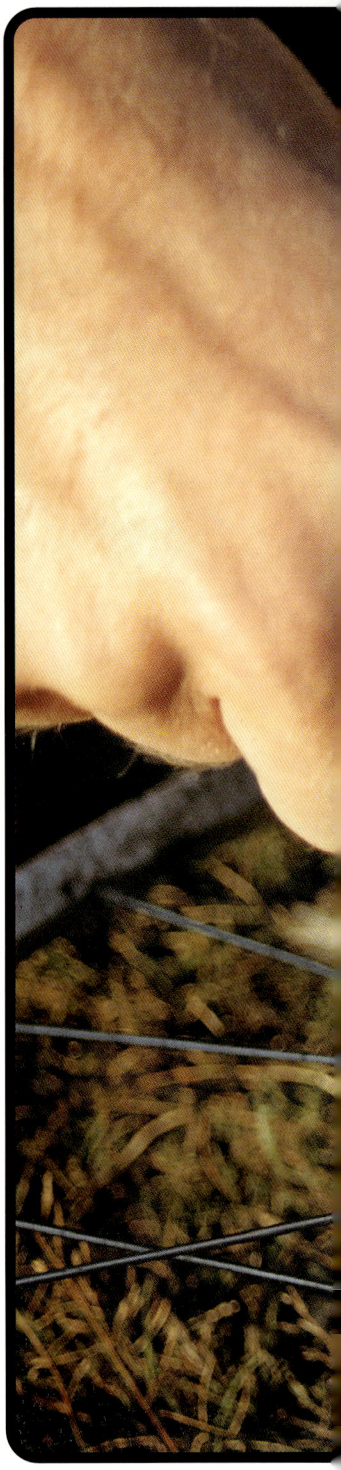

Werkstatt oder selber machen?

Gelegentlich ist die These zu hören, Einsteiger sollten ihre Finger lieber ganz vom Fahrrad lassen. Dabei läßt sich mit dem richtigen Werkzeug, einer geeigneten Anleitung und etwas Geduld einiges selbst machen und Sie können so die Werkstattkosten senken.

Haben die leichteren Arbeiten gut geklappt, werden Sie sich an die kniffligeren Dinge heranwagen wollen. Allerdings wird hierfür teilweise Spezialwerkzeug benötigt, was auch einige Kosten verursacht.

Werkzeuge

Ohne das richtige Werkzeug brauchen Sie gar nicht erst anzufangen. Ein unpassender Schraubenschlüssel oder ein falscher Schraubenzieher können den Kopf einer Schraube so beschädigen, daß sie unbrauchbar wird (gerundete Ecken oder Kanten). Bei Schraubenschlüsseln ist das Maß aufgeprägt - achten Sie darauf. Besondere Vorsicht ist bei Kreuzschlitzschraubenziehern geboten, deren Maß nicht immer aufgeprägt ist. Bei den meisten Schrauben werden metrische Schlüssel benötigt; bei älteren Importprodukten liegen eventuell englische Maßeinheiten vor.

Der nächste Punkt ist, den Schlüssel in die richtige Richtung zu drehen. Rechtsgewinde werden im, Linksgewinde gegen den Uhrzeigersinn angezogen. Eine Schraube schief einzuschrauben, kann teuer und gefährlich sein, also Vorsicht. Das Einschrauben beginnt immer mit den Fingern ohne Werkzeugunterstützung und sollte ganz leicht gehen. Besondere Vorsicht ist auch angesagt beim Einbau einer Tretlagereinheit. Beim Einpressen könnte das Fett entweichen, und die Einheit kann korrodieren. Dann sind sie schwer wieder auszubauen.

Spezielle Werkzeuge für solche Tretlagernotfälle sind für den Hausgebrauch zu teuer.

Alle Fahrräder müssen saubergehalten und gut geschmiert werden. Es lohnt sich, von Anfang an in die richtigen Produkte zu investieren.

Schmierung

Nehmen Sie sich die Zeit, Ihr Fahrrad ausreichend zu schmieren. Gleitende Teile wie Lenkervorbau und Sattelstütze können „festbacken“ und unlösbar werden. Fetten Sie die Kontaktflächen.

Seien Sie zurückhaltend mit dem Ölkännchen. Zuviel Öl zieht Schmutz an, was den Verschleiß erhöht, insbesondere bei der Kette. Zu wenig Öl wiederum fördert Korrosion; krachende Gangwechsel sind die Folge.

Mit einem kompakten Multi-funktionswerkzeug haben Sie alles, was Sie brauchen, dabei.

Öl gehört nicht an Teile mit Kugellagern wie Naben, Steuersatz und Tretlager - es verdünnt nur das Fett, der Verschleiß nimmt zu.

Kennen Sie Ihre Grenzen?

Wenn Sie unsicher sind, fragen Sie jemanden, der sich damit auskennt. Wenden Sie sich an eine Fahrradwerkstatt, um das Problem zu klären - vielleicht gibt man Ihnen einen guten Tip, wie Sie sich selbst helfen können.

Als schwierigstes Unterfangen gilt der Aufbau eines Laufrades. Da werden Sie am Anfang einen Experten hinzuziehen müssen.

Spezielle Werkzeuge benötigen Sie zum Abziehen eines Zahnkranzes, zur Entfernung des Tretlagers etc.

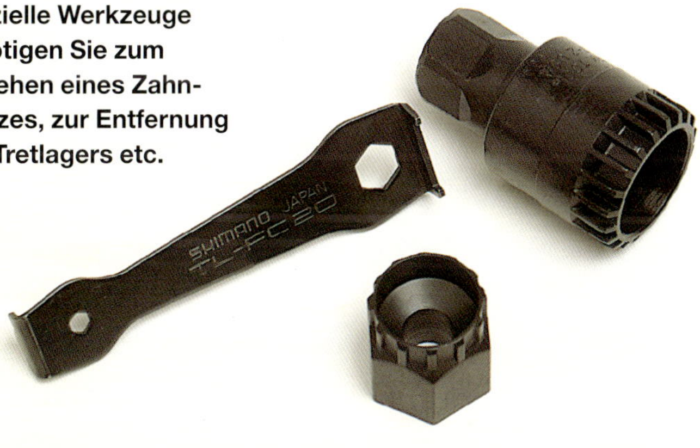

Ein Montageständer ermöglicht bequemeres und schnelleres Arbeiten.

DIE WICHTIGSTEN WERKZEUGE

Ein guter Werkzeugsatz spart auf Dauer das Geld für Werkstattaufenthalte und Sie lernen die Fahrradwartung. Die meistbenötigten Werkzeuge sind die für Reparaturen unterwegs und zur Behebung einer Reifenpanne.

Werkzeug für unterwegs

Mit einem Werkzeugsatz für die Fahrt sollten Sie folgendes können: Reifen flicken, gebrochene Speichen, Streben etc. fixieren und ein Fahrrad so herrichten, daß Sie damit noch zur nächsten Werkstatt oder nach Hause kommen.

Pumpe: Eine Minipumpe reicht völlig aus, wenn sie von guter Qualität ist. Eine Rahmenklemmpumpe kommt natürlich auch in Frage.

Ersatzschlauch: Eine Schlauchreparatur dauert lang. Verschieben Sie sie auf zu Hause.

Reifenflickset: Den sollten Sie trotzdem dabei haben, denn auch der Ersatzschlauch könnte ja beschädigt werden. Reifenheber sollten

Ihr Werkzeug für unterwegs sollte leicht sein und alles enthalten, was Sie für die gängigen Probleme benötigen. Überprüfen Sie Ihr Werkzeug regelmäßig, ob es in Schuß und vollständig ist.

Sie wegen der Gefahr, den Reifen zu beschädigen, eigentlich meiden. Wenn überhaupt, dann solche aus Kunststoff einsetzen. Ein Sandpapier zum Aufrauhen der Lochstelle gehört dazu.

Multifunktionswerkzeug: Braucht weniger Platz als alle Werkzeuge einzeln und ist im Prinzip eine vollwertige Lösung.

Verstellbarer Maulschlüssel: Als Ersatz für ein Multifunktionswerkzeug qualitativ in Ordnung, aber ein Multifunktionswerkzeug hat zudem Inbusschlüssel und andere Extras.

Draht oder Kabelbinder: Zum provisorischen Sichern gebrochener oder beschädigter Teile.

Speichenschlüssel: Auf langen Touren unentbehrlich. Wenn eine Speiche bricht, wird das Laufrad instabil. Mit einem Speichenschlüssel können Sie die verbliebenen Speichen lockern, um das Laufrad halbwegs zu stabilisieren. Sie können auch eine Ersatzspeiche auf die Kettenstrebe kleben.

Werkzeug für zu Hause

Für zu Hause gibt es schier unendliche Möglichkeiten, sich mit Werkzeug einzudecken. Hier daher nur die Minimal-Liste.

Schraubstock: Fungiert als dritte Hand. Sehr hilfreich bei kniffligen Arbeiten, etwa an der Nabe.

Kurbelabzieher: Um am Tretlager zu arbeiten, müssen Sie erst die Kurbel entfernen.

Inbusschlüssel: Am häufigsten werden 5, 6, 8 und 10 mm benötigt.

Kettennietdrücker: Für Kettenwechsel und Austausch eines steifen Kettengliedes.

Steuersatzschlüssel: An Straßenrädern meist 32 mm, an MTBs oft 36 mm. Wird nicht für den gewindelosen Typ benötigt (siehe Seite 166).

Stirnloch- und Hakenschlüssel
Der Stirnlochschlüssel weist Stifte auf, die in die Löcher einer Lagerschale greifen, um diese zu fixieren, während der Konterring festgezogen wird. Ein Hakenschlüssel dient dazu, einen Konterring zum Beispiel an einem Lager festzuziehen.

Darauf kommt es an

Mit diesem Basiskit kann Ihnen (fast) nichts passieren:

- Kettennietwerkzeug und Ersatzglieder
- Ersatzschlauch
- Inbusschlüssel
- 3 Kabelbinder
- Speichenschlüssel
- Multifunktionswerkzeug

Wenn Sie Ihr Fahrrad in Ordnung halten wollen, investieren Sie in gutes Werkzeug und auch in einige Spezialwerkzeuge.

CHECK VOR DER FAHRT

Schwierigkeitsgrad: leicht

Es ist leichter, das Fahrrad zu Hause auf Vordermann zu bringen als unterwegs. Wenn Sie mit Freunden unterwegs sind, werden diese wenig begeistert von einem Zwangsstop sein, den Sie verursacht haben.

Drücken Sie vor dem Losfahren die Reifen kräftig. Geben sie auch nur leicht nach, greifen Sie zur Pumpe, am besten mit Druckanzeige.

1. **Reifen:**
   Auch beim Herumstehen verlieren Reifen Luft. Also wieder auf den Maximaldruck bringen, der auf der Reifenflanke vermerkt ist.
2. **Bremsgummis:**
   Abgefahrene Gummis austauschen; manche haben Markierungen, an denen Sie erkennen können, wann ein Austausch notwendig ist. Rechnen Sie aber auch den Verschleiß unterwegs ein.
3. **Bremshebel:**
   Kräftig durchziehen: Kommen sie schnell und leicht an den Lenker, Kabelspannung erhöhen. Hat die Bremse hierfür eine Feineinstellschraube, diese gegen den Uhrzeigersinn drehen. Sonst Klemmung öffnen und neu klemmen.
4. **Reifenprofil:**
   Sorgfältig nach Splittern und ähnlichem absuchen. Seitenwände auf Risse überprüfen. Notfalls Reifen ersetzen.
5. **Kette:**
   Gibt es steife Kettenglieder? Treten Sie rückwärts und beobachten Sie, wie sich die Kette durch die Führungsrollen des hinteren Schaltwerks bewegt. Prüfen Sie auch den Kettenverschleiß (Kette darf sich nur wenige Millimeter vom Kettenblatt abheben lassen). Überprüfen Sie, daß keine Speiche gebrochen ist (meist im Bogen), und sorgen Sie für die nötige Zentrierung.
7. **Sattel:**
   Wenn Ihr Sattel vorn zu niedrig steht, fetten Sie die Befestigungsschraube ein wenig. Nun befestigen Sie den Sattel wieder korrekt. Markieren Sie die richtige Sattelhöhe mit einem Stift an der Sattelstütze.
8. **Steuersatz:**
   Ziehen Sie die Vorderbremse an und drücken das Fahrrad nach vorn. Spüren Sie Spiel, schlagen Sie auf Seite 166 nach.
9. **Laufradbefestigung:**
   Seien Sie mit der korrekten Handhabung des Schnellspanners am Laufrad vertraut. Zum Sichern des Laufrades im Uhrzeigersinn andrehen, bis es halbwegs fest erscheint, dann Hebelposition justieren, indem man die Nut auf der anderen Seite festhält, und zwar so, daß der Hebel in einer Linie mit der Laufradachse steht. Dann Hebel mit den Handflächen andrücken.

TIP

● Sparen Sie Zeit bei der Vorbereitung, indem Sie eine Standpumpe benutzen. Damit pumpen Sie einen Reifen ohne Anstrengung auf den Maximaldruck auf. Die meisten Modelle haben eine Druckanzeige. Für unterwegs gibt es handliche Luftdruckmesser.

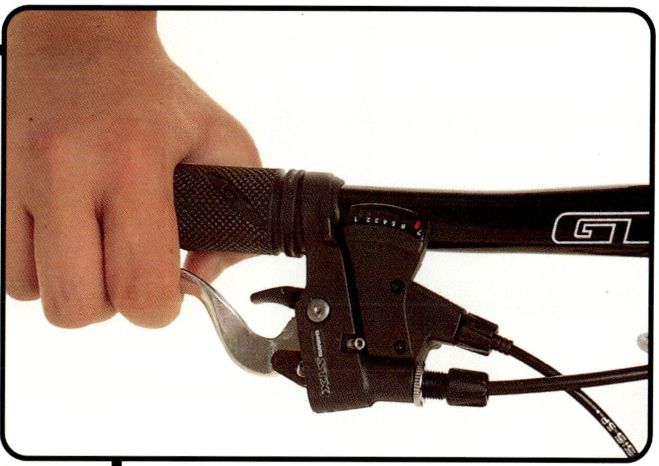

Wenn die Hebel sich so weit durchziehen lassen, muß die Kabelspannung erhöht werden.

Stellen Sie sicher, daß die Laufräder straff eingespannt sind. Schnellspannhebel im Uhrzeigersinn andrehen.

Heben Sie die Laufräder an, und prüfen Sie, ob sie mittig laufen.

Schnellspannhebel zum Schluß mit den Handinnenflächen andrücken.

CHECK NACH DER FAHRT

Schwierigkeitsgrad: sehr leicht

Nach einer Fahrt sollten Sie sich etwas Zeit für die Reinigung nehmen - auch wenn es nicht durch Schlamm und Dreck ging. Damit ist nicht gemeint, das Rad zu einer Autowaschanlage zu bringen. Diese Maschinen bringen einen so hohen Wasserdruck auf, daß das Fett aus den Lagern gedrückt wird.

1. Füllen Sie einen großen Eimer mit warmem Wasser und etwas Spülmittel. Mit einer Bürste oder einem Lappen säubern Sie das Rad von oben nach unten. Beseitigen Sie mit einem Schraubenzieher Fremdkörper aus den Bremsbelägen. Entfernen Sie mit dem Lappen auch Dreck aus dem Reifenprofil; weichen Sie diesen notfalls kurze Zeit ein.
2. Für die Kette benötigen Sie eine separate Bürste oder ein spezielles Kettenreinigungswerkzeug. Bei dickem Schmutz auf dem Antriebsstrang muß man eventuell ein Lösungsmittel einwirken lassen.
3. Zurück zu den Reifen: Die Einweichung müßte jetzt gewirkt haben. Spülen Sie sie mit Wasser aus, und reinigen Sie Speichen und Nabenkörper.
4. Bürsten Sie die Kette ab, und gehen Sie bei den Zahnkränzen in alle Zwischenräume; sparen Sie dabei nicht mit Wasser. Auch auf den Schaltwerken darf kein Schmutz mehr sein. Dann sprühen Sie alle beweglichen Teile großzügig mit wasserabweisendem Sprühwachs ein. Achten Sie besonders auf Kabel, an denen Feuchtigkeit entlangkriechen könnte. Wischen Sie überschüssiges Wachs mit einem Lappen ab, und tragen Sie ein Hochleistungs-Schmiermittel auf.

Wenn Sie Ihr Fahrrad mit einem Wasserstrahl säubern wollen, schützen Sie erst die Lager mit einem Lappen.

Nach der Kettenreinigung setzen Sie einen wasserabweisenden Sprühwachs ein. Dann mit einem Lappen abwischen und schmieren.

TIP

● Auto-Waschanlagen sollten Sie meiden. Es tauchen aber inzwischen die ersten Fahrradwaschanlagen auf, die Fahrradhändler speziell hierfür eingerichtet haben. Denen können Sie Ihr Fahrrad bedenkenlos anvertrauen.

Abgenutzte Bremsgummis sind eine Gefahrenquelle. Also regelmäßig überprüfen. Schlecht justierte Bremsschuhe nutzen einseitig ab - achten Sie auf saubere Einstellung.

SCHMIERUNG

Bewegliche Teile benötigen Schmierung, um weich zu laufen, aber verschiedene Teile brauchen verschiedene Arten der Schmierung. Viele Komponenten haben heutzutage Dichtungen, die aber nur teilweise effektiv sind und nachlassen. Mit zunehmender Benutzung verflüchtigt sich das Fett in den Lagern, die damit verschleiß- und korrosionsanfällig werden, wenn Sie nichts unternehmen. Wie und wann Sie schmieren, hängt auch von Ihrer Fahrweise ab. Nach einer Off-Road-Fahrt muß die Schmierung komplett erneuert werden.

1. Naben müssen regelmäßig mit einem wasserdichten Fett versehen werden. Entfernen Sie vorsichtig die Staubkappen an den Lagern, und schmieren Sie ein Fett auf Lithium-Basis hinein.

2. Brems- und Schaltkabel benötigen ein leichtes Mineralöl oder Teflonöl nach jeder Regenfahrt – sonst nur alle 4-6 Monate.

3. Schalthebel vom Typ Grip Shift benötigen spezielles Silikonfett alle vier Monate oder nach jeder zweiten Regenfahrt.

4. Die meisten Steuersätze benötigen wasserdichtes Fett besonders nach mehreren Regenfahrten. Bei Fahrrädern mit Schutzblechen genügt jährliche Schmierung.

5. Billige Pedale sind sehr korrosionsanfällig und müssen nach jeder Regenfahrt geschmiert werden. SPD-Pedale auch von außen mit Sprühwachs behandeln.

6. Wartungsfreie geschlossene Tretlagereinheiten werden immer häufiger. Der ältere konventionelle Typ benötigt alle sechs Monate frisches Fett. Ihr Händler kann Ihnen sagen, welchen Tretlagertyp Sie haben.

7. Die beweglichen Teile am Schaltwerk, Schaltzüge und deren Gegenlager benötigen einen teflonhaltigen Schmierstoff.

8. Fetten Sie die Sattelstütze, damit sie nicht „festbackt“.

9. Benutzen Sie einen „trockenen“ Schmierstoff an der Kette und an beweglichen Teilen der Schaltwerke (z.B. Führungsrollen). Er zieht Schmutz weniger an als ein Mineralöl.

10. Bremssockel von Cantilever- und V-Brakes mit wasserabweisendem Fett einschmieren.

11. Verwenden Sie Kriechöl oder wasserabweisendes Sprühöl an festsitzenden Speichennippeln und lassen Sie es über Nacht einwirken, ehe Sie den Nippelspanner erneut ansetzen.

ZWÖLF NOTFALL-TIPS

Bei manchen Pannen unterwegs scheint nichts mehr zu gehen, aber die nachstehend beschriebenen Improvisationen helfen Ihnen aus kritischen Situationen wieder heraus. Zu Hause angekommen, muß natürlich eine seriöse Reparatur erfolgen.

1. Rahmen am Steuerrohr verbogen
Nehmen Sie das Vorderrad heraus, und bitten Sie möglichst jemanden mit mehr Gewicht, sich auf die Gabelscheiden zu stellen. Ist kein Freund zur Hand, können Sie die Gabelenden auch in einen Gully-Schlitz stellen. Halten Sie die Kettenstreben ganz fest, und nutzen Sie Ihr Körpergewicht, um den Rahmen in seine ursprüngliche Form zurückzubiegen.
Zeitaufwand: 10-20 Minuten
Schwierigkeitsgrad: mittel

2. Verbogener Schaltarm am hinteren Schaltwerk
Packen Sie den Schaltarm und biegen mit den Händen zurück, bis er gerade ist. Mit einem Schraubenzieher geht es möglicherweise leichter. Justieren Sie das Schaltwerk neu, damit es beim Schalten in den ersten Gang nicht in die Speichen gerät.
Zeitaufwand: 20-30 Minuten
Schwierigkeitsgrad: mittel

3. Großes Loch im Schlauch, kein Ersatzschlauch
Schneiden Sie den schadhaften Bereich glatt ab und knoten die Enden zusammen. Leicht aufpumpen und vorsichtig nach Hause fahren. Nach der Heimkehr auch den Mantel austauschen.
Zeitaufwand: 20-30 Minuten
Schwierigkeitsgrad: mittel

4. Verbogenes Laufrad
Laufrad gegen eine Wand, einen Baum oder Felsen im 45-Grad-Winkel lehnen und gegen die Seiten des Rades pressen, bis es wieder gerader ist. Zur Verfeinerung in einen Gullyschlitz stecken.
Zeitaufwand: 15-30 Minuten
Schwierigkeitsgrad: schwer

5. Reifen ohne Luft, Pumpe nicht zur Hand
Schlauch entfernen, Mantel mit Gras, Moos, Tannennadeln auffüllen. Vorsichtig weiterfahren.
Zeitaufwand: Hängt von der „Materialverfügbarkeit" ab
Schwierigkeitsgrad: leicht

6. Unteres Führungsröllchen des Schaltwerks geht verloren
Oberes Führungsröllchen nach unten versetzen, Kette direkt zum unteren Führungsröllchen führen, auf dem größten Ritzel weiterfahren.
Zeitaufwand: 15-20 Minuten
Schwierigkeitsgrad: mittel

7. Hinterrad im Ausfallende verrutscht und kein Werkzeug zur Hand (nur Vollachse)
Rad in die Ausfallenden zurückdrücken und kleinen Gang einlegen. Mit einem Stück Zaundraht und einem kleinen Stock fixieren, indem Sie den Draht um Stock und Nabenende mehrfach straff wikkeln. Der Stock muß eng am Nabenende anliegen.
Zeitaufwand: 30 Minuten
Schwierigkeitsgrad: schwer

8. Kette gerissen
Kette um das defekte Glied kürzen. Wenn Sie kein Kettenwerkzeug haben, die Kette mit Zaundraht verbinden und nur noch mit den Pedalen wippen, damit die defekte Stelle nicht durch das Schaltwerk läuft. Mittleren Gang wählen und nicht mehr schalten.
Zeitaufwand: 10-15 Minuten
Schwierigkeitsgrad: mittel

9. Verlorene Schraube
Wichtige Schrauben, etwa am Gepäckträger oder Schutzblech, können durch weniger wichtige, etwa vom Flaschenhalter, ersetzt werden.
Zeitaufwand: 5-10 Minuten.
Schwierigkeitsgrad: leicht

10. Gebrochene Speiche, Ersatzspeiche paßt nicht
Wenn die Speiche im Bogen gebrochen ist, fädeln Sie die neue Speiche durch den Nabenflansch, und verbinden Sie sie linear mit den Resten des Originals. Biegen Sie die alte Speiche auf halber Länge rechtwinklig und lösen den Nippel um vier Umdrehungen. Biegen Sie die neue Speiche auf derselben Höhe rechtwinklig und verzwirbeln beide Speichen miteinander. Ziehen Sie die Speiche mit einem Speichenschlüssel an.
Zeitaufwand: 30-60 Minuten
Schwierigkeitsgrad: schwer

11. Verbogene Gabel
Zurück in die richtige Form biegen, indem Sie das Vorderrad zwischen Ihre Beine nehmen und den Lenker in die passende Richtung drehen. Achten Sie vor dem Weiterfahren auf Brüche im Unterrohr.
Zeitaufwand: 1-3 Minuten
Schwierigkeitsgrad: mittel

12. Loses Tretlager
Tretlager mit italienischem Gewinde lösen sich gerne. Bei Patronenlagern kann sich die rechte Schale lösen, und die linke Kurbel schlägt an der linken Schale an. Drehen Sie die Schale im Uhrzeigersinn, um die Kurbel wenigstens vorübergehend von der Kollision mit der Schale zu befreien.
Zeitaufwand: 5-10 Minuten
Schwierigkeitsgrad: sehr schwer

Wenn gar nichts mehr geht

1. Bei sehr schlechtem Wetter haben Sie vielleicht keine Lust auf eine Notreparatur. Anstatt an Ihrem Rad herumzuwerken, schieben Sie es besser zur nächsten Siedlung.

2. Quietschende Geräusche aus dem Tretlager deuten normalerweise auf eine lose Kurbelbefestigung hin. Wenn Sie jetzt einfach weiterfahren, werden die Kurbeln anschließend unbrauchbar sein. Schieben Sie das Rad nach Hause, oder befestigen Sie die Kurbeln baldmöglichst ordnungsgemäß.

LAUFRÄDER

Es gibt so viele Laufradvariationen wie Fahrradvariationen. Die Grundgrößen sind 26 und 28 Zoll. Sie passen gut zum Diamantrahmen und sind groß genug, um Straßenunebenheiten zu absorbieren. Sie bieten außerdem ein gutes Lenkverhalten.

Die Stärke des Laufrades hängt von der Anzahl der Speichen und Spannung des Laufrades ab. Ein professionell gemachtes Laufrad sollte unter normalen Umständen seine Zentrierung nicht verlieren, obwohl es nichts schadet, diese von Zeit zu Zeit zu überprüfen.

Zeitfahr-Laufräder

Hier kommt es auf beste Aerodynamik an. Schon die Felge hat ein Aero-Profil und ist aus Aluminium oder Carbonfiber gemacht. Auch die Speichen sind flach gehalten. Aero-Laufräder sind teuer.

Laufräder für Straßenrennräder

Solche Laufräder sind stabiler ausgebildet, weil sie auch über Kopfsteinpflaster etc. bewegt werden. Sie haben in der Regel 32 Speichen. Fahrer über 90 Kilo nehmen hinten 36 Speichen. Die Felgen sind aus Aluminium.

Laufräder für Reise- und Trekkingräder

Zuverlässigkeit ist alles. Starke Zuladung und schlechte Straßenzustände verlangen den Laufrädern einiges ab. 36 Speichen sind üblich, schwere Fahrer nehmen hinten 40 Speichen. Hohlkammerfelgen sind inzwischen Standard.

MTB-Laufräder

Mountainbike-Laufräder sind sehr steif, aber auch leicht. Im Gegensatz zu den vorgenannten

Zeitfahr-Laufräder erzeugen weniger Luftverwirbelungen als herkömmliche Speichenlaufräder. Es kommen Schlauchreifen zum Einsatz, die auf die Felge geklebt sind.

Das größere 28-Zoll-Tourenlaufrad hat 36 Speichen aus rostfreiem Stahl und robuste Reifen. Das kleine Laufrad daneben mit dem dicken Reifen gehört zu einem Faltrad.

Gruppen haben sie nur 26 Zoll. Man sieht häufig 32-Speichen-Laufräder. Beim Downhill bleibt es jedoch bei 36 Speichen.

Speichen

Speichen werden gekreuzt angeordnet. Am häufigsten kommt die Dreifach-Kreuzung vor, bei der die Speichen sich von einem Ende zum anderen genau dreimal kreuzen. Radiale, also kreuzungsfreie Einspeichung spart ein paar Gramm, tendiert aber zum Lösen und belastet die Nabenflansche. Auf der Antriebsseite wird radiale Speichung nicht verwendet.

Reifen mit Fäden

Ein Reifen mit Fäden erzeugt Reibung, um auf der Straße zu haften. Dies ist vor allem auf nassen Straßen wichtig und kommt Trekkingradlern und Freizeitfahrern zugute. Die weiche Oberfläche von Rennreifen bewirkt einen geringeren Rollwiderstand als bei einem Reifen mit Fäden. Aber das ist eine klare Sache: weniger Rollwiderstand - weniger Haftung.

Mountainbikes werden oft mit Stollenreifen geliefert. Wenn Sie die meiste Zeit auf der Straße fahren, ersetzen Sie sie gegen Slicks mit geringerem Rollwiderstand.

Harte und weiche Gummimischungen

Weiche Gummimischungen bewältigen Nässe besser. Zweifache Gummimischungen werden gern bei Straßenreifen eingesetzt. Sie haben eine harte Gummimischung in der Mitte für Langlebigkeit und eine weichere Gummimischung in der Flanke für bessere Kurvenhaftung.

Weiche Reifen sind auch im Gelände erste Wahl. Nasses Gras und glitschige Steine bewältigen sie besser als harte Reifen.

Kevlar, bekannt von kugelsicheren Westen, wird auch als Pannenschutzeinlage in Fahrradreifen eingesetzt. Auch in den Seitenwänden wird es zur Verbesserung der Haltbarkeit eingesetzt.

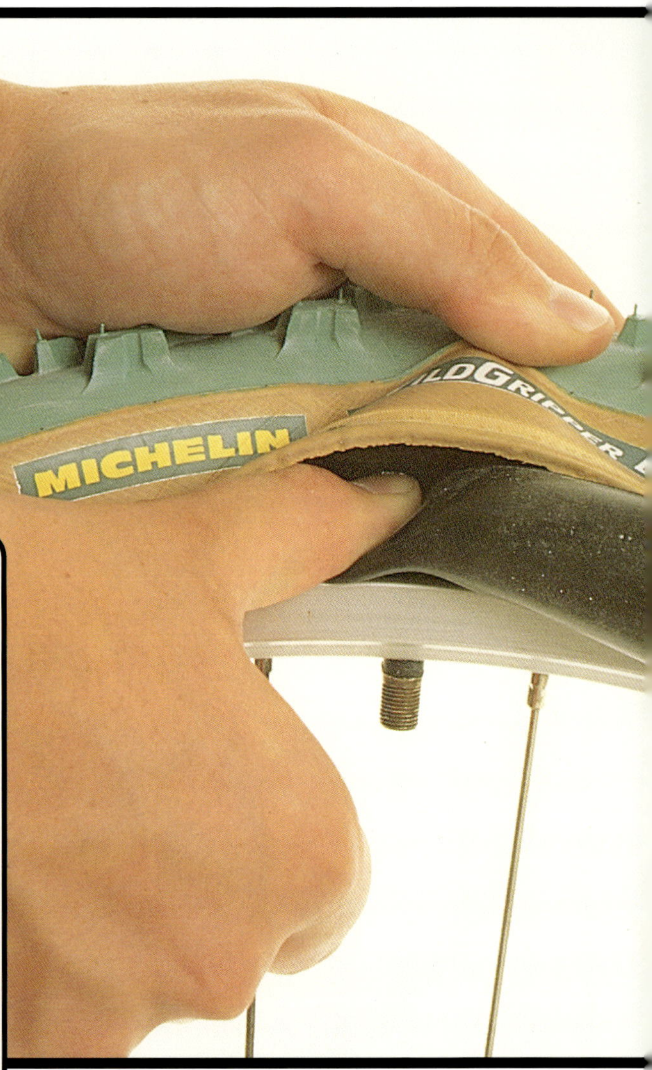

Oben: Schadstelle leicht aufrauhen.

Rechts:Gummilösung muß leicht angetrocknet sein, ehe der Flicken aufgebracht wird.

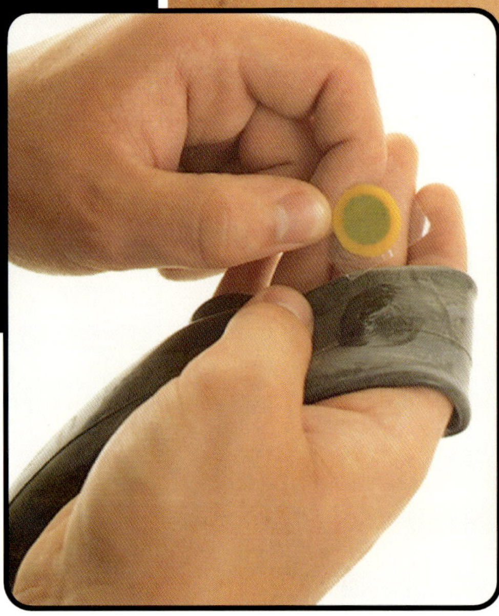

REIFENREPARATUREN

Schwierigkeitsgrad: leicht
Werkzeuge: ihre Hände
Benötigte Zeit: einige Minuten

Die richtige Reifengröße

Die Markierungen auf der Reifenflanke geben das Reifenmaß in der Regel sowohl im Zoll-Standard als auch im europäischen ETRTO-Standard an (z.B. 37-622). Die erste Zahl betrifft die Reifenbreite, die zweite den Durchmesser in Millimeter. Sie müssen vor dem Kauf die richtige Reifengröße kennen.

Es gibt eine große Variation an Reifenbreiten bis über 50 Millimeter. Ein breiter Reifen absorbiert Stöße besser und ist geländetauglicher. Straßenreifen sind schmal, nämlich zwischen 20 und 25 mm. Man verwendet auch bei Rennrädern nicht mehr die ganz schmalen Reifen.

Die Beschriftungen auf dem Reifen verraten alles, was man über den Reifen wissen muß. In den meisten Fällen sind der empfohlene Reifendruck und die Reifengröße deutlich sichtbar angegeben.

Links, oben und großes Bild: Setzen Sie eine Seite des Reifens über die Seitenwand der Felge, und drücken Sie die Wulst mit den Daumen ins Felgenbett.

Der richtige Druck

Ein Reifen verliert permanent Luft, halten Sie also eine Pumpe bereit. Latexschläuche verlieren besonders schnell Luft, weil sie porös werden. Pumpen Sie im Zweifelsfall vor Fahrtantritt nach, und überprüfen Sie den Druck mit einem Manometer. Überschreiten Sie nicht die Druckangaben des Herstellers (stehen auch auf der Reifenflanke).

Reifenreparaturen

An sich sind Reifenreparaturen einfach, aber die Platten, die durch einen starken Aufschlag entstanden sind, sind schwierig bis gar nicht zu reparieren. So identifizieren Sie einen hoffnungslosen Fall, bei dem Sie einen neuen Schlauch einsetzen müssen:

1. Der Schlauch hat einen sog. „Snakebite", einen Platten durch Durchschlag auf die Felge (häufig bei Downhill).
2. Entfernen Sie Decke und Schlauch, inspizieren sorgfältig das Felgenbett nach spitzen Gegenständen und hervorstehenden Speichennippeln. Beschädigtes Felgenband austauschen.
3. Bringen Sie eine Seite des Reifens über die Felge. Pumpen Sie etwas Luft in den Schlauch, daß er fest wird, und stecken das Ventil durchs Loch.
4. Vom Ventil ausgehend drücken Sie mit den Daumen die zweite Reifenwand ins Felgenbett.
5. Schieben Sie den Schlauch in die Decke.
6. Pumpen Sie den Schlauch langsam soweit auf, bis er rundherum im Felgenbett sitzt, stellen Sie sicher, daß der Schlauch nirgends eingeklemmt wird.
7. Pumpen Sie den Schlauch auf den vorgegebenen Druck auf.

TIPS

- Presta-Ventile können auch in Felgenlöcher für Autoventile eingesetzt werden.
- Wenn Sie sich auf ein Rennen vorbereiten, überprüfen Sie die Schläuche, denn ein undichter Flicken kann äußerst lästig sein.
- Wenn Sie zum Zeitpunkt der Panne schnell fuhren, überprüfen Sie die Seitenwände auf Beschädigung.

LAUFRADZENTRIERUNG UND SPEICHENAUSTAUSCH

Schwierigkeitsgrad: mittel
Werkzeuge: Speichenschlüssel, Schraubenzieher mit flacher Klinge, Öl, eventuell Markierstift

Das erste ernste Anzeichen dafür, daß das Laufrad als Ganzes nicht mehr funktionsfähig ist, ist der Speichenbruch. Bricht mehr als eine Speiche, sollten Sie im Grunde alle Speichen austauschen. Vielleicht ist auch der Zeitpunkt gekommen, sich für ein neues Laufrad zu entscheiden. Immerhin sind die Laufräder nach dem Rahmen das wichtigste am Fahrrad überhaupt. Sie tragen erheblich zum sauberen Lauf des gesamten Fahrrades bei und stellen den Reibpartner der Felgenbremse. Hier also die Vorgehensweise:

Oben: Benutzen Sie eine gebogene Speiche und Kaugummi als Zentrierhilfe.

Rechts: Fädeln Sie die neue innere Speiche unter die ersten beiden Speichen und über die dritte.

1. Bauen Sie das Laufrad aus und überprüfen Sie das Spiel in der Nabenachse. Ist es zu groß, bekommen Sie keine saubere Zentrierung hin. Auf Seite 128 finden Sie Details zur Nabenjustierung.
2. Entfernen Sie Reifen, Schlauch und Felgenband. Spannen Sie das Laufrad in einen Zentrierständer. Haben Sie keinen, bauen Sie das Laufrad wieder ein und bringen an den Kettenstreben Zentrierhilfen etwa in Form von Speichenstücken mit Kaugummi an. Wenn Sie nur zentrieren wollen, lesen Sie bei Punkt 4 weiter.
3. Ist eine Speiche gebrochen, bringen Sie sie zum Fahrradgeschäft, um exakt passenden Ersatz zu besorgen. Zum Aus- und Einfädeln einer Speiche auf der Zahnkranzseite muß der Zahnkranz entfernt werden (siehe Seite 148).
4. Ölen Sie das Speichengewinde und bauen die Speiche ein. Sie dürfen beim Fädeln durch das Flanschloch die Speiche etwas biegen, aber nicht zu stark. Ziehen Sie den Nippel soweit an, daß die Spannung der Speiche der der übrigen entspricht.
5. Drücken Sie die Speiche mit den Daumen am Bogen so, daß Sie in einer Linie mit den anderen steht. Ersetzen Sie nur eine Speiche, ist eine weitere Zentrierung oft nicht erforderlich.

Drehen Sie den Speichenschlüssel im Uhrzeigersinn zum Anziehen. Ziehen Sie sie nicht so stark an, daß Sie keinen Spielraum zum Zentrieren mehr haben.

6. Zum Zentrieren beginnen Sie rund ums Laufrad am Ventilloch. Drehen Sie die Speichen um eine Viertel-Umdrehung an. Wenn ein Laufrad eiförmig ist, stehen bestimmte Speichen unter stärkerer Spannung als andere. Lösen Sie die Speichen, die die Eiform verursachen, etwas, und ziehen Sie die anderen etwas an. Tun Sie dies in kleinen Schritten so lange, bis das Laufrad rund ist. Dann gehen Sie zur Korrektur des Seitenschlags über.
7. Drehen Sie das Laufrad langsam und markieren die Stellen auf der Felge mit einem Stift, die an den seitlichen Markierpunkten anschlagen. Tendiert das Laufrad nach links, drehen Sie die Speichen im markierten Bereich auf der linken Seite etwas gegen den Uhrzeigersinn. Dann drehen Sie die beiden gegenüberliegenden Speichen im Uhrzeigersinn und gleichen so den Spannungsunterschied zwischen linken und rechten Speichen aus.
8. Beim Neuaufbau eines Laufrades achten Sie darauf, daß die Speichen sich beim Einfädeln nicht nach außen abwinkeln. Zum Abschluß drücken Sie gegenüberliegende Speichenpärchen mit den Händen zusammen, damit sie sich strecken und setzen.

TIPS

● Speichen sollten stramm sitzen, aber nicht so stramm, daß die Felge nicht mehr zentriert werden kann. Im Zweifelsfall ein qualifiziertes Fahrradgeschäft konsultieren.

● Nippel haben Rechtsgewinde, werden also im Uhrzeigersinn angezogen.

● Achten Sie auf den richtigen Speichentyp. Es gibt solche mit konstanter Dicke und solche, die im Bogen verdickt sind.

Nur mit einem akkurat passenden Speichenschlüssel können Sie sauber arbeiten.

ARBEITEN AN NABEN UND FREILÄUFEN

Schwierigkeitsgrad: schwer
Werkzeuge: Lochzange, Hammer, Augenschutz

Hinterradnaben

Kassettennaben haben Schraubkranznaben komplett abgelöst, soweit es Naben mit Mehrfachzahnkränzen betrifft. Schraubkranznaben können leicht daran erkannt werden, daß ihnen der äußere Verschlußring fehlt, um das kleinste Ritzel festzuhalten. Kassettenfreiläufe können leicht abgenommen werden, um die Kugellager auszutauschen, und sind leicht zu ölen. In jedem Fall gibt es eine Achse und Kugellager, die aber bei der Kassettennabe näher am Achsende sitzen und dadurch Achsverbiegungen besser entgegenwirken. Das beste in dieser Hinsicht sind aber vier Kugellager, von denen zwei unter dem Freilauf sitzen.

Arbeiten am Freilauf

An einer Freilaufnabe kann man einige einfachere Tätigkeiten selbst vornehmen. Verschlissene Kugellager sollten beispielsweise ausgetauscht werden, ehe der Schaden sich ausweitet. Dies erfolgt in sechs Schritten.

Zahnkränze sind in enger und weiter Abstufung erhältlich. Enge Abstufungen werden von Rennradlern bevorzugt, Mountainbiker und Reiseradler setzen auf weitere Abstufungen.

Rechts oben: Für den Einsatz in Federgabeln benötigt man spezielle Naben.

Rechts unten: Diese Nabe ist besonders leicht ausgeführt.

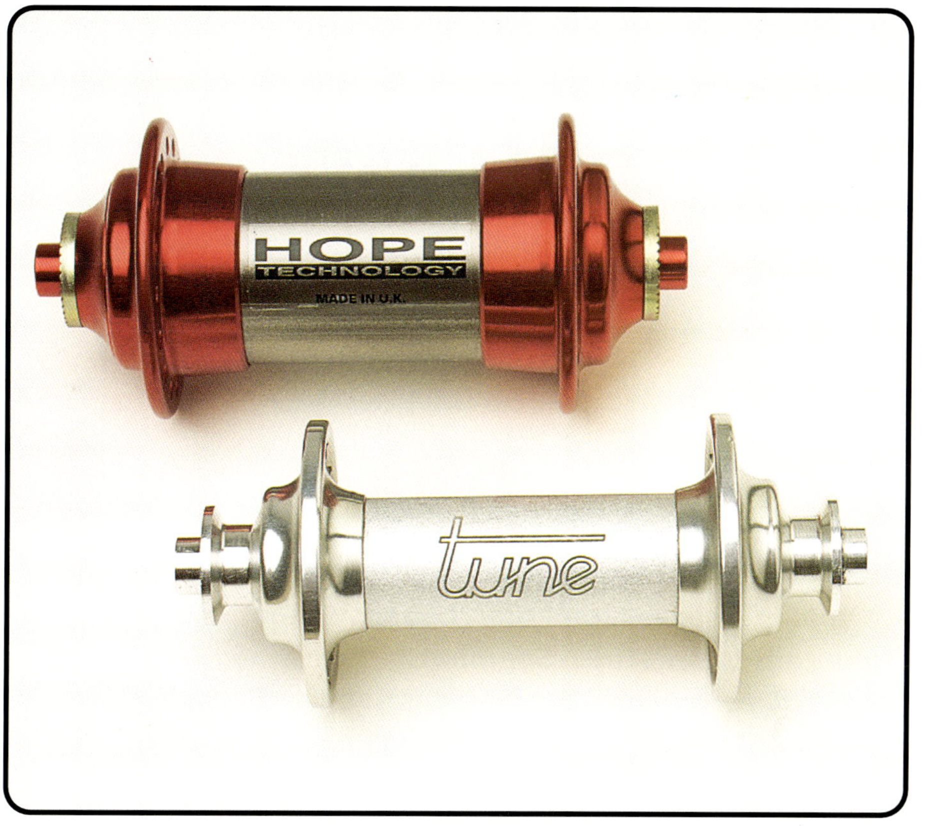

1. Lassen Sie den Zahnkranz montiert. Setzen Sie eine Lochzange in den beiden Löchlein an der Oberseite des Zahnkranzes an. Geben Sie der Zange einen kurzen, ruckartigen Stoß. Der Ring löst sich im Uhrzeigersinn. Wenn Sie einen Hammer dafür benutzen, tragen Sie einen Augenschutz.
2. Drehen Sie das Laufrad mit den Handflächen auf dem Zahnkranz in eine horizontale Position und legen es auf den Boden. Die Lagerkugeln und winzigen Sperrklinken mitsamt ihren Federn fallen heraus. Verlieren Sie die Sperrklinken nicht, denn es gibt sie nicht einzeln zu kaufen.
3. Inspizieren Sie die Kugellaufbahnen auf starke Abnutzung. Notfalls kompletten Freilauf austauschen, da sich auch mit neuen Kugeln Spiel ergeben kann.
4. Füllen Sie die Lagerschalen mit reichlich Fett. Setzen Sie hierin die Lagerkugeln ein. Montieren Sie Sperrklinken und Federn.
5. Schieben Sie den Kranz so vorsichtig über den Freilaufkörper, daß keine Kugeln herausfallen. Legen Sie etwaige Distanzringe ein. Schrauben Sie den Konterring entgegen dem Uhrzeigersinn auf, und ziehen Sie ihn mit dem Stirnlochwerkzeug fest.
6. Überprüfen Sie, daß der Zahnkranz sauber und ohne Widerstand läuft. Wenn er zuviel Spiel aufweist, müssen Sie den Konterring wieder entfernen und einen der Distanzringe herausnehmen. Schmieren Sie das Nabengewinde, schrauben Sie den Zahnkranz im Uhrzeigersinn fest, und setzen Sie das Rad ein.

Vorderradnaben

Bei den einfacher aufgebauten Vorderradnaben (keine Aufnahme für Zahnkranz) sind die Arbeitsschritte weitgehend gleich. Mehr dazu auf Seite 126.

Fachbegriffe

Sperrklinken: Ermöglichen die Freilauffunktion, das heißt, die Nabe kann sich in Fahrtrichtung weiterdrehen, während Zahnkranz und Kette stehen.

KASSETTEN-NABEN MIT KONUSLAGER

Schwierigkeitsgrad: mittel bis schwer
Werkzeuge: Shimano-Konterring-Werkzeug, einstellbarer Maulschlüssel, 10-mm-Inbusschlüssel, 14/15-mm-Konusschlüssel

Eindringende Feuchtigkeit und nachfolgende Korrosion begrenzen die Lebensdauer einer Nabe am stärksten. Schmieren Sie also Ihre Naben. Der Freilaufkörper - das ist die Einheit, die die Ritzel trägt - ist auf dem Hauptteil der Nabe befestigt. Wenn sich der Freilauf beim Drehen der Kränze rauh anfühlt, können die Lager verrostet sein, so daß der Austausch des Freilaufkörpers ansteht. Das ist sehr unkompliziert, geht aber nicht ohne Spezialwerkzeug.

Wenn Sie eine Kassette entfernen, legen Sie die losen Kleinteile an einen sicheren Platz.

Zerlegen einer Shimano-Nabe

1. Legen Sie das Rad mit der linken Seite nach unten auf den Boden und entfernen die Achse. Halten Sie beide Konusschlüssel in einer Handfläche. Drücken Sie sie zusammen, um Konterring und Konus zu lösen. Entfernen Sie die Kugellager und säubern die nabenseitigen Lagerflächen mit einem Lappen. Wenn die Oberfläche der linken Lagerschale Kraterung aufweist, werfen Sie die kompletten Naben weg. Wenn alles in Ordnung ist, lesen Sie bei Punkt 3 weiter.
2. Entfernen Sie die Kassette (siehe Seite 148). Setzen Sie einen 10-mm-Inbusschlüssel am Freilaufkörper an, und nehmen Sie diesen durch Drehen gegen den Uhrzeigersinn ab. Falls der Freilaufkörper ersetzt werden muß, achten Sie darauf, daß es das gleiche Modell ist.
3. Setzen Sie den (neuen) Freilaufkörper ein und fixieren Sie ihn durch Eindrehen der Hohlschraube. Achten Sie darauf, daß das Gewinde korrekt greift (also nicht schwergängig ist).
4. Zeigen die Konen Anzeichen von Kraterung, müssen sie erneuert werden. Benutzen Sie stets neue Kugellager. Sie kosten wenig und verlängern das Leben der Nabe. Sie brauchen neun Kugeln à 1/4 Zoll für Shimano-Hinterradnaben und zehn Kugeln à 3/16 Zoll pro Seite für die Vorderradnabe.
5. Schmieren Sie die Nabenkappen reichlich, um die Kugeln am Platz zu halten.
6. Fassen Sie die Kontermutter im Schraubstock. Stellen Sie sicher, daß der rechte Konus stramm auf der Achse sitzt, dann setzen Sie das Ganze in die Nabe ein. Drehen Sie den linken Konus auf die Achse und schrauben die Kontermutter (mit den passenden Distanzringen dazwischen) auf. Justieren Sie mit den Konusschlüsseln das Lagerspiel so, daß es noch ganz minimal zu spüren ist.

TIPS

● Kugeln aus rostfreiem Stahl verschleißen weniger als solche aus Carbon-Stahl.

Unten: Wenn Sie einen Freilauf austauschen, überprüfen Sie die Speichenschutzscheibe und ersetzen Sie sie, wenn sie lose ist.

Oben: Um einen Freilauf zu entfernen, drehen Sie dessen Hohlschraube gegen den Uhrzeigersinn los.

Unten: Um die Achse abzuziehen, brauchen Sie zwei Konusschlüssel.

● Pressen Sie den äußeren Rand eines Industriekugellagers in die Nabe, nicht den inneren Lagerlaufring.

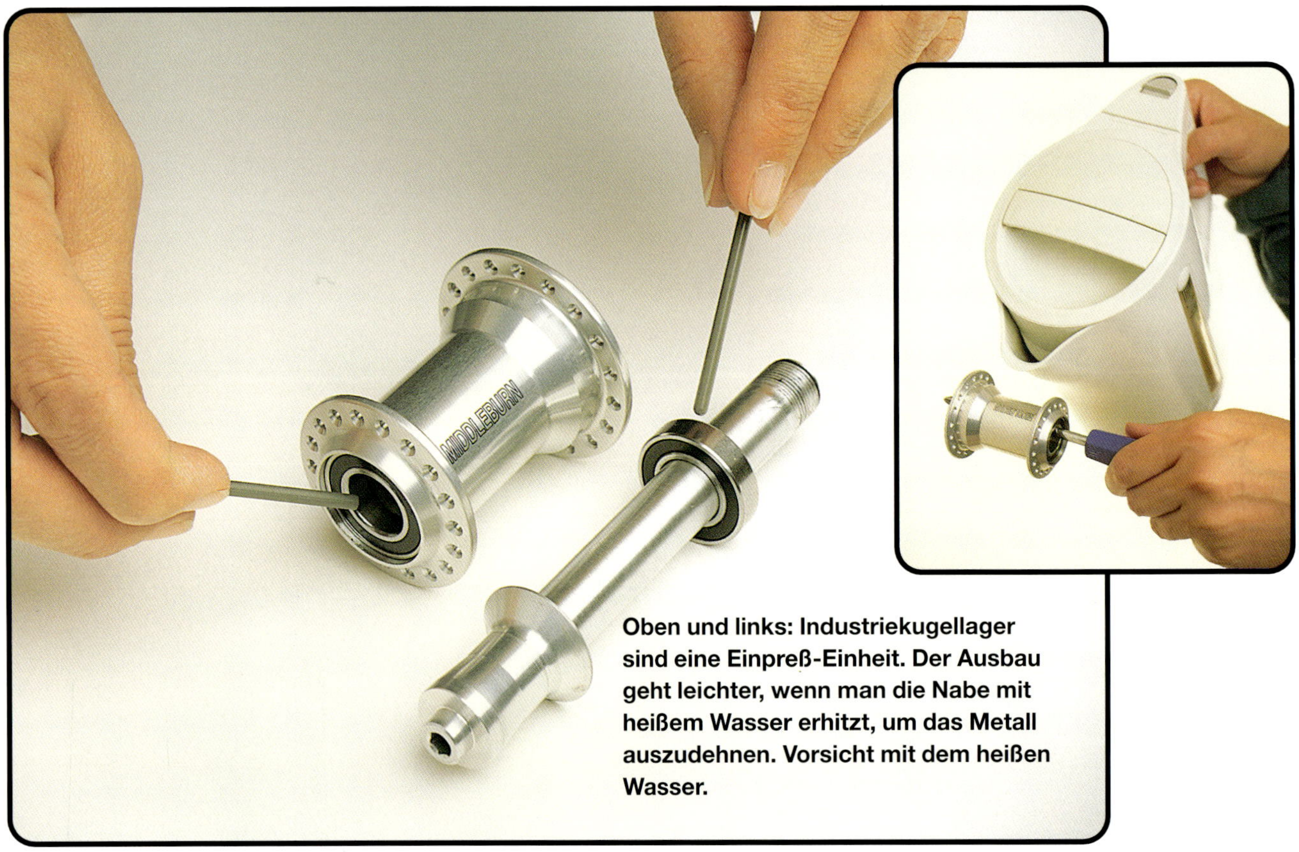

Oben und links: Industriekugellager sind eine Einpreß-Einheit. Der Ausbau geht leichter, wenn man die Nabe mit heißem Wasser erhitzt, um das Metall auszudehnen. Vorsicht mit dem heißen Wasser.

NABEN MIT INDUSTRIE-KUGELLAGERN

Schwierigkeitsgrad: schwer

Werkzeuge: 1,5-mm- oder 2-mm-Inbusschlüssel, Gummihammer, spezielle Industriekugellager-Werkzeuge oder entsprechender Steckschlüsselsatz (17-19 mm)

Austausch eines Industriekugellagers

Naben mit Industriekugellagern sind leichter als konventionelle Naben. Die Industriekugellager sind vom Hersteller voreingestellt. Diese Naben sind technisch höherwertig. Aber sie sind nicht so leicht nachzuschmieren, weil sie oft mit Dichtungen geliefert werden. Ihr Hauptfeind ist ein schlecht ausgerichteter Wasserstrahl.

1. Machen Sie den folgenden Versuch mit normalen Naben ebenso wie mit Ausführungen mit Industriekugellagern. Heben Sie das Rad an, und drehen Sie die Laufräder. Achten Sie auf ein Rumpeln, das an den Rahmenrohren erfühlbar ist.
2. Nehmen Sie das Laufrad heraus und entfernen den Schnellspanner. Wenn sich die Achse zwischen Daumen und Zeigefinger ohne jeden Widerstand drehen läßt, liegt irgendein Schaden vor. Ein verschlissenes Industriekugellager fühlt sich rauh an und entwickelt Spiel, wenn nichts dagegen getan wird.
3. Naben mit Industriekugellagern werden demontiert, indem man die Madenschraube des linken Distanzstücks mit einem 1,5-mm-Inbus löst. Ziehen Sie den Freilauf ab, und überprüfen Sie die drei Sperrklinken und ihre Spiralfedern. Benutzen Sie einen Gummihammer, um die Achse durch die Nabe zu treiben. Das linke Kugellager kommt mit der Achse heraus.
4. Um ein Industriekugellager von der Achse zu entfernen, öffnen Sie die Klauen des Schraubstocks so weit, daß die Achse herausgleiten kann, oder benutzen Sie einen verstellbaren Schraubenschlüssel, um die Lagereinheit zu halten, und schlagen Sie mit dem Gummihammer vorsichtig auf die Achse.
5. Benutzen Sie einen Steckschlüssel, um die neue Lagereinheit in die Nabe zu pressen. Es geht besser, wenn Sie die Naben kurz in kochendem Wasser erhitzen, um das Metall auszudehnen - tragen Sie aber Handschuhe dabei.
6. Um die Einheit wieder einzusetzen, nehmen Sie die obigen Schritte in umgekehrter Reihenfolge vor.

Oben und rechts: Sehen Sie immer in die Hersteller-Bedienungsanleitungen, bevor Sie neue Lager einsetzen.
Ein Gummihammer wird benutzt, um die Achse von der Nabe zu entfernen und neue Lager einzusetzen.

TIPS

- Halten Sie die Reihenfolge der Schritte ein; wenn Sie unsicher sind, fordern Sie vom Hersteller Montageanleitungen an.
- Kassettennaben von Campagnolo und Hope haben winzige Sperrklinken und Federn - verlieren Sie diese nicht beim Ausbau.
- Drücken Sie ein Industriekugellager auf, um frisches Fett an die Kugeln zu bringen. Benutzen Sie ein stumpfes Messer, und arbeiten Sie vom äußeren Rand her, nicht von der Dichtungslippe. Pressen Sie frisches Fett auf Lithium-Basis ein.

LAUFRAD KOMPLETT NEU BAUEN

Schwierigkeitsgrad: schwer
Werkzeuge: Speichenschlüssel, kleiner Schraubenzieher, eventuell Zentrierständer und Zentrierlehre

Ein Laufrad von Grund auf aufzubauen, mag vielen aussichtslos erscheinen. Doch es ist machbar. Man muß nur begreifen, daß es zwei Arten von Speichen gibt: auf Zug belastete Speichen, die die Antriebskraft übertragen, und solche, die entgegengesetzt stehen.

Die Speichenlöcher stehen versetzt in der Felge, so daß Sie wissen müssen, welche Sie welcher Nabenseite zuordnen müssen. Normalerweise geht man davon aus, daß die nach außen weisenden Speichen auf Zug belastet werden, so daß sie nach den innenliegenden Speichen eingezogen werden.

Die Hauptschritte des Laufradaufbaus

1. Fädeln Sie die einwärts gerichteten Speichen durch die ihnen zugeordneten Speichenlöcher auf der Antriebsseite der Nabe.
2. Fädeln Sie die erste Speiche durch das Speichenloch neben dem Ventilloch, danach in jedes vierte Speichenloch rund um die Felge.
3. Fädeln Sie die innenliegenden Speichen in die andere Seite der Nabe. Nun drehen Sie die Nabe so, daß die Speichen vom Ventilloch weg zeigen.
4. Fädeln Sie die nach außen weisenden Speichen in die verbleibenden Löcher der Antriebsseite der Nabe, dann fädeln Sie die erste unter der kreuzenden Speiche hindurch und führen sie zum Loch zwei Plätze nach links, um diese Seite der Nabe abzuschließen.
5. Tun Sie dasselbe mit den verbleibenden Speichen, dann ziehen Sie die Nippel an, bis die Speichen leicht unter Spannung gehalten werden.
6. Zur Zentrierung siehe Seite 122.

Speichenmaterialien

Verzinkte Speichen bestehen aus galvanisiertem Stahl und sind billiger als Niro-Speichen. Außerdem brechen sie schneller.

Niro-Speichen finden sich an teureren Fahrrädern. Sie haben eine glänzende Oberfläche und korrodieren nicht so leicht wie verzinkte Speichen.

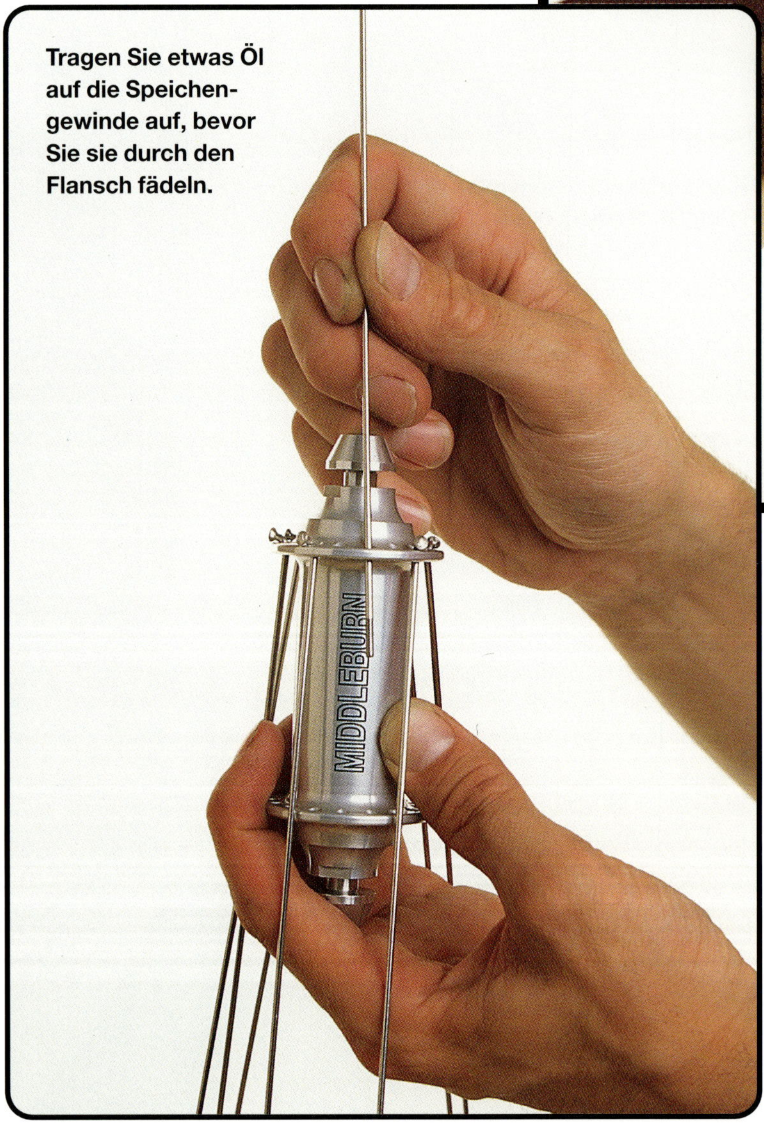

Tragen Sie etwas Öl auf die Speichengewinde auf, bevor Sie sie durch den Flansch fädeln.

Diese Felge hat gewinkelte Löcher, um die Speichen spannungsfreier zum rechten und linken Flansch zu führen. Achten Sie darauf, die Speichen darauf abgestimmt anzuordnen.

Speichenlänge

Die Speichenlänge hängt ab vom Durchmesser des Nabenflansches, Laufradgröße, Zahl der Speichenlöcher und der Zahl der Kreuzungen. Es gibt in der Fachliteratur Tabellen und Formeln zur Errechnung der richtigen Länge, man kann sich aber auch vom Fachgeschäft helfen lassen.

Das halbfertige Laufrad. Alle nach innen gerichteten Speichen sind montiert. Drehen Sie die Nabe gegen den Uhrzeigersinn. Jetzt können Sie nach außen weisende Speichen montieren.

Die Kreuzungen

Grundsätzlich kann man ein Laufrad radial oder gekreuzt einspeichen. Bei der radialen Methode „begegnen" sich die Speichen auf dem Weg von der Nabe zur Felge nicht, bei der gekreuzten begegnen sie sich bis zu viermal. Gekreuzte Laufräder belasten den Nabenflansch und die Felge gleichmäßig. Radiale Laufräder belasten Felge und Nabe stärker, was die Gewichtsersparnis durch kürzere Speichen aufwiegt. Die Dreifachkreuzung ist am meisten verbreitet.

WOZU EINE SCHALTUNG?

Fahrräder haben nicht ohne Grund mehr Gänge als ein Auto. Sie haben ja nur ungefähr 0,25 PS Leistung zur Verfügung, und um die optimal auszunutzen, müssen Sie konstant im optimalen Drehzahlbereich fahren. Der ist viel kleiner als beim Auto und bezieht sich hier natürlich auf die Zahl der Pedalumdrehungen pro Minute. Normalradler fahren 60-80, Sportler 80-120 Umdrehungen pro Minute.

Im Flachland, bei konstanten Bedingungen, werden Sie eine Schaltung kaum brauchen. Aber wann haben Sie diesen Idealzustand schon? Heute wird kein Fahrrad mehr ohne Schaltung verkauft.

Vor der Fahrradschaltung

Beim Hochrad befanden sich die Pedale direkt an der Vorderradnabe. Die Laufradgröße gab auch die Übersetzung des einzigen Ganges vor, denn jede Laufradumdrehung entsprach natürlich genau einer Pedalumdrehung. Bei einem kleinen Laufrad kam man also nicht so recht vom Fleck. Da beim Hochrad der Fahrer auf dem Vorderrad thronte, begrenzte aber schon seine Beinlänge die mögliche Laufradgröße.

Das Niederrad mit Kettenantrieb war deshalb ein gewaltiger Fortschritt. Von der Tretkurbel wird die Kraft durch einen Antriebsstrang zum Antriebsrad transportiert. An der Tretkurbel und am Hinterrad befindet sich je ein Zahnrad, dazwischen läuft eine Kette. Auch ohne Schaltung konnte man nun schon die Übersetzung über die Größe der beiden Zahnräder beeinflussen. Ist das vordere Kettenblatt doppelt so groß wie das hintere Ritzel, dreht sich das Hinterrad bei jeder Pedalumdrehung zweimal, bei viermal so großem Kettenblatt viermal und so weiter. Dadurch kommt man schneller voran.

Hochräder und Kinderdreiräder haben die einfachste Getriebeform, nämlich das direkt von den Pedalen angetriebene Laufrad.

Der Sinn der Fahrradschaltung

Um nun aber dieses Übersetzungsverhältnis den Gegebenheiten (Wind, Steigung etc.) anpassen zu können, mußte man die Größe der Zahnräder verändern. Die erste einfache Methode bestand darin, auf beiden Seiten des Hinterrades verschieden große Ritzel anzubringen. Kam der Fahrer an eine Steigung, so baute er das Hinterrad aus und drehte es um. Dadurch konnte er mit einem leichteren Gang weiterfahren.

Dann erfand der Radrennfahrer Tullio Campagnolo eine Vorrichtung, die in der Lage war, die Kette über mehrere, verschieden große

Schalten in einen höheren Gang bedeutet, daß Sie schneller vorankommen, aber auch schwerer treten.

Ritzel hin- und herzubewegen, die nebeneinander auf das Hinterrad gesteckt waren. Die Kettenschaltung war erfunden. Schon seit Anfang des Jahrhunderts gibt es aber auch die Nabenschaltung (siehe Kasten).

Heute können Sie mit einer Kettenschaltung extreme Übersetzungsverhältnisse abdecken. Ein 24er-Kettenblatt vorn und ein 32er-Ritzel hinten ergeben einen Berggang, bei dem sich das Hinterrad bei jeder Kurbelumdrehung nur 0,75mal dreht.

Nabenschaltung

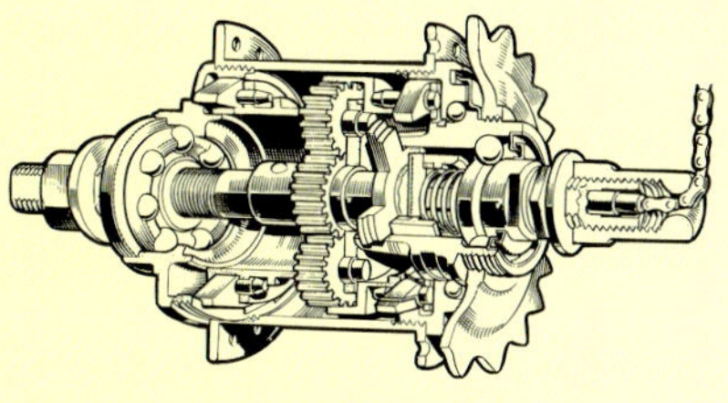

Bei einer Nabenschaltung operiert ein System von Zahnrädern im Inneren eines Nabengehäuses. Vorteile: Die Kette läuft immer in Ideallinie; die Mechanik ist wettergeschützt; die Anwendung ist leicht, Verschalten ist unmöglich; und Sie können schalten, ohne zu treten.

Nachteile: Sie haben weniger Übersetzungsumfang als bei einer Kettenschaltung (Ausnahme: Rohloff, aber hoher Preis), aber vielleicht kommen Sie damit aus. Übrigens gibt es auch Misch-Systeme, die Naben- und Kettenschaltung kombinieren.

Nicht alle Gänge benutzen

Bei einer Kettenschaltung sollte die Kette möglichst gerade laufen, denn sie kann durch Schräglauf schneller verschleißen. Deshalb sollten Sie bestimmte Kettenblatt-Ritzel-Kombinationen vermeiden, nämlich klein/klein und groß/groß.

Benutzen Sie also das kleinste Kettenblatt vorn nur mit den größten vier von acht oder fünf von neun Ritzeln hinten. Das gleiche gilt für groß/groß.

Dadurch geht Ihnen übrigens kein echter Gang verloren. Der Gang, der durch groß/groß gebildet wird, kann auch durch die Kombination des mittleren Kettenblattes mit einem mittleren Ritzel erreicht werden.

Das können Sie über die Tabelle leicht herausfinden. Eine 27-Gang-Schaltung hat effektiv doch nur 11-13 Gänge.

Das kleinste Kettenblatt mit dem größten Ritzel zu benutzen, ist in Ordnung (großes Bild). Aber das größte Kettenblatt in Kombination mit dem größten Ritzel (links) führt zu einer wiederkehrenden Gangstufe, die man besser mit einer Kombination aus kleinerem Kettenblatt und kleinerem Ritzel erreicht.

Übersetzungen berechnen

Um Übersetzungen auszurechnen, kann man entweder das reine Übersetzungsverhältnis errechnen, das nur auf der Division der Zähnezahlen vorn zu hinten beruht, oder die Entfaltung berechnen, indem man das Resultat noch mit dem Laufraddurchmesser multipliziert. Um die Konstanz der Gangsprünge eines Getriebes an einem Fahrrad zu errechnen, genügt das reine Übersetzungsverhältnis, denn der Laufraddurchmesser ist ja konstant. Will man aber die Übersetzungen verschiedener Räder mit unterschiedlichen Laufrädern miteinander vergleichen, muß die Entfaltung berechnet werden. Das Ergebnis hat die physikalische Einheit Zentimeter. Beispielsweise ergeben ein 52er-Kettenblatt, ein 13er-Ritzel und ein Laufrad von 210 Zentimetern Durchmesser eine Entfaltung von 840 cm (52:13=4; 4x210=840). Um Ihnen die umständliche Rechenarbeit abzunehmen, finden Sie auf der nächsten Doppelseite je eine Tabelle mit den Übersetzungs- und Entfaltungswerten aller gängigen Kettenblatt-Ritzel-Kombinationen. Sie können also die Entfaltungswerte eines Fahrrades sofort ablesen, wenn Sie den technischen Daten des Fahrrades alle Zähnezahlen entnommen haben.

Mit einem einfachen Kettenblatt vorne müssen Sie sich über die Kettenlinie keine Gedanken machen, es sei denn, Sie wechseln das Tretlager.

Übersetzungen

Reine Übersetzung

Zähnezahl Kettenblätter \ Zähnezahl Ritzel	11	12	13	14	15	16	17	18	19	20	21	22	23	24	25	26	27	28	29	30	32	34	36
20	1,82	1,67	1,54	1,43	1,33	1,25	1,18	1,11	1,05	1,00	0,95	0,91	0,87	0,83	0,80	0,76	0,74	0,71	0,69	0,67	0,63	0,59	0,56
21	1,90	1,75	1,62	1,50	1,40	1,31	1,24	1,17	1,11	1,05	1,00	0,95	0,91	0,88	0,84	0,81	0,78	0,75	0,72	0,70	0,66	0,62	0,58
22	2,00	1,83	1,69	1,57	1,47	1,38	1,29	1,22	1,16	1,10	1,05	1,00	0,96	0,92	0,88	0,85	0,81	0,79	0,76	7,33	0,69	0,65	0,61
23	2,09	1,92	1,77	1,64	1,53	1,44	1,35	1,28	1,21	1,15	1,10	1,05	1,00	0,96	0,82	0,89	0,85	0,82	0,79	0,77	0,71	0,68	0,64
24	2,18	2,00	1,85	1,71	1,60	1,50	1,41	1,33	1,26	1,20	1,14	1,09	1,04	1,00	0,96	0,92	0,89	0,86	0,83	0,80	0,75	0,71	0,67
25	2,27	2,08	1,92	1,79	1,67	1,56	1,47	1,39	1,32	1,25	1,19	1,14	1,09	1,04	1,00	0,96	0,93	0,89	0,86	0,83	0,78	0,74	0,69
26	2,36	2,17	2,00	1,86	1,73	1,63	1,53	1,44	1,37	1,30	1,24	1,18	1,13	1,08	1,04	1,00	0,96	0,93	0,90	0,87	0,81	0,76	0,72
27	2,45	2,25	2,08	1,93	1,80	1,69	1,59	1,50	1,42	1,35	1,29	1,23	1,17	1,13	1,08	1,04	1,00	0,96	0,93	0,90	0,84	0,79	0,75
28	2,55	2,33	2,15	2,00	1,87	1,75	1,65	1,56	1,47	1,40	1,33	1,27	1,22	1,17	1,12	1,08	1,04	1,00	0,97	0,93	0,88	0,82	0,78
29	2,64	2,42	2,23	2,07	1,93	1,81	1,71	1,61	1,53	1,45	1,38	1,32	1,26	1,21	1,16	1,12	1,07	1,04	1,00	0,97	0,91	0,85	0,81
30	2,73	2,50	2,31	2,14	2,00	1,88	1,76	1,67	1,58	1,50	1,43	1,36	1,30	1,25	1,20	1,15	1,11	1,07	1,03	1,00	0,94	0,88	0,83
31	2,82	2,58	2,38	2,21	2,07	1,94	1,82	1,72	1,63	1,55	1,48	1,41	1,35	1,29	1,24	1,19	1,15	1,11	1,07	1,03	0,97	0,91	0,86
32	2,91	2,67	2,46	2,29	2,13	2,00	1,88	1,78	1,68	1,60	1,52	1,45	1,39	1,33	1,28	1,23	1,19	1,14	1,10	1,07	1,00	0,94	0,89
33	3,00	2,75	2,54	2,36	2,20	2,06	1,88	1,83	1,74	1,65	1,57	1,50	1,43	1,38	1,32	1,27	1,22	1,18	1,14	1,10	1,03	0,97	0,92
34	3,09	2,83	2,62	2,43	2,27	2,13	2,00	1,89	1,79	1,70	1,62	1,55	1,48	1,42	1,36	1,31	1,26	1,21	1,17	1,13	1,06	1,00	0,94
35	3,18	2,92	2,69	2,50	2,33	2,19	2,06	1,94	1,84	1,75	1,67	1,59	1,52	1,46	1,40	1,35	1,30	1,25	1,21	1,17	1,09	1,04	0,97
36	3,27	3,00	2,77	2,57	2,40	2,25	2,12	2,00	1,89	1,80	1,71	1,64	1,57	1,50	1,44	1,38	1,33	1,29	1,24	1,20	1,13	1,06	1,00
37	3,36	3,08	2,85	2,64	2,47	2,31	2,18	2,06	1,95	1,85	1,76	1,68	1,61	1,54	1,48	1,42	1,37	1,32	1,28	1,23	1,16	1,16	1,03
38	3,45	3,17	2,92	2,71	2,53	2,38	2,24	2,11	2,00	1,90	1,81	1,73	1,65	1,58	1,52	1,46	1,41	1,36	1,31	1,27	1,19	1,12	1,06
39	3,55	3,25	3,00	2,79	2,60	2,44	2,29	2,17	2,05	1,95	1,86	1,77	1,70	1,63	1,56	1,50	1,44	1,39	1,34	1,30	1,22	1,15	1,08
40	3,64	3,33	3,08	2,86	2,67	2,50	2,35	2,22	2,11	2,00	1,90	1,82	1,74	1,67	1,60	1,54	1,48	1,42	1,38	1,33	1,25	1,18	1,11
41	3,73	3,42	3,15	2,93	2,73	2,56	2,41	2,28	2,16	2,05	1,95	1,86	1,78	1,71	1,64	1,58	1,52	1,46	1,41	1,37	1,28	1,21	1,14
42	3,82	3,50	3,23	3,00	2,80	2,63	2,47	2,33	2,21	2,10	2,00	1,91	1,83	1,75	1,68	1,62	1,56	1,50	1,45	1,40	1,31	1,24	1,16
43	3,91	3,58	3,31	3,07	2,87	2,69	2,53	2,39	2,26	2,15	2,05	1,95	1,87	1,79	1,72	1,65	1,59	1,54	1,48	1,43	1,34	1,26	1,19
44	4,00	3,67	3,38	3,14	2,93	2,75	2,59	2,44	2,32	2,20	2,10	2,00	1,91	1,83	1,76	1,69	1,63	1,57	1,52	1,47	1,38	1,29	1,22
45	4,09	3,75	3,46	3,21	3,00	2,81	2,65	2,50	2,37	2,25	2,14	2,05	1,96	1,88	1,80	1,73	1,67	1,60	1,55	1,50	1,41	1,32	1,25
46	4,18	3,83	3,54	3,29	3,07	2,88	2,71	2,56	2,42	2,30	2,19	2,09	2,00	1,92	1,84	1,77	1,70	1,64	1,59	1,53	1,44	1,35	1,28
47	4,27	3,92	3,62	3,36	3,13	2,94	2,76	2,61	2,47	2,35	2,24	2,14	2,04	1,96	1,88	1,81	1,74	1,69	1,62	1,57	1,47	1,38	1,31
48	4,26	4,00	3,69	3,43	3,20	3,00	2,82	2,67	2,53	2,40	2,29	2,18	2,09	2,00	1,92	1,85	1,78	1,71	1,66	1,60	1,50	1,41	1,33
49	4,45	4,08	3,77	3,50	3,27	3,06	2,88	2,72	2,59	2,45	2,33	2,23	2,13	2,04	1,96	1,88	1,81	1,75	1,69	1,63	1,53	1,44	1,36
50	4,55	4,17	3,85	3,57	3,33	3,13	2,94	2,78	2,63	2,50	2,38	2,27	2,17	2,08	2,00	1,92	1,85	1,79	1,72	1,67	1,56	1,47	1,39
51	4,64	4,25	3,92	3,64	3,40	3,19	3,00	2,83	2,68	2,55	2,43	2,32	2,21	2,13	2,04	1,96	1,89	1,82	1,76	1,70	1,59	1,50	1,42
52	4,73	4,33	4,00	3,71	3,47	3,25	3,06	2,89	2,74	2,60	2,48	2,36	2,26	2,17	2,08	2,00	1,93	1,86	1,79	1,73	1,63	1,53	1,44
53	4,82	4,42	4,08	3,79	3,53	3,31	3,12	2,94	2,79	2,65	2,52	2,41	2,30	2,21	2,12	2,04	1,96	1,89	1,83	1,77	1,66	1,56	1,47
54	4,91	4,50	4,15	3,86	3,60	3,38	3,18	3,00	2,84	2,70	2,57	2,45	2,35	2,25	2,16	2,08	2,00	1,93	1,86	1,80	1,69	1,59	1,50
55	5,00	4,58	4,23	3,93	3,67	3,44	3,24	3,06	2,89	2,75	2,62	2,50	2,39	2,29	2,20	2,12	2,04	1,96	1,90	1,83	1,72	1,62	1,53
56	5,09	4,67	4,31	4,00	3,73	3,50	3,29	3,11	2,95	2,80	2,67	2,55	2,43	2,33	2,24	2,15	2,07	2,00	1,93	1,87	1,75	1,65	1,56

Entfaltung

Zähnezahl Kettenblätter	Zähnezahl Ritzel 11	12	13	14	15	16	17	18	19	20	21	22	23	24	25	26	27	28	29	30	32	34	36
20	3,82	3,50	3,23	3,00	2,80	2,63	2,47	2,33	2,21	2,10	2,00	1,91	1,83	1,75	1,68	1,62	1,56	1,50	1,45	1,40	1,31	1,24	1,17
21	4,01	3,68	3,39	3,15	2,94	2,76	2,59	2,45	2,32	2,21	2,10	2,00	1,92	1,84	1,76	1,70	1,63	1,58	1,52	1,47	1,38	1,30	1,23
22	4,20	3,85	3,55	3,30	3,08	2,89	2,72	2,57	2,43	2,31	2,20	2,10	2,01	1,93	1,85	1,78	1,71	1,65	1,59	1,54	1,44	1,36	1,28
23	4,39	4,03	3,72	3,45	3,22	3,02	2,84	2,68	2,54	2,42	2,30	2,20	2,10	2,01	1,93	1,86	1,79	1,73	1,67	1,61	1,51	1,42	1,34
24	4,58	4,20	3,88	3,60	3,36	3,15	2,96	2,80	2,65	2,52	2,40	2,29	2,19	2,10	2,02	1,94	1,87	1,80	1,74	1,68	1,58	1,48	1,40
25	4,77	4,38	4,04	3,75	3,50	3,28	3,09	2,92	2,76	2,63	2,50	2,39	2,28	2,19	2,10	2,02	1,94	1,88	1,81	1,75	1,64	1,54	1,46
26	4,96	4,55	4,20	3,90	3,64	3,41	3,21	3,03	2,87	2,73	2,60	2,48	2,37	2,28	2,19	2,10	2,02	1,95	1,88	1,82	1,71	1,61	1,52
27	5,15	4,73	4,36	4,05	3,78	3,54	3,34	3,15	2,98	2,84	2,70	2,58	2,47	2,36	2,27	2,18	2,10	2,03	1,96	1,89	1,77	1,67	1,58
28	5,35	4,90	4,52	4,20	3,92	3,68	3,46	3,27	3,09	2,94	2,80	2,67	2,56	2,45	2,35	2,26	2,18	2,10	2,03	1,96	1,84	1,73	1,63
29	5,54	5,08	4,68	4,35	4,06	3,81	3,58	3,38	3,21	3,05	2,90	2,77	2,65	2,54	2,44	2,34	2,26	2,18	2,10	2,03	1,90	1,79	1,69
30	5,73	5,25	4,85	4,50	4,20	3,94	3,71	3,50	3,32	3,15	3,00	2,86	2,74	2,63	2,52	2,42	2,33	2,25	2,17	2,10	1,97	1,85	1,75
31	5,92	5,43	5,01	4,65	4,34	4,07	3,83	3,62	3,43	3,26	3,10	2,96	2,83	2,71	2,60	2,50	2,41	2,33	2,24	2,17	2,03	1,91	1,81
32	6,11	5,60	5,17	4,80	4,48	4,20	3,95	3,73	3,54	3,36	3,20	3,05	2,92	2,80	2,69	2,58	2,49	2,40	2,32	2,24	2,10	1,98	1,87
33	6,30	5,78	5,33	4,95	4,62	4,33	4,08	3,85	3,65	3,47	3,30	3,15	3,01	2,89	2,77	2,67	2,57	2,48	2,39	2,31	2,17	2,04	1,93
34	6,49	5,95	5,49	5,10	4,76	4,46	4,20	3,97	3,76	3,57	3,40	3,25	3,10	2,98	2,86	2,75	2,64	2,55	2,46	2,38	2,23	2,10	1,98
35	6,68	6,13	5,65	5,25	4,90	4,59	3,32	4,08	3,87	3,68	3,50	3,34	3,20	3,06	2,94	2,83	2,72	2,63	2,53	2,45	2,30	2,16	2,04
36	6,87	6,30	5,82	5,40	5,04	4,73	4,45	4,20	3,98	3,78	3,60	3,44	3,29	3,15	3,02	2,91	2,80	2,70	2,61	2,52	2,36	2,22	2,10
37	7,06	6,48	5,98	5,55	4,86	4,85	4,57	4,32	4,09	3,89	3,70	3,53	3,38	3,24	3,11	2,99	2,88	2,78	2,68	2,59	2,43	2,29	2,16
38	7,25	6,65	6,14	5,70	5,32	4,99	4,69	4,43	4,20	3,99	3,80	3,63	3,47	3,33	3,19	3,07	2,96	2,85	2,75	2,66	2,49	2,35	2,22
39	7,45	6,83	6,30	5,85	5,46	5,12	4,82	4,55	4,31	4,10	3,90	3,72	3,56	3,41	3,28	3,15	3,03	2,93	2,82	2,73	2,56	2,41	2,28
40	7,64	7,00	6,46	6,00	5,60	5,25	4,94	4,67	4,42	4,20	4,00	3,82	3,65	3,50	3,36	3,23	3,11	3,00	2,90	2,80	2,63	2,47	2,33
41	7,83	7,50	6,62	6,15	5,74	5,38	5,06	4,78	4,53	4,31	4,10	3,91	3,74	3,59	3,44	3,31	3,19	3,08	2,97	2,87	2,69	2,53	2,39
42	8,02	7,35	6,78	6,30	5,88	5,51	5,19	4,90	4,64	4,41	4,20	4,01	3,83	3,67	3,52	3,39	3,27	3,15	3,04	2,94	2,76	2,59	2,45
43	8,21	7,53	6,95	6,45	6,02	5,64	5,31	5,02	4,75	5,42	4,30	4,10	3,93	3,76	3,61	3,47	3,34	3,23	3,11	3,01	2,82	2,66	2,51
44	8,40	7,70	7,11	6,60	6,16	5,78	5,44	5,13	4,86	4,62	4,40	4,20	4,02	3,85	3,70	3,55	3,42	3,30	3,19	3,08	2,89	2,72	2,57
45	8,59	7,88	7,27	6,75	6,30	5,91	5,56	5,25	4,97	4,73	4,50	4,30	4,11	3,94	3,78	3,63	3,50	3,38	3,26	3,15	2,95	2,78	2,63
46	8,78	8,05	7,43	6,90	6,44	6,04	5,68	5,37	5,08	4,83	4,60	4,39	4,20	4,03	3,86	3,72	3,58	3,45	3,33	3,22	3,02	2,84	2,68
47	8,97	8,23	7,59	7,05	6,58	6,17	5,81	5,48	5,19	4,94	4,70	4,49	4,29	4,11	3,95	3,80	3,66	3,53	3,40	3,29	3,08	2,90	2,74
48	9,16	8,40	7,75	7,20	6,72	6,30	5,93	5,60	5,31	5,04	4,80	4,58	4,38	4,20	4,03	3,88	3,73	3,60	3,48	3,36	3,15	2,96	2,80
49	9,35	8,58	7,92	7,35	6,86	6,43	6,05	5,72	5,42	5,15	4,90	4,68	4,47	4,29	4,12	3,96	3,81	3,68	3,55	3,43	3,22	3,03	2,86
50	9,55	8,75	8,08	7,50	7,00	6,56	6,18	5,83	5,53	5,25	5,00	4,77	4,57	4,38	4,20	4,04	3,89	3,75	3,62	3,50	3,28	3,09	2,92
51	9,74	8,93	8,24	7,65	7,14	6,69	6,30	5,95	5,64	5,36	5,10	4,87	4,66	4,46	4,28	4,12	3,97	3,83	3,69	3,57	3,35	3,15	2,98
52	9,93	9,10	8,40	7,80	7,28	6,83	6,42	6,07	5,75	5,46	5,20	4,96	4,75	4,55	4,37	4,20	4,04	3,90	3,77	3,64	3,41	3,21	3,03
53	10,1	9,28	8,56	7,95	7,42	6,96	6,55	6,18	5,86	5,57	5,30	5,06	4,84	4,64	4,45	4,28	4,12	3,98	3,84	3,71	3,48	3,27	3,09
54	10,3	9,45	8,72	8,10	7,56	7,09	6,67	6,30	5,97	5,67	5,40	5,15	4,93	4,73	4,54	4,36	4,20	4,05	3,91	3,78	3,54	3,34	3,15
55	10,5	9,63	8,88	8,25	7,70	7,22	6,79	6,42	6,08	5,78	5,50	5,25	5,02	4,81	4,62	4,44	4,28	4,13	3,98	3,85	3,61	3,40	3,21
56	10,7	9,80	9,05	8,40	7,84	7,35	6,92	6,53	6,19	5,88	5,60	5,35	5,11	4,90	4,70	4,52	4,36	4,20	4,06	3,92	3,68	3,46	3,27

Bezogen auf einen nominellen Laufraddurchmesser von 668,45 mm - entspricht einer Reifenbreite bei 27-Zoll-Schlauchreifen oder 28-Zoll-Drahtreifen von 20/22 mm oder MTB-Reifen von rund 50 mm (2 Zoll).

Unten: Darum sollten Sie das große Kettenblatt nicht mit dem großen Ritzel kombinieren (oder klein/klein): Die Kette läuft diagonal. Das ist ineffizient und fördert den Verschleiß. Bevorzugen Sie Gänge mit gerader Kettenlinie.

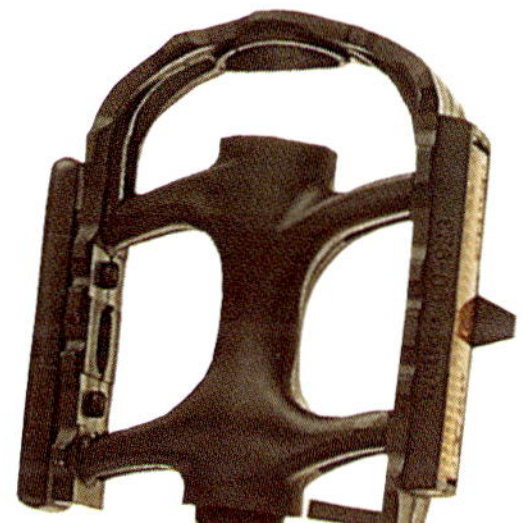

VORDERER UMWERFER

Schwierigkeitsgrad: leicht bis mittel
Werkzeuge: 5 mm oder 6 mm Inbusschlüssel, Kreuzschlitz-Schraubenzieher

Der vordere Umwerfer besteht im Kern aus zwei Blechen, die zusammen den Käfig bilden. Durch seitliche Bewegung führen sie die Kette von einem Ritzel aufs andere. Bei korrekter Justierung macht die Mechanik selten Probleme. Der häufigste Fehler ist, daß die Kette herunterfällt, weil die Einstellungen unsauber waren.

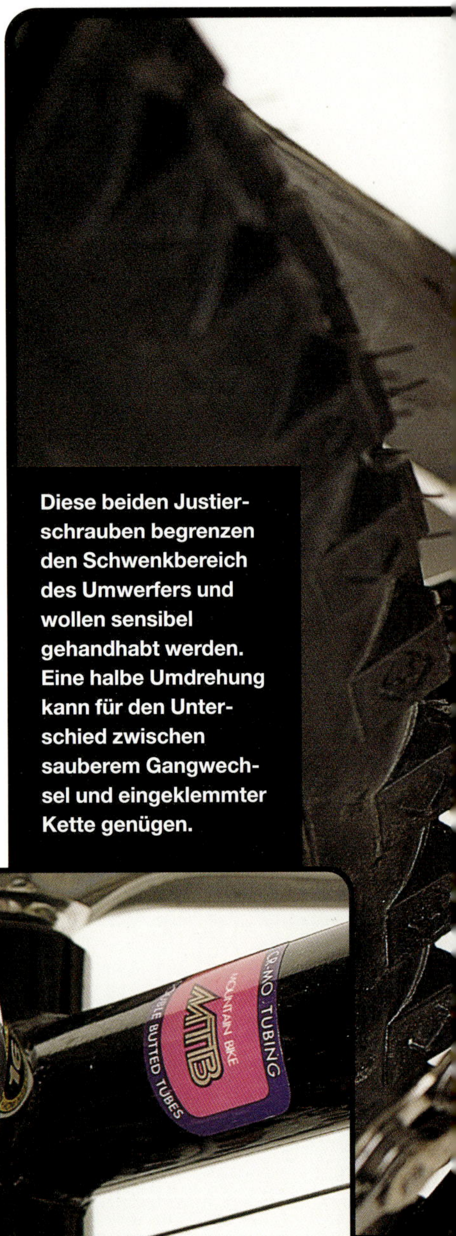

Diese beiden Justierschrauben begrenzen den Schwenkbereich des Umwerfers und wollen sensibel gehandhabt werden. Eine halbe Umdrehung kann für den Unterschied zwischen sauberem Gangwechsel und eingeklemmter Kette genügen.

Säubern und schmieren Sie die beweglichen Teile des Umwerfers regelmäßig. Der im Lupenbild gezeigte Fangstift am Kettenblatt hält die Kette beim Überschalten, damit sie sich nicht zwischen Kurbel und Blatt verklemmt.

Die Justierung

1. Schalten Sie auf das kleinste Kettenblatt herunter. Drehen Sie die Kurbeln, und kontrollieren Sie die Lücke zwischen Blech und größtem Kettenblatt. Sie muß zwischen 1 und 2 mm betragen. Lösen Sie die Befestigungsschraube und justieren die Höhe, ziehen aber dann die Schraube noch nicht absolut fest an.
2. Von oben betrachtet, muß der Werfer im richtigen Winkel stehen. Die hinteren Teile der Leitbleche müssen 2-3 mm näher an Ihrem Knöchel stehen als die vorderen. Beim Anziehen der Schraube kann der Werfer sich noch drehen; kompensieren Sie dies, indem Sie den Werfer etwas über den korrekten Einstellpunkt hinaus drehen.
3. Überprüfen Sie den Schaltzug auf Beschädigungen und Korrosion, insbesondere an den Enden. Gesplissene Züge ersetzen.
4. Drehen Sie die Justierschraube am Schalthebel im Uhrzeigersinn (von vorn betrachtet) und befestigen den Schaltzug am Umwerfer. Achtung: Lassen Sie bei Shimano STI dem Schaltzug minimal Luft, bei Grip Shift dagegen ziehen Sie ihn so straff wie möglich.
5. Haben Sie keinen Montageständer, brauchen Sie jemanden, der das Hinterrad hochhält. Betätigen Sie den Schalthebel.

TIPS

- Vordere Umwerfer brechen selten, aber wenn doch, sollten Sie einen neuen Umwerfer nur im Versandhandel ordern, wenn Sie sich wegen des Typs absolut sicher sind. Es gibt nämlich solche, wo das Kabel von oben, und solche, wo es von unten geführt wird, und es gibt sie für verschiedene Rohrdurchmesser oder Anlötsockel.

- Bei der Montage eines neuen Umwerfers tun Sie sich leichter, wenn Sie die Schraube entfernen, die die beiden Bleche verbindet, um die Kette durchzufädeln. Denn die Kette zu öffnen und wieder zusammenzufügen, ist weitaus umständlicher.

- Achten Sie auf den Verschleiß der Innenseiten der Bleche und tauschen notfalls den Umwerfer aus.

Wenn Sie einen neuen Umwerfer montieren, öffnen Sie lieber die Verbindung der Bleche als die Kette.

Kommt die Kette zu zögerlich auf das mittlere Blatt, drehen Sie die Einstellschraube am Ende des Schaltzuges gegen den Uhrzeigersinn, bis die Kette sauber kommt. Wechselt die Kette zu zögerlich aufs kleine Kettenblatt, drehen Sie die innere Schaltwegsbegrenzungsschraube gegen den Uhrzeigersinn. Schalten Sie hinten aufs kleinste Ritzel und vorn aufs große Kettenblatt. Wenn die Kette dann am Blech schleift, drehen Sie die Einstellschraube, die der Kurbel am nächsten liegt, gegen den Uhrzeigersinn, bis die Kette ohne Schleifgeräusch läuft.

DAS HINTERE SCHALTWERK

Das hintere Schaltwerk bewegt die Kette über die Ritzel auf dem Hinterrad. Der Abstand der beiden Führungsrädchen zueinander bestimmt die Schaltkapazität. Eine Schaltung mit langem Käfig, vor allem beim Trekkingrad und Mountainbike üblich, bewältigt auch große Ritzel und extreme Übersetzungsumfänge. Eine Schaltung mit kurzem Käfig, am Rennrad Standard, ist hier etwas eingeschränkt, dafür aber schaltet sie etwas schneller und direkter. An Schaltungen mit langem Käfig finden wir mehr Schäden und Verschleiß: Sie werden vornehmlich an MTBs eingesetzt, und im Gelände lauern Äste, Baumwurzeln und jede Menge Schlamm.

Wenn die Gänge Krach machen, müssen Sie mit der Justierschraube die Kabelspannung nachregeln, und zwar gegen den Uhrzeigersinn.

Ausbau und Austausch

1. Öffnen Sie mit dem passenden Schlüssel die Kabelbefestigung und ziehen das Kabel aus dem Schaltwerk heraus. Öffnen Sie das untere Führungsrädchen, und entfernen Sie die Kette.
2. Montieren Sie das neue Schaltwerk, indem Sie den Schwenkarm so weit wie möglich zurückbiegen. Schrauben Sie den Befestigungsbolzen im Uhrzeigersinn in das Schaltungsauge. Wenden Sie keine Gewalt an; Sie würden nur das Gewinde beschädigen. Entfernen Sie das untere Führungsrädchen und lockern das obere. Führen Sie die Kette um das untere Führungsrädchen herum und befestigen beide Führungsrädchen.
3. Inspizieren Sie den Schaltzug auf Mängel, ehe Sie ihn durch die Justierschraube führen und mit einem passenden Schlüssel festklemmen.
4. Legen Sie dann die Kette aufs kleinste Ritzel und drücken dann das Schaltwerk mit den Händen in Richtung des größten Ritzels. Wenn die Kette in die Speichen gerät, drehen Sie die mit „L“ markierte Begrenzungsschraube so lange im Uhrzeigersinn, bis sie das nicht mehr tut. Dann prüfen Sie, ob die Kette beim Herunterschalten über das kleinste Ritzel hinausgehen will. Wenn ja, drehen Sie die mit „H“ markierte Schraube im Uhrzeigersinn. Dieselbe Schraube müssen Sie gegen den Uhrzeigersinn drehen, wenn die Kette das kleinste Ritzel nicht erreicht.

Schaltwerke mit kurzem Käfig (oben) schalten schneller und direkter, bewältigen aber nur eingeschränkte Übersetzungsverhältnisse. MTBs und Trekkingräder haben daher Schaltwerke mit langem Käfig (unten).

Die zwei Schrauben an der Rückseite des hinteren Schaltwerks (rechts) begrenzen den Schwenkweg des Schaltwerks.

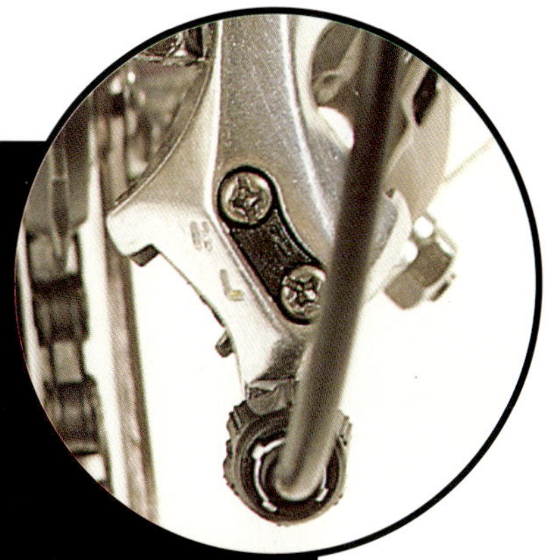

TIPS

- Wenn die Kette 'mal über das größte Ritzel hinausgetragen wird, verhindert eine Speichenschutzscheibe, daß sie in die Speichen gerät.
- Abgenutzte Schaltungsrädchen ersetzen.
- Wenn Sie eine Schaltung mit langem Käfig durch eine mit kurzem Käfig ersetzen, sollten Sie nicht vergessen, Ihre Kette um einige Glieder zu verlängern.

Wenn Sie das untere Führungsrädchen entfernen, können Sie die Kette aus dem Schaltwerk herausnehmen. Wenn Sie verschlissene Rädchen austauschen, schrauben Sie die neuen bitte fest an.

Bringen Sie Ihre alten Schaltzüge zum Fahrradgeschäft, um die neuen Züge in der korrekten Länge zu kaufen. Benutzen Sie stets Kabelendkappen, um einen Aufspliß zu verhindern.

SCHALTHEBEL UND -ZÜGE

Was Anfänger über Schalthebel wissen müssen

Am Anfang kommen Ihnen Schalthebel etwas fremd vor; da sie aber heutzutage feste und markierte Rastpositionen haben, lernen Sie den Umgang rasch. Man spricht von Index-Systemen.

Grip Shift

Der Drehschalter Grip Shift von SRAM ist gerade unter Anfängern populär. Man dreht den Griff, um den Gang zu wechseln. Ziehen Sie den Griff zu sich hin, treten Sie leichter; in der Gegenrichtung erreichen Sie schwerere Gänge für die Ebene und bergab.

Shimano STI (MTB)

Stark, zuverlässig und sehr populär. Die STI-Gangkontrolle ist am Lenker angebracht. Es handelt sich jeweils um einen Doppelhebel: Der untere erreicht die schwereren Gänge, der obere die leichteren. Diese Hebel gehen nach dem Schalten in ihre Ausgangsposition zurück.

Shimano STI (Rennrad) /Campagnolo Ergopower

Teure Schalt-/Bremshebeleinheiten für Rennräder. Die Mechanik der beiden Systeme ist unterschiedlich, das Ziel jedoch gleich: komfortable Gangwechsel. Shimano hat Hebel, Campagnolo Tasten.

Daumenhebel

Altes, aber simples und robustes System fürs MTB, das gut zu warten ist. Mit Daumen und Zeigefinger drückt man den Hebel von sich weg oder zieht ihn zu sich hin. Letzteres macht den Gang schwerer.

TIPS

- Sie brauchen ein Pozidrive-Bit der Größe 1. Inbusschlüssel sind in allen guten Werkzeuggeschäften erhältlich.
- Sie benötigen die Original-Grip-Shift-Schaltzüge; sie haben eine weiche Hülle, die am besten funktioniert.
- Benutzen Sie nur Lösungsmittel, die der Hersteller empfiehlt. Vor allem die High-End-Modelle sollen sich mit bestimmten Chemikalien nicht vertragen.

Achten Sie auf optimale Kabelverlegung ohne Reibung.

Wartung des Grip Shift

Wenn ein Schalthebel regelmäßiger Wartung bedarf, dann der Grip Shift. Mit den nachfolgenden Tips können Sie etwas für seine Lebensdauer tun.

1. Entfernen Sie die Griffe mit einem langen Schraubenzieher, den Sie großzügig mit Schmiermittel benetzt haben. Sie führen den Schraubenzieher zwischen Griff und Lenker ganz herum.
2. Entfernen Sie die Brems- und Schalthebel mit Inbusschlüsseln und dann die Rückhalteplatte, die von einer Schraube gehalten wird. Entfernen Sie das Kabel aus der Außenhülle.
3. Reinigen Sie alle Teile mit verdünntem Spülmittel oder speziellem Grip-Shift-Reiniger und einer Zahnbürste. Achten Sie dabei besonders auf die Kerben im Griffzylinder.
4. Streichen Sie alle Kontaktflächen großzügig mit Vaseline oder einem Spezialschmierstoff ein. Untersuchen Sie das Kabel auf gebrochene Fäden, ehe Sie es durch das Loch des Griffzylinders führen.
5. Schieben Sie den Schaltzylinder etwas auf den Griff, schlingen Sie das Kabel einmal um das Rohr und durch den Zuglängensteller. Drücken Sie den Grip-Shift-Zylinder sanft ins Gehäuse und über die Klemmfeder. Möglicherweise müssen Sie das Kabel mit einer Messerklinge oder einem stumpfen Schraubenzieher in Position drücken, ehe der Zylinder in seine Position kommt. Befestigen Sie die Abschlußplatte wieder und die Kreuzschlitzschraube. Dann überprüfen Sie, ob alle Klickstufen kommen.
6. Legen Sie die Unterlegscheibe zwischen den Grip Shift und den Lenkergriff. Dann sprühen Sie den Lenker und das Innere des Griffs mit Haarspray oder einem trockenen Schmierstoff aus.
7. Bringen Sie die Bremshebel in Position und ziehen die Schrauben der Befestigungsschellen an. Setzen Sie die Grip Shifts so, daß wenigstens 4 mm zwischen der Feineinstellschraube und der Unterseite des Bremshebels verbleiben. Ziehen Sie noch die Inbusschraube so an, daß die Einheit sich nicht mehr bewegen kann.
8. Ziehen Sie die Außenhülle über den Schaltzug und fixieren den Schaltzug an der Klemmung des Schaltwerks. Überprüfen Sie die Index-Funktionen und benutzen notfalls die Feineinstellschraube.

Bevor Sie das alte Kabel entfernen, merken Sie sich, wie die Kabel verlaufen. Bei einigen Grip Shifts müssen die Kabel einmal um den Zylinder geschlungen werden.

DAS TRETLAGER

Schwierigkeitsgrad: schwierig
Werkzeuge: 8-mm-Inbusschlüssel oder 14-mm-Stirnlochschlüssel, einstellbarer Maulschlüssel, Kurbelabzieher, Tretlagerabzieher

Das Tretlager überträgt Ihre Pedalkraft mittels Kurbeln und Kette auf das Hinterrad.

Viele Tretlager weisen heute eine Tretlagerpatrone in einem Stück auf, an der nach dem Einbau nichts mehr einzustellen ist. Ältere und preiswerte Fahrräder haben aber noch die alte Form. Sie sind am Konterring auf der linken Seite und einer festen Schale auf der rechten Seite zu erkennen.

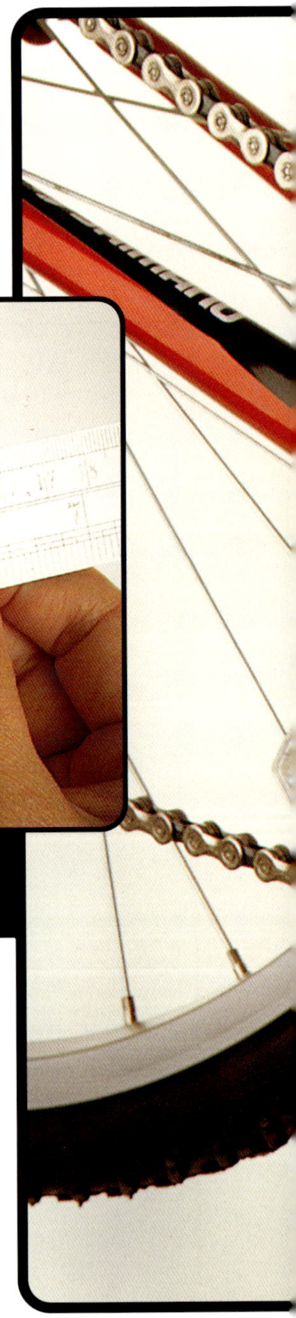

Wartung eines Konustretlagers

1. Entfernen Sie die Kurbeln und drehen die Achse. Wenn sie sich rauh anfühlt oder ohne Widerstand vom Fett gedreht werden kann, muß man weiter forschen.
2. Benutzen Sie einen Hakenschlüssel, um den Verschlußring gegen den Uhrzeigersinn und danach die linke Lagerschale zu demontieren. Ziehen Sie Achse und Kugellager aus dem Gehäuse und entfernen dann die feste Schale mit dem passenden Schlüssel.
3. Reinigen und inspizieren Sie die Kugellaufbahnen auf Kraterung, insbesondere auf der Achse. Wenn alles in Ordnung ist, tragen Sie Fett auf den Schalen auf und bringen neue Kugellager an (in der Regel 0,25 Zoll). Im Zweifelsfall nehmen Sie die alten Kugeln in den Laden mit, um die richtigen zu kaufen.
4. Bringen Sie die feste Schale wieder an, indem Sie gegen den Uhrzeigersinn festziehen. Schieben Sie dann die Achse so vorsichtig durch das Gehäuse, daß die Kugeln nicht verschoben werden. Schrauben Sie die einstellbare Schale im Uhrzeigersinn ins Gehäuse, und zum Schluß den Konterring.
5. Fixieren Sie die einstellbare Schale mit einem Stirnlochwerkzeug, und ziehen Sie den Konterring gut fest.

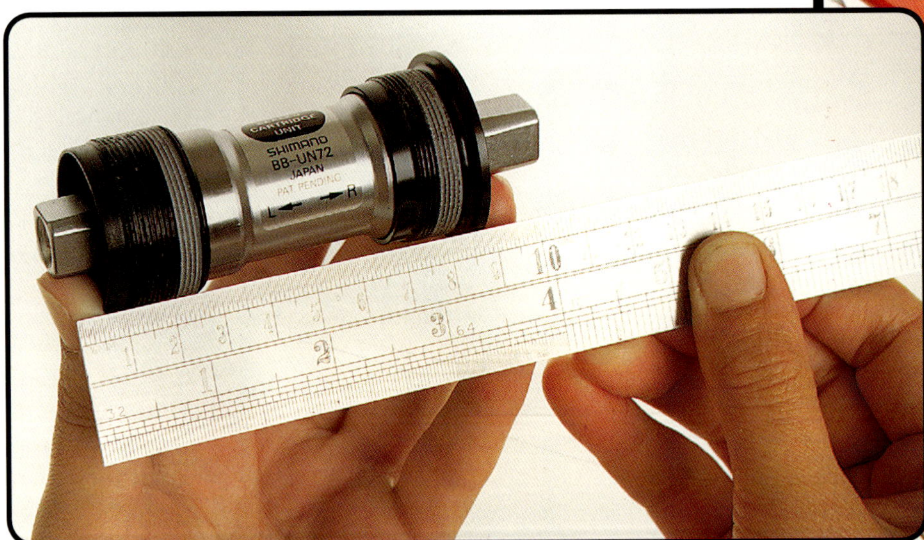

Messen Sie die Gesamtbreite des Tretlagers, um die richtige Achslänge zu ermitteln.

6. Wenn Sie Widerstand beim Drehen der Achse spüren, lockern Sie den Konterring und drehen die einstellbare Schale geringfügig gegen den Uhrzeigersinn. Ziehen Sie den Konterring nun wieder an. Wenn alles in Ordnung ist, setzen Sie die rechte Kurbel auf und ziehen sie mit einem Drehmomentschlüssel auf 30 Nm an. Rütteln Sie am Kurbelarm. Wenn noch Spiel vorhanden ist, lösen Sie den Konterrring und drehen die einstellbare Schale sehr leicht im Uhrzeigersinn. Ziehen Sie den Konterring fest, und bringen Sie die linke Kurbel an.

Tips für die Montage einer Tretlagerpatrone

1. Wenn Sie eine Tretlagerpatrone von Shimano entfernen, entfernen Sie die flanschlose Schale zuerst, dann die der anderen Seite. Die Schalen sind in der gleichen Art und Weise zu demontieren wie im vorigen Abschnitt beschrieben.
2. Bringen Sie kein Fett auf die Achsenden an; dadurch wandern die Kurbeln weiter, als für sie gut ist.
3. Wenn die Kurbeln sich regelmäßig lösen, sind die Enden vermutlich beschädigt. Achten Sie auf entsprechende Abnutzungserscheinungen, notfalls austauschen.
4. Tretlagerschalen mit italienischem Gewinde sind gegen den Uhrzeigersinn zu lösen.
5. Ehe Sie ein neues Tretlager kaufen, messen Sie die Gesamtbreite der alten Tretlagereinheit und die Breite des Tretlagergehäuses; letztgenanntes Maß beträgt bei sportlichen Rädern meist 68, in Ausnahmefällen 72 mm.

Großes Bild unten: Ein Shimano-Tretlagerwerkzeug wird für den Ausbau benutzt. Wenn eine Kappe aus Plastik ist, entfernen Sie sie, bevor Sie die Gegenseite lösen.

Um optimale Hebelwirkung beim einstellbaren Maulschlüssel zu erhalten, fassen Sie ihn am Ende.

DIE KETTENBLATT-GARNITUR

Schwierigkeitsgrad: mittel
Werkzeuge: 5-mm- und 8-mm-Inbusschlüssel, Kurbelabzieher, 14-mm- oder 15-mm-Steckschlüssel, Shimano-Werkzeug für Kettenblatt-Nut

Die Kettenblattgarnitur ist auf das entsprechend ausgeformte Achsende gesteckt. Sie wird durch das Anziehen einer Schraube aufgepreßt. Dies muß mit einem Drehmoment von ca. 30 Nm geschehen. Außerdem benötigen Sie einen Steckschlüsselsatz mit Inbus-Bits.

Wechsel der Kettenblätter

Shimano- und Sugino-Kettenblätter sehen abgenutzt aus, bevor sie es sind. Die gebogenen und abgeschliffenen Zähne dienen einem weichen Gangwechsel. Die Probleme fangen aber an, wenn noch mehr Zähne ramponiert werden. Im Prinzip ist der Austausch eines Kettenblattes sehr einfach. Es hilft, den seitlichen Abstand der Kettenblätter auszumessen, damit man notfalls Distanzringe einfügen kann.

Links: Für An- und Abbau der Kettenblätter benötigen Sie einen 5-mm-Inbusschlüssel. Die Kettenblätter sind am Kurbelstern befestigt (im Bild rot). Ersatzkettenblätter müssen das richtige Befestigungsmaß haben.

1. Reinigen Sie den gesamten Antriebsstrang mit Entfetter. Überprüfen Sie, ob Blätter ausgetauscht werden müssen. Ein verbogener Zahn ist leicht zu sehen und kann mit einem einstellbaren Maulschlüssel vielleicht noch einmal hingebogen werden.
2. Messen Sie den Abstand zwischen den Befestigungspunkten. Die älteren haben einen Abstand von 110 mm für die äußeren Blätter, heute sind 94 mm üblich.
3. Drehen Sie die Inbusschrauben gegen den Uhrzeigersinn, um sie zu lösen, und ziehen die Kurbel mit einem Kurbelabzieher ab. Nehmen Sie die auszutauschenden Kettenblätter vom Kurbelstern ab. Um das äußere und mittlere Kettenblatt zu wechseln, müssen Sie die Kurbel nicht abziehen.
4. Setzen Sie die neuen Blätter auf den Kurbelstern auf. Wenn Sie das mittlere Blatt tauschen, setzen

Die Rückseiten der Kettenblattschrauben halten Sie mit einem speziellen Shimano-Werkzeug fest.

Das schwarze Kettenblatt ist ein Beispiel für extreme Zähneabnutzung. Darunter ein werkneues Ersatzkettenblatt.

Sie es so ein, daß die Mutter bündig sitzt. Ölen Sie die Mutter. Fixieren Sie die Mutter von der Rückseite her mit dem Finger. Drehen Sie die Inbusschraube im Uhrzeigersinn handfest. Jetzt benutzen Sie das spezielle Kettenblatt-Werkzeug von Shimano und einen 5-mm-Inbusschlüssel zum abschließenden Festziehen der Muttern.

5. Bringen Sie die Kurbel auf die Achse, und ziehen Sie sie mit einem Drehmomentschlüssel fest.
6. Justieren Sie die Schaltwegsbegrenzungsschrauben des Umwerfers.
7. Machen Sie eine Probefahrt. Wenn die Kette beim Schalten schlecht umspringt oder verklemmt, messen Sie den Abstand zwischen den Kettenblättern erneut. Bringen Sie Distanzringe hinter dem mittleren Kettenblatt an, wenn die Schaltprobleme zwischen dem mittleren und dem kleinen Kettenblatt auftreten.

TIPS

- Denken Sie daran, den Umwerfer höher zu setzen, wenn Sie ein größtes Kettenblatt mit mehr Zähnen montieren.
- Bei den neueren Kompakt-Kurbelgarnituren beträgt der Lochabstand für das kleine Blatt 56 mm.
- Für die Befestigungsmuttern der Alu-Kettenblätter sollten Sie stets das Originalwerkzeug von Shimano benutzen.
- Positionieren Sie den Stift am großen Kettenblatt so nah wie möglich an der Kurbel, möglichst direkt hinter ihr.
- Außer wenn Sie ein besonderes Problem mit den Schrauben von Alu-Kettenblättern haben, vermeiden Sie die Benutzung eines Schraubenklebers auf den Gewinden - später ist er kaum noch zu entfernen.
- Der Austausch verschlissener Ritzel am Hinterrad hat Vorrang vor dem Austausch verschlissener Kettenblätter.

ZAHNKRANZ-KASSETTEN

Schwierigkeitsgrad: mittel
Werkzeuge: Kettennietdrücker, Kettenhebel, Kassetten-Konterring-Werkzeug, Kettenmeßgerät

Im Neuzustand laufen die Kettenglieder sauber über die Ritzelzähne und verteilen die Last gleichmäßig. Wenn die Kette sich abnutzt, wird die Last auf bestimmte Bereiche konzentriert, was die Abnutzung noch verstärkt. Wenn Sie dies zu lang geschehen lassen, werden die Zähne hakenförmig. Bringen Sie nun eine neue Kette an, wird diese springen. Sie können diesen Prozeß durch rechtzeitigen Austausch der Kette verlangsamen.

Wenn Sie finden, daß auch die neue Kette zu schnell verschleißt, liegt es am Zahnkranz, mit dessen Austausch wir uns hier beschäftigen.

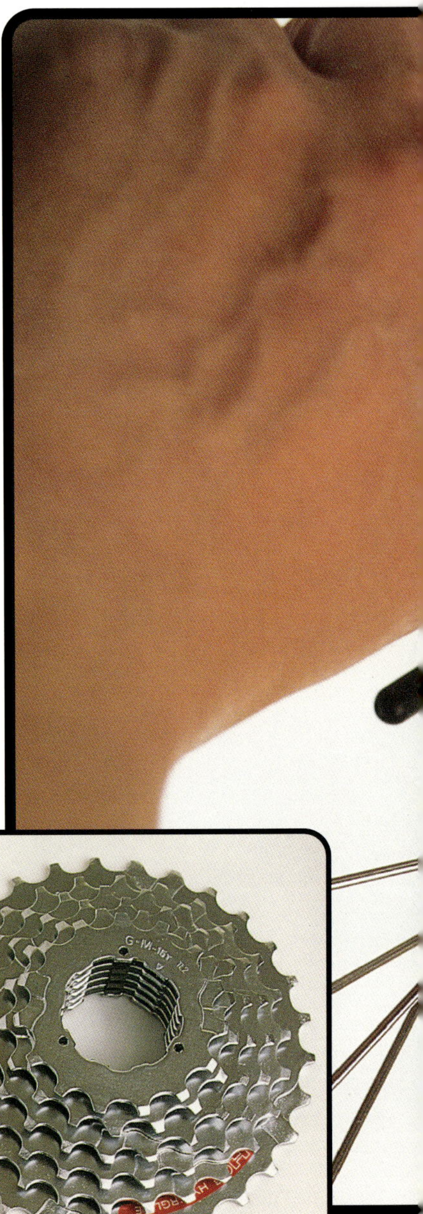

Wechsel eines Kassettenkranzes

1. Reinigen Sie die Kette und die Zwischenräume zwischen den Ritzeln mit einem Entfetter. Lassen Sie ihn einige Minuten einwirken, um den Schmutz einzuweichen und waschen dann alles mit einer Bürste ab. Wenn Sie den Kranz mit einem Schlauch abspritzen wollen, sichern Sie zuvor die Lager vor Feuchtigkeit, indem Sie hinter dem Kranz ein Tuch herumschlingen.
2. Überprüfen Sie die Ritzel auf abgenutzte Zähne.
3. Um einen Kassettenzahnkranz zu zerlegen, legen Sie einen Kettenhebel auf ein mittleres Ritzel und setzen den Abzieher auf das Ende der Kassette. Benutzen Sie einen langen Schlüssel mit viel Hebelweg für das Abziehen. Drücken Sie den Schlüssel und den Kettenhebel herunter, um den Konterring zu lösen, der die Kassette zusammenhält.
4. Setzen Sie das neue Ritzelpaket auf den Grundkörper, schrauben den Konterring auf und ziehen ihn mit dem Abzieher fest.
5. Öffnen Sie die neue Kette am gleichen Niet wie die alte (daneben legen) und führen sie durch die Schaltwerksrädchen. Fügen Sie die Kette zusammen und lockern das steife Glied, indem Sie den oberen Teil des Kettenwerkzeugs zum Trennen der Glieder benutzen.
6. Überprüfen Sie alle Gänge zum Schluß.

Die Ritzel links im Bild sind stark abgenutzt und können sogar die Indexfunktion der Schaltung zunichte machen. Der rechte Kranz ist fabrikneu.

Fachbegriffe

Führungsrädchen: Die beiden Rädchen, die in der Schwinge des hinteren Schaltwerks sitzen.

Kassettenkörper: Der Grundkörper, auf den die Ritzel gesteckt werden.

Links: Sie müssen die Werkzeuge fest packen, da der Konterring der Kassette sehr fest sitzt.

Oben: Benutzen Sie eine schmale Klinge, um Schmutz aus den Zahnkranz-Zwischenräumen zu entfernen.

Einige Kränze werden lose geliefert und nicht als festmontiertes Paket. Sie müssen gemäß den Markierungen auf den Ritzeln zusammengesteckt werden.

TIPS

- Tauschen Sie einen Kranz nur zusammen mit einer Kette aus.

- Es gibt verschiedene Leichtbaukränze von anderen Herstellern, mit denen Sie Gewicht sparen können.

- Im Prinzip kann man Shimano- und Campagnolo-Kassetten untereinander tauschen, indem man die Distanzringe anpaßt.
Allerdings gibt es keinen zwingenden Grund, die beiden Systeme zu vermischen.

DIE KETTE

Schwierigkeitsgrad: leicht
Werkzeuge: Kettennietdrücker, Bürste, Kettenmeßgerät oder Lineal

Die Kette überträgt das Ergebnis Ihrer Tretarbeit zum Hinterrad, gehört also zu den Verschleißteilen. Ketten bestehen aus Rollen, Nieten und Platten. Sie sind in diversen Breiten erhältlich, je nach Ritzelbreiten. Sie sind an 7, 8, 9 oder 10 Ritzel angepaßt.

Mit einem Kettenmeßgerät ermittelt man am schnellsten und genauesten, ob eine Kette verschlissen ist. So können Sie Ritzelverschleiß vermeiden.

Nutzen Sie den oberen Teil des Kettenwerkzeugs, um ein steifes Kettenglied zu lockern. Drehen Sie den Hebel sanft, bis das Glied frei ist, und nicht weiter.

Wie man Kettenverschleiß mißt

1. Reinigen Sie die Kette komplett mit einem biologisch abbaubaren Lösungsmittel und trocknen sie dann.
2. Mit einem Lineal messen Sie von der Mitte eines Niets zur Mitte eines anderen, die etwa 30,5 cm auseinanderstehen. Wenn die Nieten weniger als 30,6 cm auseinanderstehen, ist die Kette in Ordnung. Wenn der Wert zwischen 30,6 und 30,8 cm liegt, sollten Sie den Austausch in Betracht ziehen. Überschreitet er den letztgenannten Wert, Kette sofort austauschen. Kettenmeßgeräte leisten dasselbe, nur komfortabler.

Ein Kettenreiniger spart Zeit und arbeitet genauer. Seine Anschaffung lohnt sich.

TIPS

- Wenn Sie einen 8- oder 9-fachen Zahnkranz haben, achten Sie beim Kauf der Kette darauf, daß sie kompatibel ist (schmale Ausführung).
- Neuerdings sind Sachs-Ketten (Aufschrift „PG") Shimano-kompatibel.
- Die IG-Ketten von Shimano aus dem Jahre 1995 (IG 30/50) sind nicht mit HG-Kränzen kompatibel.

3. Zum Entfernen einer Non-Shimano-Kette benutzen Sie einen Nietdrücker, drücken den Niet aber nicht vollständig heraus, sondern nur soweit, daß Sie die Kette auftrennen können. Auch den schwarzen Niet an Shimano-Ketten nicht vollständig herausdrücken.
4. Um die Kette wieder zu verbinden, benötigen Sie wiederum den Kettennietdrücker. Bei Shimano wird der spezielle schwarze Niet durch die Enden gedrückt.
5. Das Glied, wo Sie die Kette verbunden haben, ist steif. Biegen Sie die Kette hin und her, um dem Glied Freiheit zu verschaffen. Achten Sie darauf, daß der Niet hier genausoweit herausschaut wie bei den anderen Kettengliedern.

Kettenschmierung

Um sauber zu arbeiten, muß die Kette stets gut geölt sein. Sie können dies mit verschiedenen Schmierstoffen tun. Ein trockener Schmierstoff, der Teflon enthält, ist zäh und gut kriechfähig, um alle Glieder zu benetzen. Er ist ideal für trockene, staubige Gegenden.

Feuchte Schmierstoffe wie Mineral- und Synthetiköle müssen nicht so oft nachgetragen werden wie trockene, wenn man in Nässe fährt. Aber Sie ziehen Schmutz an, die Kette muß also oft gesäubert werden.

NABENSCHALTUNGEN

Nabenschaltungen sind witterungsgeschützt und kommen mit wenig Wartung aus. Sie brauchen nur hie und da ein paar Tropfen Öl, manche Ausführungen nicht einmal das.

Das Getriebe besteht aus einigen Zahnrädern, die im Inneren der Nabe liegen. Der Übersetzungsbereich ist normalerweise kleiner als bei einer Kettenschaltung, zumal nicht mit einem Mehrfachkettenblatt operiert wird. Der Übersetzungsumfang der Sachs-7-Gang-Nabe liegt beispielsweise bei 303 %. Für Freizeit und leichte Touren ist dies vollkommen ausreichend. Starke Steigungen werden mit einer Nabenschaltung nicht bewältigt, nur die recht teure Rohloff 14-Gang macht hier eine Ausnahme.

Um eine Sturmey Archer Nabenschaltung zu justieren, müssen Sie lediglich den Verschlußkettenjustierer drehen.

SRAM arbeitet auch bei Nabenschaltungen mit Drehschaltgriffen.

Einstellung einer Nabenschaltung und Rücktrittbremse

Schwierigkeitsgrad: leicht
Werkzeuge: 15-mm-Maulschlüssel, 10-mm-Maulschlüssel (2 Stück), 3-mm-Inbusschlüssel

Die Shimano-Nexus-Nabe ist mit vier oder sieben Gängen lieferbar. Die Instruktionen beziehen sich auf die 4-Gang-Version.

TIP

- Wenn die Kette immer wieder locker wird, wandert vermutlich die Nabe im Ausfallende. Ergänzen Sie die Achsmutter durch eine zweite hinter dem Ausfallende.

1. Das System wird teilweise vormontiert geliefert. Ein spezieller Stift sichert die Einstellung, wenn das Kabel angebracht wird. Stellen Sie den Schalter auf den ersten Gang, führen das Schaltkabel durch den Ankerpunkt und befestigen es mit einem 3-mm-Inbusschlüssel. Die Nabe und der Schaltring sind richtig eingestellt, wenn die beiden gelben Dreiecke richtig zueinander stehen. Setzen Sie nun den Federclip auf, der mit der Einheit geliefert wird, und entfernen den Nagel vom Bajonettring.
2. Setzen Sie das Hinterrad in den Rahmen ein. Ziehen Sie es im Rahmen soweit nach hinten, daß die Kette nicht mehr schlackert. Stellen Sie sicher, daß es beim Rückwärtstreten keine Schwergängigkeiten gibt. Setzen Sie den Bremsplattenring auf die Kettenstrebe, und ziehen Sie die Schraube und die spezielle Mutter fest (normalerweise 10 mm).
3. Ziehen Sie das Kabel am Rahmen entlang. Mit dem Kit werden spezielle Schellen geliefert, notfalls tun es auch Kabelbinder.
4. Zur Feineinstellung des Ganges schalten Sie in den vierten Gang, dann bringen Sie die roten Markierungen oben am Einstellring zur Deckung, und drehen die Justierschraube in die richtige Stellung.

Wartung einer 3-Gang-Nabe

Schwierigkeitsgrad: mittel
Werkzeuge: 15-mm-Schraubenschlüssel für die Achsmuttern, 10-mm-Schraubenschlüssel (2 Stück), Seitenschneider

1. Füllen Sie über den Ölnippel 10 Tropfen Öl in die Nabe und schließen das Nippelhäubchen wieder.
2. Überspringende Gänge können gerichtet werden, indem die Kette durch das Loch in der Achsmutter justiert wird. Legen Sie den zweiten Gang ein. Das Ende des Schaltkettchens sollte mit dem Achsende in einer Flucht stehen.
3. Wenn die Justierung nicht ausreicht, das Schaltkettchen in die erforderliche Position zu ziehen, lösen Sie den Kabelstopper und setzen ihn einen Zentimeter vor.

Ausbau und Austausch eines Sachs-7-Gang-Laufrades

Schwierigkeitsgrad: leicht bis mittel
Werkzeug: 15-mm-Schraubenschlüssel

Die Sachs-Nabe verhält sich beim Laufradausbau besonders benutzerfreundlich.

1. Entfernen Sie die geriffelte Schraube auf der Oberseite der Clickbox, die auf dem rechten Ausfallende sitzt. Ziehen Sie die Clickbox von der Achse ab. Entfernen Sie das graue Plastikteil und dann die dünne Schaltachse und legen beides an einem sicheren Platz ab.
2. Nehmen Sie die Achsmuttern und Nasenscheiben ab. Dann können Sie das Laufrad herausnehmen.
3. Beim Einbau gilt die umgekehrte Reihenfolge der Schritte. Achten Sie darauf, daß die Aussparung des grauen Plastikteils nach vorne zeigt, bevor Sie die Clickbox austauschen. Sie müssen eventuell den Schalthebel betätigen, damit die Zeigerachse sich setzt. Den Erfolg hören Sie am satten Klickgeräusch. Vergessen Sie nicht, die geriffelte Schraube wieder auf der Oberseite anzubringen.

Die Clickbox macht Arbeiten an der Siebengangnabe von SRAM/Sachs besonders leicht.

Schalt-Bremshebel-Kombinationen wie der hier abgebildete Campagnolo Ergopower werden mit einem 5-mm-Inbus gesichert.

SEILZUGBREMSEN

Seitenzugbremsen haben sich seit der Einführung des sogenannten Dual-Pivot-Mechanismus vor etwa zehn Jahren praktisch nicht mehr verändert.

Die beiden u-förmigen Arme werden durch ein Kabel zusammengezogen. Im Gegensatz zu Cantileverbremsen ist die Hebelübersetzung nicht veränderlich. An Rennrädern ist dies kein Problem. Reiseradler jedoch würden gern die Bremsen für Fahrten mit viel Gepäck „bissiger" einstellen. Da Seitenzugbremsen Dreck geradezu anziehen, werden sie am Mountainbike nicht eingesetzt. Alle außer den billigsten Seitenzugbremsen haben wartungsfreie Lagerbuchsen und benötigen generell wenig Zuwendung.

Anbau einer Seitenzugbremse

Schwierigkeitsgrad: leicht
Werkzeuge: 5-mm-Inbusschlüssel, einstellbarer Maulschlüssel und Konusschlüssel

1. Bringen Sie mit Hilfe des Inbusschlüssels den Bremskörper am Rahmen an. Die Schraube muß wenigstens 5 mm tief im Gewinde sitzen, sonst faßt sie nicht. Entfernen Sie notfalls eine Unterlegscheibe.
2. Bringen Sie das Kabel an und richten die Bremsklötze aus. Manche Bremsklötze lassen sich leicht einwärts justieren, um Bremsquietschen zu unterdrücken (entsteht durch Vibrationen des Bremsgummis auf der Felge). Ist dies bei Ihren Bremsen nicht möglich, verstellen Sie die Bremsarme mit einem einstellbaren Schraubenschlüssel so, daß die Vorderkante des Bremsklötzchens 1 mm dichter an der Felge steht als das hintere Ende.
3. Justieren Sie die Bremse mit einem Konusschlüssel.

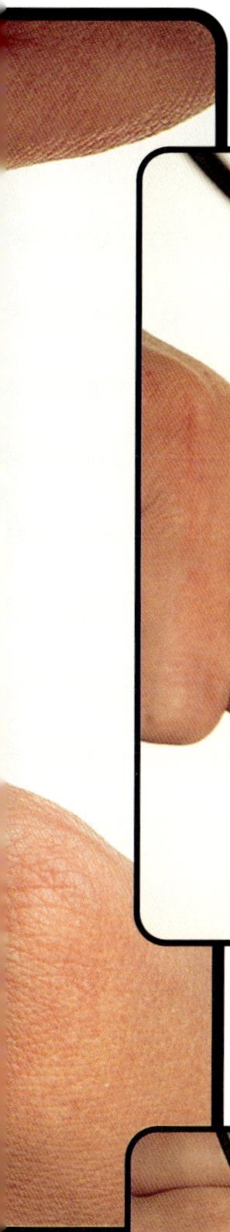

Mit einem einstellbaren Schraubenschlüssel und etwas Kraft können Sie die Bremsarme zentrieren.

Bremshebel-Montage

Schwierigkeitsgrad: mittel (Kabelverlegung unter Lenkerband schwieriger)
Werkzeuge: Inbusschlüssel und Lineal

1. Lösen Sie die Inbusschraube im Bremshebel und schieben den Hebel in seine richtige Position am Lenker (mit Lineal messen). Dann befestigen.
2. Setzen Sie eine Endkappe auf das Ende des Außenzugs und fädeln diesen durch die Rückseite des Hebels. Fixieren Sie den Außenzug alle 7 cm mit Isolierband am Lenker.
3. Lösen Sie gegebenenfalls das Isolierband am Bremshebel. Ziehen Sie den Außenzug aus dem Bremsgriff. Fädeln Sie den Innenzug durch die Aufnahme des Bremshebels und durch die Öffnung im Bremshebelgehäuse in den Außenzug.
4. Drehen Sie die Feineinstellschraube am Bremskörper so, daß der Kabelstopper so eng wie möglich an der Klemmung anliegt. Ölen Sie den Innenzug, ehe Sie ihn durch die Außenhülle führen. Führen Sie ihn durch die Kabelschelle am Bremskörper. Dann betätigen Sie den Bremshebel ein paarmal, damit sich das Kabel setzt.
5. Ziehen Sie das Kabel durch die Klemmung so, daß zwei bis drei cm Luft verbleiben, ehe die Bremse „bissig" greift.
6. Lenkerband wird normalerweise mit zwei kurzen, selbstklebenden Abschlußstreifen geliefert. Wickeln Sie diese um die Bremshebelschellen. Beim Umwickeln des Lenkers führen Sie das Lenkerband von den Enden zur Mitte hin. Beim Arbeiten mit Ergopower-Hebeln achten Sie darauf, den Mechanismus nicht zu beschädigen.

Wenn Sie Bremsen nicht anders zentrieren können, müssen Sie mit Inbusschlüsseln an der Zentralbefestigung ansetzen.

Bremsjustierung

Häufig ziehen Felgenbremsen einseitig. Die Ursache liegt in der Feder. Um dem entgegenzuwirken, setzen Sie das Ende eines passenden Konusschlüssels auf der Bremsenmitte an und drehen den gesamten Bremskörper so, daß die Gummis gleich weit von der jeweiligen Felgenflanke entfernt sind.

Ausfransende Kabelenden verhindert man mit solchen Endkappen.

CANTILEVERBREMSEN

Schwierigkeitsgrad: leicht bis mittel
Werkzeuge: 5-mm- und 1,5-mm-(für Shimano) Inbusschlüssel, 8-, 9- und 10-mm-Maulschlüssel, Seitenschneider, Konusschlüssel (für Dia Compe Cantileverbremsen)

Cantileverbremsen kommen ursprünglich von der Cross-Maschine und waren wegen ihres niedrigen Gewichts und ihrer geringen Schmutzanfälligkeit lange Zeit Standard am Mountainbike. Sie wurden dann zusehends von V-Brakes abgelöst.

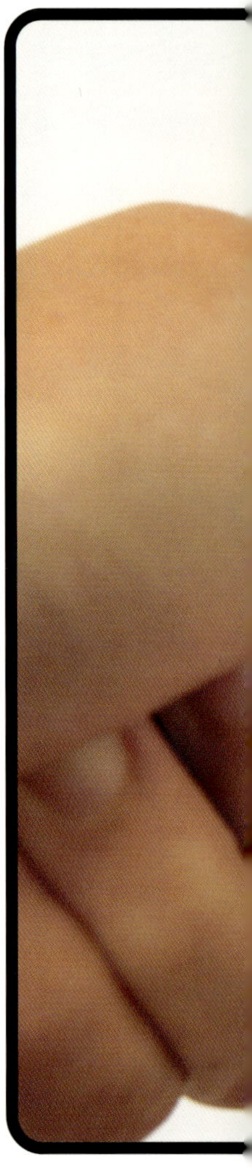

Arbeiten an der Cantileverbremse

1. Entfernen Sie die Bremsen von den Sockeln und reinigen die Kontaktflächen. Schmieren Sie die Sockel erst mit Fett ein, ehe Sie die Bremsen wieder montieren. Ist eine Feder zu sehen, führen Sie sie durch das mittlere der drei Löcher neben dem Sockel. Setzen Sie die Bremsklötze mit den Pfeilen (soweit vorhanden) nach vorn und ziehen die Befestigungsschraube mit der Hand an.
2. Drehen Sie die Feineinstellschraube am Bremshebel im Uhrzeigersinn bis zum Anschlag. Tauschen Sie einen beschädigten Innenzug aus und fetten den neuen ein, ehe Sie ihn durch die Außenhülle ziehen. Endkappen für die Kabel nicht vergessen.
3. Schieben Sie den Innenzug durch die Verteilerscheibe und ziehen den Querzug durch den Kabelklemmer am Bremskörper. Das Verteilerkabel bildet ein Dreieck. Je flacher dieses Dreieck ausfällt, desto höher die Bremswirkung; spitze Seildreiecke haben eine geringe Bremswirkung. Die maximale Bremswirkung erzielen Sie, wenn die Verteilerscheibe 4 bis 5 cm vom Reifen entfernt ist.
4. Shimano-Verteilerkabel haben eine wie ein Knopf geformte Verknüpfung, die eine Markierung für eine leichte Kabelausrichtung aufweist. Ziehen Sie den Innenzug durch, bis er in einer Linie mit der Markierung steht. Dann Befestigungsschraube fest anziehen.
5. Richten Sie die Bremsklötze so aus, daß sie 2 mm von der Felge wegstehen. Dann vorn leicht einwärts ausrichten. Sie können den Abstand auch mit einem dreimal gefalteten Papier überprüfen. Auch zu den Reifen sollten die Bremsklötze 2 mm Luft aufweisen.
6. Betätigen Sie den Bremshebel ein paarmal, damit der Zug sich setzt und streckt. Lösen Sie nochmals und ziehen das Kabel strammer, wenn der Bremshebel sich ohne besonderen Widerstand bis zum Lenker durchziehen läßt.
7. Schleift ein Gummi an der Felge, regeln Sie die Federspannung nach. Ältere Shimano-Modelle haben eine Kreuzschlitz- oder Schlitzschraube; drehen Sie gegen den Uhrzeigersinn.
   Um eine Dia Compe Cantileverbremse leicht einzustellen, lösen Sie die 5-mm-Inbusschraube. Dann drehen Sie einen Konusschlüssel vom Fahrrad weg, um die Spannung zu erhöhen. Ziehen Sie schließlich die Inbusschraube an, wobei Sie mit dem Konusschlüssel in unveränderter Position gegenhalten.

Verteilerkabel sollten im 90-Grad-Winkel zu den Cantilever-Armen oder mit der Markierung auf der zentralen Scheibe in einer Linie stehen.

Oben: Halten Sie den Bremsklotz mit einem Inbusschlüssel am Platz und sichern ihn mit einem 10-mm-Ringschlüssel.

Rechts: Bevor Sie den Bremsklotz festziehen, bringen Sie ein Stück Papier zwischen dem hinteren Teil des Klotzes und der Felge an, um eine leicht angewinkelte Stellung zu erreichen.

Werkstattnotizen

● Wenn Sie neue Cantileverbremsen anbringen, achten sie darauf, daß alle Teile vorhanden sind.

● Rahmen unter 40 cm Rahmenhöhe können Probleme mit der Fersenfreiheit haben. Wenn Sie maximale Hebelwirkung erzielen wollen, ersetzen Sie das Shimano-Seildreieck durch ein konventionelles.

● Wenn der Rahmen gerade „frisch gestrichen" ist, achten Sie auf Farbreste auf den Canti-Sockeln und entfernen Sie sie mit Schmirgelpapier und schneiden das Sockelgewinde mit einem 6-mm-Gewindeschneider nach.

Fehlerbeseitigung an Cantileverbremsen

● Wenn der Bremshebel sich mehr als den halben Weg zum Lenker durchziehen läßt, hat sich das Kabel gedehnt. Lösen Sie die Befestigungsschraube am Cantilever-Arm und ziehen das Kabel mit einer Kneifzange durch den Befestigungspunkt. Lassen Sie etwa 2 mm Platz zwischen Bremsklötzen und Felge. Nun Befestigungsschraube wieder anziehen.

● Wenn der Bremsklotz auf einer Seite schleift, aber sich selbst wieder rückstellt, wenn Sie das Rad drehen, liegt eine Abnutzung am Bremsklotz vor. Das ist nach einer Fahrt bei Nässe ebenso normal wie nach langem Gebrauch und kann mit einem scharfen Messer, einer Feile oder Sandpapier behoben werden.

● Wenn Ihre Bremsklötze flach sind, aber immer noch schleifen, beachten Sie Punkt 7 auf S.156. Die älteren Shimano-Bremsen werden mit einem 2-mm-Inbus justiert.

Überprüfen Sie Bremsgummis auf Abnutzung. Lösen Sie Steine mit einem Messer aus den Schlitzen.

DIE NEUE BREMSEN-GENERATION

Irgendwann reichte im MTB-Sport auch die Bremswirkung der Cantileverbremse nicht mehr aus. Es folgte zum einen die V-Brake, eine Weiterentwicklung der Cantilever-Bremse, und zum anderen die Scheibenbremse. Sie ist sehr wartungsarm und erbringt eine besonders hohe Bremsleistung.

Drehen Sie die Schraube im Uhrzeigersinn, wenn die Bremse auf dieser Seite schleift.

Magura-Bremsen funktionieren mit Öldruck und haben daher eine Versiegelung am Geberzylinder.

Die V-Brake

Sie ist die konsequente Fortsetzung der Cantileverbremse. Sie kommt mit einem durchgehenden Kabel aus (kein Verteilerkabel mehr), um die Bremszangen zusammenzuziehen. Dadurch spricht die V-Brake direkter an.

Montage einer V-Brake

Schwierigkeitsgrad: mittel
Werkzeuge: 5-mm-Inbusschlüssel, Schraubenzieher, Fett

1. Vergewissern Sie sich zunächst, daß die Packung alle Einzelteile der Bremse enthält und nicht beschädigt wurde. Die Anleitung listet auf, welche Teile beiliegen (sollten). Die offiziellen Shimano-Anleitungen sind exzellent, also heben Sie sie auf.
2. Setzen Sie die spezielle Schraube auf, und achten Sie auf saubere Lage der Unterlegscheibe.
3. Stülpen Sie den Faltenbalg über das Kabel, das zwischen den V-Brake-Armen liegt, und befestigen das Kabel mit einem 5-mm-Inbusschlüssel.
4. Vertauschen Sie die Distanzscheiben, wenn der Faltenbalg komprimiert wird oder die Arme enger als 39 mm beieinander liegen.
5. Drücken Sie die Bremsklötze an die Felge und ziehen die 6-mm-Inbusschraube ganz fest. Ziehen Sie das Kabel durch die Klemmung, lassen Sie aber einen Spalt von 1 mm zwischen Bremsklötzen und Felgenflanken.
6. Betätigen Sie den Bremshebel ein paarmal, damit sich das Kabel setzt. Schleift eine Seite an der Felge, drehen Sie die Feineinstellschraube an diesem Arm im Uhrzeigersinn, bis der Abstand gleich ist.

Oben: Trommelbremsen brauchen für die Befestigung ein Anlötteil am Rahmen, können aber auch mittels einer speziell geformten Schelle angebracht werden.

Links: Scheibenbremsen werden an vielen Fahrradtypen vermehrt eingesetzt, in unserem Bild an einem dreirädrigen Liegerad.

Die Scheibenbremse

Wir kennen die Scheibenbremse als dritte Bremse von Tandems. Nun beginnen sie sich an sportlichen Mountainbikes, insbesondere Downhill-Maschinen, durchzusetzen. Allmählich scheint eine hydraulische Zuleitung anstelle eines Kabelzuges der neue Standard an Scheibenbremsen zu werden.

Nexus-Bremse

Im Prinzip ist die Rollerbrake, die Shimano mit den Gruppen Nexus und Nexave vorstellte, einer Trommelbremse nicht unähnlich, aber hier reiben sich Stahlplatten an der Trommel anstelle von Gummi. Diese Bremse ist für alle Trekking- und Alltagsräder ideal, da die Bremse nässegeschützt ist und man nicht auf den Austausch der Bremsbeläge achten muß.

U-Brake

U-Brakes waren Mitte der 80er kurzzeitig populär. Sie wurden unter dem Tretlager angebracht, wo sie dem Schmutz besonders ausgesetzt waren. Heute ist dieser Typ verschwunden.

Trommelbremsen

Trommelbremsen sind an Alltagsrädern und Tandems zu finden. Bremsgummis werden gegen die Innenseite der Trommel gepreßt. Um die Bremse zu justieren, befolgen Sie die drei nachstehend beschriebenen Schritte.

Justierung der Trommelbremse

Schwierigkeitsgrad: leicht
Werkzeuge: Passender Schraubenschlüssel für die Einstellschraube

1. Drehen Sie den Konterring auf der geriffelten Einstellschraube gegen den Uhrzeigersinn, bis Sie 2 cm Spiel im Hebel haben, bevor er „zubeißt".
2. Wenn Sie die Einstellschraube über das Gewinde hinausgedreht haben, drehen Sie sie komplett zurück und lösen die Zugklemmung am Bremsarm. Dann ziehen Sie ein klein wenig Kabel mit einer Kombizange durch - Trommelbremsen haben meist eine Zuglängeneinstellung.
3. Befestigen Sie die Kabelklemmung, dann drehen Sie das Rad, um zu überprüfen, ob die Bremsen auch nicht schleifen. Wenn doch, lockern Sie die Kabelklemmschraube, bis die 2 cm Weg für den Bremshebel hergestellt sind (siehe oben). Schließlich die Schraube wieder fest anziehen.

Die Rahmengeometrie hat erheblichen Einfluß auf Handling und Komfort des Rades. Rahmenwinkel werden am zuverlässigsten mit dem Geometer (siehe Bild) ermittelt. Der Sitzrohrwinkel beschreibt den Winkel des Sitzrohres zur Senkrechten.

DER RAHMEN

Geometrie und Design

Nach wie vor ist das doppelte Dreieck die am meisten verbreitete Form. Sie hat sich als komfortabel für den Fahrer bewährt (Sitzposition, Lenker etc.). Rahmenwinkel und Rohrlängen entscheiden über das Handling des Rades. Die Pedale dürfen nicht ans Vorderrad kommen. Mountainbikes haben, wie übrigens viele Räder schon zur Jahrhundertwende, besonders flache Winkel, um die Fahrt über rauhen Untergrund zu stabilisieren. Weil Federgabeln die Kontrolle des Rades verbessern, konnten die Rahmenwinkel wieder steiler werden, wie bei Straßenrennrädern. Dies ergibt eine direktere Lenkung, was bei Kurvenfahrten und Spurts nützlich ist.

Die richtige Rahmenhöhe

Je länger die Strecke ist, die Sie auf dem Fahrrad zurücklegen, desto mehr werden Ihnen Schmerzen und Beschwerden melden, daß Ihr Fahrrad in irgendeiner Hinsicht nicht zu Ihnen paßt. Wenn Sie die Anleitungen von Seite 22 beherzigen, sind Sie nicht darauf angewiesen, das Rad durch einen überlangen oder extrem kurzen Vorbau anzupassen. Es soll aber schon vorgekommen sein, daß sich jemand an ein Rad mit eigentlich falscher Rahmenhöhe doch gewöhnte und es mit Lenker, Vorbau oder Sattelstütze einigermaßen „passend machte".

Das richtige Rad

Dabei ist es leicht, gleich das richtige Rad zu kaufen. Ein qualifiziertes Fahrradgeschäft bietet Ihnen eine akkurate Beratung, die Ihnen hilft, hunderte von Mark zu sparen, die sonst in einem Fehlkauf versickern.

Die Rahmenhöhe wird für ein Straßenrad anders ermittelt als für ein MTB. Der MTB-Rahmen ist grundsätzlich niedriger, weil er dann im Gelände leichter zu beherrschen ist, und man rasch abspringen kann.

Selbst Großserienfahrräder werden in der Regel in mehreren Rahmenhöhen angeboten. Achten Sie also auf die richtige Höhe und kaufen nicht einfach das, was gerade am Lager ist.

Sogenannte Unicrown-Gabeln sind wegen ihres niedrigen Gewichtes und ihrer Robustheit Standard am MTB geworden. Sie sind in der Regel mit Sockeln für Cantileverbremsen ausgestattet. Auch an Straßenrädern sieht man schon vereinzelt diesen Gabeltyp.

TIPS

- Anfänger begehen häufig den Fehler, den Sattel zu niedrig zu stellen, um mit den Füßen flach auf den Boden zu kommen. Dadurch tritt man ineffizient.
- Überschreiten Sie nicht den maximalen Auszug Ihrer Sattelstütze. Er ist auf der Stütze markiert - falls nicht, belassen Sie wenigstens 6 cm der Stütze im Rahmenrohr.

Für Trekkingräder gilt, daß man seine Schrittlänge mit 0,68 multipliziert. Einige Radrennfahrer wählen im Hinblick auf die Aerodynamik eine 2 cm niedrigere Rahmenhöhe.

Sattelposition

Setzen Sie ein Lot über die Tretlagermitte und messen mit einem Lineal den lotrechten Abstand der Sattelspitze zum Tretlager. Mit der rechten Tabelle können Sie den Sattel richtig justieren.

Kurbellänge

Die Bedeutung der Kurbellänge wird gelegentlich überschätzt. Mit den Standardlängen (170 mm, am MTB auch 175 mm) ist man fast immer gut bedient. Im Wettbewerbsbereich mag dies anders aussehen; beachten Sie hierzu die untenstehende Tabelle.

Ideale Fahrradmaße

Schrittlänge	Sattel hinter Tretlager	Sattel-Lenker	Lenkerhöhe	Kurbellänge (mm)
72–75	3–5	42–50	4–5	160
75–78	4–6	46–55	5–6	162,5
79–82	5–7	49–57	6–7	165
83–86	6–8	52–59	7–8	170–172,5
87–90	7–9	54–60	8–9	175–177,5
91–94	8–10	57–63	9–10	180

(Kurbellänge in mm, übrige Angaben in cm.)

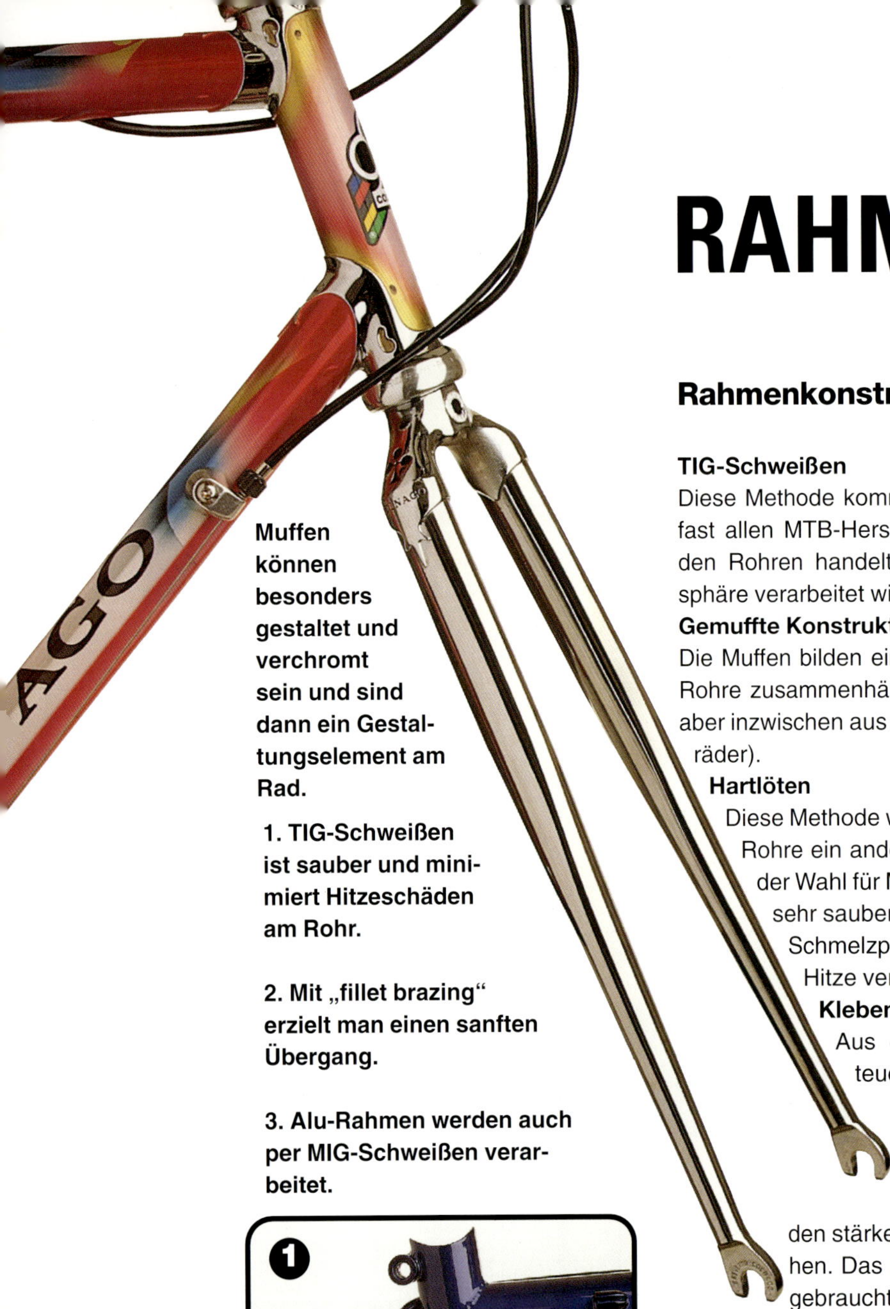

Muffen können besonders gestaltet und verchromt sein und sind dann ein Gestaltungselement am Rad.

1. TIG-Schweißen ist sauber und minimiert Hitzeschäden am Rohr.

2. Mit „fillet brazing“ erzielt man einen sanften Übergang.

3. Alu-Rahmen werden auch per MIG-Schweißen verarbeitet.

RAHMENTECHNIK

Rahmenkonstruktion

TIG-Schweißen
Diese Methode kommt mit preisgünstigen Werkstoffen aus und wird von fast allen MTB-Herstellern benutzt. Bei dem Schweißmaterial zwischen den Rohren handelt es sich um Tungsten, das unter Schutzgasatmosphäre verarbeitet wird, um eine perfekte Verbindung herzustellen.

Gemuffte Konstruktion
Die Muffen bilden ein Sandwich für das Silber- oder Messinglot, das die Rohre zusammenhält. Diese Methode war hundert Jahre lang üblich, ist aber inzwischen aus Kostengründen auf dem Rückzug (Ausnahme: Rennräder).

Hartlöten
Diese Methode wird dort eingesetzt, wo das Metall zum Verbinden der Rohre ein anderes ist als das der Rohre selbst. Es ist die Methode der Wahl für Manufakturen, die auf Kundenwunsch bauen. Es sieht sehr sauber aus, weil das Lot, häufig silberhaltig, einen niedrigen Schmelzpunkt hat, was die Beschädigung des Rahmens durch Hitze vermeidet.

Kleben
Aus einem Stück gefertigte Carbon-Rahmen sind sehr teuer. Günstiger ist es, Carbonrohre miteinander zu verkleben. Man hat Klebetechniken aber vereinzelt auch bei Alu- und Stahlrahmen eingesetzt.

Konifizieren
Konifizierte Rohre sind in der Mitte dünner und an den stärker belasteten Enden mit größeren Wandstärken versehen. Das spart Gewicht und bringt die Stabilität dorthin, wo sie gebraucht wird.

Rahmenmaterialien

Stahl
Stahl ist billig und leicht zu bearbeiten. Hi-Ten ist eine relativ bekannte einfache Stahlsorte. Höherwertige Stahlrohre bestehen aus einer Legierung aus Chrom, Molybdän und Stahl. Die beiden einlegierten Metalle kommen nur in sehr niedrigen Anteilen vor, was aber ausreicht, um das Material erheblich fester zu machen.

Aluminium
Dieser Werkstoff hat in den letzten Jahren „Karriere gemacht“, weil er billiger verarbeitet werden kann und „trendy“ geworden ist. Man wählt geringe Wandstärken, aber große Rohrdurchmesser und erreicht dadurch leichte, aber steife Rahmen. Auch hier werden die Rohre konifiziert.

Metal Matrix
Ein Alu-Rohr bricht theoretisch früher als ein Stahlrohr unter der gleichen Last. Ein Metal-Matrix-Rohr ist zunächst ein Alu-Rohr, das aber in der Oberfläche Einlagen mit Keramik-Partikeln hat, um es zu verstärken und die Bruchgefahr zu mindern. Das ist vor allem bei den Kräften interessant, die bei Massensprints auf den Rahmen einwirken.

Carbon
Carbon ist leichter als Stahl oder Aluminium. Das Rohr wird aus Harzen in Matten aufgebaut wie ein Schiffsrumpf aus Fiberglas. Komfort und Steifigkeit werden durch die Zahl der Lagen beeinflußt.

Titan
Titan ist schwierig zu schweißen und daher sehr teuer. Es hat aber eine höhere Lebensdauer als jedes andere Rahmenmaterial. Titanrahmen erbringen ein unvergleichliches Fahrverhalten; sie sind komfortabel und leicht.

Links: TIG-Schweißen wird bei MTB-Stahlrahmen meistens eingesetzt. Es ist billig und recht stabil.

Oben: Die Verbindung des Sitzrohres, der Kettenstreben und des Unterrohres enthält das Tretlager und ist hohen Belastungen ausgesetzt.

Oben: Gemuffte Bauweise war mehr als hundert Jahre der Standard, geht jetzt aber zurück. Die Muffe steift die Verbindung aus und stellt eine größere Fläche fürs Löten bereit.

PFLEGE DES RAHMENS

Schwierigkeitsgrad: mittel
Werkzeuge: Reinigungsbürste, Marken-Lösungsmittel, Lackstift, Sprühwachs

Entwässerungslöcher

Der Bereich rund um das Tretlager ist am stärksten korrosionsgefährdet. Hier sammelt sich alles (Kondens-)Wasser. Bohren Sie daher in das Tretlagergehäuse ein kleines Loch (3 mm Durchmesser). Dadurch fließt alles Wasser ab.

Rahmenschutz

Besitzer leichter Qualitätsrahmen (insbesondere MTB) können die unlackierte Innenseite des Rahmens schützen mit einer Hohlraumversiegelung aus dem Automobilbereich. Es fließt von sich aus in alle Spalten. Man kann auch ein Mineralöl einsetzen. Der Rahmen wird dadurch allerdings 40 Gramm schwerer.

1. Entfernen Sie Tretlager und Gabel.

2. Körnern Sie das Tretlagergehäuse an, und bohren Sie mit einem dünnen Bohrer vor. Dann arbeiten Sie mit einem stärkeren Bohrer mit wenigstens 3 mm Durchmesser weiter. Entfernen Sie dann den Grat im Inneren des Tretlagergehäuses mit einer Feile oder einem stumpfen Schraubenzieher.

3. Stopfen Sie Zeitung in das Aufnahmeende des Sitzrohres, und ziehen Sie ein Stück Band über die beiden Belüftungslöcher im Steuerrohr.

4. Stellen Sie das Rad auf den Kopf. Sprühen Sie mit dem Adapterröhrchen ca. 7 Sekunden lang Hohlraumversiegelung in das Rohr. Wiederholen Sie das Ganze für das Unterrohr und die Kettenstreben. Stopfen Sie noch mehr Zeitung ins Tretlagergehäuse und drehen den Rahmen ein paarmal, um die Substanz gleichmäßig zu verteilen. Entfernen Sie die Zeitung und lassen Sie den Rahmen wenigstens zwei Tage stehen, damit die überschüssige Versiegelungsflüssigkeit (respektives Öl) aus dem Rahmenrohr austreten kann, ehe Sie das Rad wieder aufbauen.

Wenn Sie auch im Autozubehörhandel nicht die richtige Farbe finden, können Sie es auch mit Nagellack versuchen.

Sie können Ihre Kettenstreben mit Aufsätzen wie dem abgebildeten oder mit Klebeband schützen.

Beschädigungen an den Kettenstreben

Untersuchen Sie den Rahmen in der Nähe der Kettenblätter. Hier kann ein „chainsuck“ Schaden anrichten. So nennt man das Verklemmen der Kette zwischen Rahmen und Kettenblatt. Es gibt aber diverse Vorrichtungen auf dem Markt, die den „chainsuck“ verhindern. So bringen Sie eine solche in zwei Schritten an.

1. Stellen Sie das Rad auf den Kopf und setzen das Teil auf die Kettenstrebe hinter dem Tretlager. Schrauben Sie die vorgesehenen Befestigungsschrauben in ihre Löcher und ziehen sie mit der Hand an.

2. Richten Sie das Teil sorgfältig aus, um Schaltzüge nicht zu berühren. Die L-förmigen Ausschnitte sollen so nah wie möglich an den Kettenblattzähnen sitzen, ohne sie zu berühren. Läßt es sich nicht mit allen drei Kettenblättern synchronisieren, orientieren Sie sich am mittleren Kettenblatt. Schrauben jetzt ganz anziehen und durch Drehung der Kettenblätter feststellen, ob nichts schleift.

Lackschäden beheben

Lackschäden sind unvermeidlich, ihre Behebung auch, will man Korrosion verhindern.

1. Sie brauchen einen Lack, der der Rahmenfarbe am nächsten kommt. Liefert der Fahrradhersteller dergleichen nicht, versuchen Sie es im Autozubehörhandel.

2. Säubern Sie die betroffenen Zonen mit Verdünner und bringen dann etwas Lack auf. Erst trocknen lassen, ehe Sie weitere Schichten auftragen.

3. Mit Schmirgelpapier die nachlakkierte Stelle vorsichtig glätten, bis sie bündig mit der restlichen Lackierung steht. Dann polieren.

Schutz vor Kratzern

Oberflächenkratzer kann man durch wasserdichtes, durchsichtiges Band verhindern. Man sollte es am Oberrohr und dort anwenden, wo Kabel am Rahmen scheuern.

Schützen Sie das Rahmeninnere mit einer Hohlraumversiegelung aus dem Automobilbereich.

DER STEUERSATZ

Der Steuersatz kontrolliert die Bewegung der Gabel. Er enthält Kugellager oder Nadellager, die sauber eingestellt sein müssen. Es gibt zwei Grundtypen des Steuersatzes: den Gewindetyp, der auf einer Gabel mit Gewinde im Steuerrohr sitzt, und den gewindelosen Typ, der mit einem Inbusschlüssel befestigt wird (Aheadset).

Steuersatz-Teile

● Der untere Konus: Er paßt auf die Gabelkrone und hat normalerweise eine Dichtung, um die Kugellager zu schützen.

● Kugellager: Die Walzen- oder Nadellager haben eine größere Oberfläche als die meistens eingesetzten Kugellager und dadurch eine längere Lebensdauer.

● Obere und untere Schalen: Sie passen in den Rahmen und schützen die Lager.

Abmessungen

● Größen: Es gibt drei gängige Maße, nämlich 1 Zoll, 1 1/8 Zoll und 1 1/4 Zoll.

● Einbaumaß: Bei dem Einbaumaß handelt es sich um die für den Steuersatz benötigte Länge des Gabelschaftes. Es wird gemessen von der Unterseite des Gabelkonus bis zum oberen Konterring.

Benutzen Sie einen Inbusschlüssel, um den Vorbau am Lenker zu befestigen.

TIP

● Wenn Sie einen neuen Steuersatz im Handel kaufen, werden Sie nach Größe und Typ gefragt. Im Zweifelsfall kontaktieren Sie den Hersteller Ihres Fahrrades. Die Redaktion einer Fahrradzeitschrift kann Ihnen die Adresse geben.

Rechts: Wenn Sie eine neue Gabel einsetzen, achten Sie darauf, daß die Spitze des Steuerrohrs sich wenigstens 2 mm unter der Spitze des Ahead-Vorbaus befindet.

Links: Benutzen Sie einen 5-mm-Inbusschlüssel, um Spiel in der Lenkung zu beseitigen.

Steuersatzeinstellung

Schwierigkeitsgrad: mittel
Werkzeug: 5-mm- und 6-mm-Inbusschlüssel für gewindelosen Steuersatz (Aheadset); zwei Steuersatzschlüssel für konventionellen Steuersatz

Konventioneller Steuersatz

1. Daumen und Zeigefinger um die unteren Komponenten des Steuersatzes legen. Mit der rechten Hand den Bremshebel betätigen und das Rad nach vorn schieben. Ist Spiel zu spüren, lockern Sie die Kontermutter oben. Dann drehen Sie die Mutter darunter im Uhrzeigersinn, bis Sie Widerstand spüren.
2. Während Sie die obere Mutter mit einem Schlüssel halten, ziehen Sie die untere Mutter fest, bis sie sich nicht mehr bewegt.

Gewindeloser Steuersatz

1. Der am häufigsten anzutreffende gewindelose Steuersatz hat eine 5-mm-Schraube oben und eine 5-mm-Inbusschraube an der Seite. Das ebenfalls populäre Diatech-Modell hat nur eine einzige Inbusschraube zur Justierung der Lager.
2. Wenn Sie Spiel spüren, verwenden Sie dieselbe Methode, wie oben unter Punkt 1 beschrieben: Lösen Sie die seitliche Schraube und drehen die obere Schraube eine Achtelumdrehung. Achten Sie darauf, daß Ihr Lenker gerade steht, bevor Sie die seitliche Schraube wieder fest anziehen.

Nachschmieren des Steuersatzes

Schwierigkeitsgrad: mittel
Steuersatzlager sind zwar gedichtet, aber korrosionsgefährdet, weil das Vorderrad bei jedem Stoß Wasserspritzer hochschleudert. Dagegen helfen die folgenden drei Schritte zum Nachschmieren:

1. Entfernen Sie das Vorderrad und drehen den Lenker hin und her. Auftretende Rauheiten müssen erforscht werden.
2. Setzen Sie das Fahrrad in einen Montageständer. Bei einem Steuersatz mit Gewinde lösen Sie die obere Mutter, entfernen die Vorbauschraube und klopfen mit einem Hammer darauf, um den Spreizkonus zu lösen. Heben Sie den Lenker heraus. Während Sie die Gabel halten, schlagen Sie auf den Vorbau mit einem Gummihammer, um die Gabel vom Steuersatz zu trennen. Bei einem gewindelosen Steuersatz lösen Sie die Inbusschrauben oben und an der Seite. Heben Sie den Lenker heraus.
3. Bei einem Steuersatz mit Gewinde halten Sie die Gabel fest, während Sie die einzelnen Teile entfernen. Wischen Sie altes Fett und Schmutz von den Kugellaufbahnen und untersuchen die Lager. Tauschen Sie sie schon bei leichtem Rost aus. Es gibt keine gängigen Größen für die Kugellager, deswegen müssen Sie die alten mit ins Geschäft bringen.

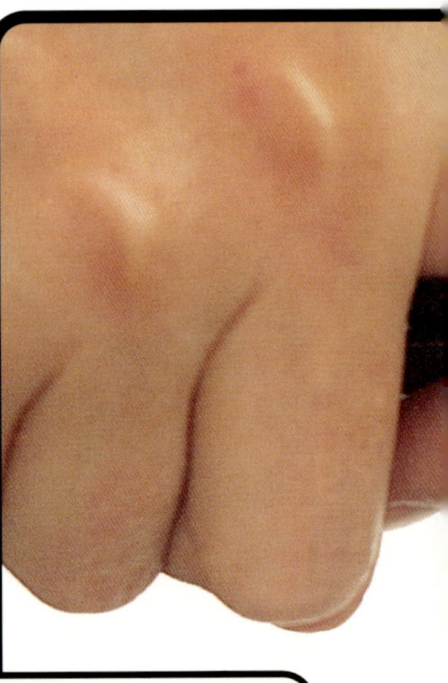

LENKER UND VORBAU

Schwierigkeitsgrad: mittel
Werkzeuge: 5-mm- und 6-mm-Inbusschlüssel. Eventuell passender Inbusschlüssel für Grip Shift. Schraubenzieher, Sprühöl, wasserabweisendes Fett

Wenn Sie den alten Vorbau mit einem Schraubenzieher aufstemmen, können Sie Kratzer im Lenker vermeiden. Zwängen Sie den Lenker niemals in einen zu engen Vorbau. Erkundigen Sie sich lieber in einem kompetenten Fachgeschäft nach der Kompatibilität.

Lenker-Reichweite

Die Lenker-Reichweite ist eine Frage der persönlichen Vorlieben. Im Prinzip geht es darum, den Abstand Sattel-Lenker so einzustellen, daß die Gewichtsverteilung als optimal empfunden wird. Auch der Fahrstil und die Komfortorientierung des Fahrers spielen hier eine Rolle. Die Anpassung des Abstands erfolgt über ein breites Angebot an Lenkervorbauten, darunter auch verstellbare. Die Variationsbreite setzt sich bei den Lenkern fort, was Abmessungen und Formen betrifft. Hinsichtlich der optimalen Körperhaltung sollten Lenker und Vorbau gemeinsam betrachtet werden. Die Tabelle auf Seite 161 hilft Ihnen, die richtigen Maße zu wählen.

Die MTB-Hersteller haben Jahre gebraucht, um für den Massenmarkt geeignete Lenkerformen zu finden. Da sie es inzwischen geschafft haben, besteht in der Regel keine Veranlassung, den serienmäßigen Lenker zu wechseln. Downhill-Fahrer bevorzugen oft einen 3 cm kürzeren Vorbau als Cross-Country-Fahrer. Auch Rückenprobleme können Anlaß für einen Vorbautausch sein.

TIPS

- Die Kraft, die auf ein Lenkerende während eines Sturzes ausgeübt wird, kann den Lenker an einer Stelle eindellen. Sie können den Lenker hinter der Delle absägen, aber selten genug hat er danach noch die richtige Länge.
- Wenn Sie einen neuen konventionellen Vorbau ordern, achten Sie auf den richtigen Durchmesser. 25,4 mm entsprechen 1 Zoll, 30,2 mm 1 1/8 Zoll, und 35 mm 1 1/4 Zoll.

Oben: Unterschreiten Sie niemals die Mindesteinstecktiefe, die auf dem Vorbau markiert ist.

Rechts: Überprüfen Sie, ob der Vorbau festsitzt. Klemmen Sie das Vorderrad zwischen die Beine und versuchen den Lenker zu drehen. Siehe Punkt 5 rechts.

Unten: Eingedellte Lenker sind gefährlich. Sägen Sie den Lenker hinter der Delle ab.

Lenkerhöhe

Mit Lenkerhöhe ist hier das Maß gemeint, um das der Lenker höher über dem Boden steht als der Sattel. Es geht also um die Neigung des Oberkörpers. Der Verstellbereich der meisten Vorbauten beträgt nur 2 cm. Die aerodynamischste Position ist natürlich die tiefste, sie ist aber auch die, die Ihren Rücken am meisten belastet. Gewöhnen Sie Ihren Körper also langsam daran. Downhillfahrer bevorzugen höhere Lenker. Auf Seite 161 finden Sie eine Tabelle mit Lenkermaßen.

Lenkertausch

1. Wenn ein Lenker als Sturzfolge gebrochen ist, achten Sie auch auf weitere Schäden am Rad.
2. Entfernen Sie die Griffe. Stoßen Sie dazu einen Schraubenzieher unter den Griff und spritzen ein dünnes Schmiermittel ein. Arbeiten Sie sich mit dem Schraubenzieher rundherum. Entfernen Sie dann auch Schalt- und Bremsgriffe.
3. Um einen Aheadset-Vorbau zu entfernen, lösen Sie die obere und dann die seitliche Schraube, heben die Vorbau-Lenker-Einheit heraus und achten darauf, daß Distanzringe nicht verlorengehen.
4. Um einen konventionellen Vorbau zu entfernen, lassen Sie den Lenker in Position, drehen die obere Inbusschraube gegen den Uhrzeigersinn und heben die Vorbau-Lenker-Einheit heraus.
5. Um einen neuen Aheadset-Vorbau zu montieren, müssen Sie zunächst die passende Anzahl an Distanzscheiben dazwischenlegen, um eine korrekte Einschubtiefe des Vorbaus in die Gabel zu erreichen. Setzen Sie Lenker und Griffe in Position und ziehen Sie sie so fest, daß sie sich nicht mehr drehen können - nicht fester.
6. Konventionelle Vorbauten sollten vor dem Einbau geschmiert werden. Bedecken Sie die gleitenden Oberflächen und Außenseiten des Spreizkonus, die Schraubengewinde und die Unterseite des Schraubenkopfes mit Fett.

Erwarten Sie nicht, daß Lenker und Vorbau ewig halten. Gebrochene Lenker und Vorbauten sind durchaus nicht selten. Sie sollten Sie nach einem Sturz inspizieren.

SATTELSTÜTZEN

Schwierigkeitsgrad: möglicherweise schwierig
Werkzeuge: 5-mm- und 6-mm-Inbusschlüssel, Kriechöl, Fett, Lineal

Sattelstützen werden normalerweise aus Alu gemacht und sind nicht gegen Korrosion geschützt. Fett wirkt dem entgegen und verhindert, daß die Stütze im Rahmen festkorrodiert. Um zu verhindern, daß die Stütze unter Last absinkt, muß sie sehr gut befestigt sein.

Herausziehen der Sattelstütze: Sattel entfernen und im Schraubstock einspannen. Dann ziehen, drehen und rütteln.

Überlegt kaufen

Bevor Sie ein gebrauchtes Rad kaufen, versuchen Sie, die Sattelstütze herauszuziehen. In Extremfällen wird ein Schweißbrenner benötigt, um die Stütze zu entfernen.

Lösen der Sattelstütze

Wenn Ihre Stütze nicht durch Drehen und Ziehen am Sattel gelöst werden kann, greifen Sie nicht gleich zum Schweißbrenner. Machen Sie lieber folgenden Versuch.

1. Bauen Sie das Tretlager aus und stellen das Rad auf den Kopf. Dann sprühen Sie Öl ins Sitzrohr. Wenigstens 24 Stunden einweichen lassen.
2. Entfernen Sie beide Laufräder und den Sattel. Dann klemmen Sie die Sattelstütze in einen Schraubstock. Wenn die Stütze eine separate Sattelklaue hat, schneiden Sie den schmaleren Abschnitt an der Spitze ab und plazieren einen kurzen Stahlstift im Rohr, ehe Sie die Stütze klemmen.
   Drehen und heben Sie das Fahrrad gleichzeitig, um die Stütze zu befreien, indem Sie den Rahmen als Hebel benutzen. Funktioniert dies auch nicht, demontieren Sie das Rad vollständig, um den Rahmen einem Rahmenbauer anzuvertrauen. Er wird die Sattelstütze mit einem Schweißbrenner „herausschmelzen".
3. Bevor Sie eine neue Stütze einsetzen, schmieren Sie sie von außen mit Fett ein. Die Stütze verträgt alle drei Monate frisches Fett.

TIP

● Wenn Sie eine neue Sattelstütze kaufen, achten Sie auf den Durchmesser. Wenn auf dem Rohr nichts vermerkt ist, im Geschäft beraten lassen.

Sättel

Die Wahl des richtigen Sattels ist eine sehr persönliche Angelegenheit. Erfahrene Radfahrer haben ihre Lieblingsmarken und -modelle, etwa aus der Brooks-Kollektion oder den Selle Italia Flite oder den Selle Royal Ergogel. Anfänger tauschen den Sattel in der Hoffnung aus, ihrem wunden Po damit abzuhelfen. Dabei bringen eine saubere Ausrichtung des Sattels und eine spezielle Radhose oft mehr. Die serienmäßig mit Fahrrädern ausgelieferten Sättel sind aber oft für Frauen nicht geeignet. Spezielle Frauensättel sind hinten breiter und vorn ausgeschnitten.

Wenn Ihr Fahrrad auf einem ebenem Untergrund steht, können Sie den Sattel waagerecht einstellen, am komfortabelsten natürlich mit einer Wasserwaage.

Oben: Ziehen Sie die Befestigungsschraube sehr fest an; dafür brauchen Sie einen Schlüssel mit langem Hebel.

Rechts: Beachten Sie unbedingt die Markierung für die Mindesteinstecktiefe, sonst bringen Sie sich in Gefahr.

TIP

● Wenn Ihr Fahrrad eine billige Sattelstütze hat, neigt diese zum „Abtauchen". Auf Dauer hilft dagegen nur eine neue, bessere Stütze.

Satteljustierung

1. Justieren Sie den Sattelwinkel so, daß er absolut waagerecht steht, dann ziehen Sie die Schraube fest an.
2. Achten Sie auf die korrekte Sattelhöhe. Sie sollten Ihr Knie noch ganz leicht angewinkelt haben, wenn Sie mit dem Ballen auf dem untenstehenden Pedal (6-Uhr-Position) stehen. Oder Sie multiplizieren Ihre Schrittlänge mit 1,07. Ob Sie den Sattel weiter vor oder weiter zurückstellen müssen, erfahren Sie auf Seite 161.
3. Lösen Sie die Befestigungsschraube an der Spitze des Sitzrohres und nehmen einen Zollstock zu Hilfe, um die Sitzhöhe richtig einzustellen. Messen Sie von der Tretlagermitte bis zur Satteloberfläche. Wenn die korrekte Sattelhöhe einen zu langen Auszug der Sattelstütze zur Folge hat (also über die markierte Mindesteinstecktiefe hinaus), brauchen Sie eine längere Sattelstütze.
4. Nach dem Festziehen der Schraube durch Druck auf den Sattel überprüfen, ob die Stütze nicht einsinkt.

PEDALE MIT HAKEN

Schwierigkeitsgrad: schwierig
Werkzeuge: passender Schlüssel zur Entfernung der Kontermutter, (gewöhnlich 8 oder 10 mm), kleiner Schraubenzieher, Kreuzschlitzschraubenzieher oder 4/5-mm-Inbusschlüssel, Fettspritze, Pedallager

Pedale mit Haken und Riemen sind im Grunde simpel. Achten Sie aber auf lose Kontermuttern, und schmieren Sie die Kugellager regelmäßig nach - besonders nach Fahrten durch Nässe.

Pedale, die für die Anbringung von Haken und Riemen vorgesehen sind, sind seit dem Durchbruch von Systempedalen auf dem Rückzug. Es gibt einfachere Modelle, an denen praktisch nichts zu demontieren, also auch nichts zu reparieren ist. Da sie in der Regel auch billig sind, wirft man sie im Falle eines Defektes weg. Höherwertige Pedale mit Metallkörpern lohnen die Wartung, die meistens die Kugellager betrifft.

Hier ist die regelmäßige Wartung unterblieben, sonst wäre die Korrosion nicht so weit fortgeschritten.

1. Schrauben Sie die Schrauben heraus, die die Käfigplatte sichern, und legen Sie sie an einen sicheren Platz.
2. Stemmen oder schrauben Sie (je nach Konstruktion) die Endkappe auf.
3. Spannen Sie das Pedal mit der Achse in einen Schraubstock und drehen die äußere Achsmutter gegen den Uhrzeigersinn, dann heben Sie die Nasenscheibe heraus und schrauben den Konus ab.
4. Halten Sie die Achse zwischen Daumen und Zeigefinger fest und entfernen das Pedal aus den Klauen des Schraubstocks. Stecken Sie das Pedal in eine Plastiktüte und drehen es um. Achse und Kugellager fallen heraus.
   Reinigen und inspizieren Sie die Lager auf Kraterung. Die Achse dürfte am ehesten Wirkung zeigen.
5. Setzen Sie möglichst neue Kugellager ein, denn sie kosten wenig, und die alten werden stets etwas abgenutzt sein. Nehmen Sie sie zum Fahrradgeschäft mit, um den richtigen Ersatz zu kaufen.
6. Halten Sie die Kugeln mit Fett am Platz. Setzen Sie die Achse in den Schraubstock und schieben das Pedal vorsichtig darüber. Setzen Sie den Konus wieder ein und drehen ihn im Uhrzeigersinn bis zum Anschlag ein. Dann drehen Sie ihn wieder etwas los. Setzen Sie die Nasenscheibe (soweit vorhanden) und die Kontermutter auf, die Sie dann voll anziehen. Rütteln Sie am Pedal, um das Lagerspiel zu überprüfen. Läßt sich die Achse nur schwer oder gar nicht drehen, lösen Sie die Kontermutter und drehen den Konus ein wenig gegen den Uhrzeigersinn; bei zuviel Lagerspiel im Uhrzeigersinn. Danach Kontermutter wieder anziehen.
7. Wenn nicht schon vorhanden, bohren Sie ein Loch von 1,5 mm in die Staubkappe des Pedals, um es als Nachschmieröffnung für eine Fettspritze zu benutzen.
8. Wenn Sie Ihre Pedale nachschmieren, drücken Sie solange Fett nach, bis das alte herausgekommen ist.

Oben: Die schmale Lager-Oberfläche dieser Achse zeigt den schnellen Verschleiß an.

FACHBEGRIFFE

● **Käfigplatte:** Das ist der Teil des Pedals, auf dem Ihre Füße stehen.

● **Konus:** Das Teil, das für die Feineinstellung der Kugellager auf die Achse geschraubt wird.

Rechts: Pedalteile sind winzig. Legen Sie sie während der Arbeiten an einen sicheren Platz.

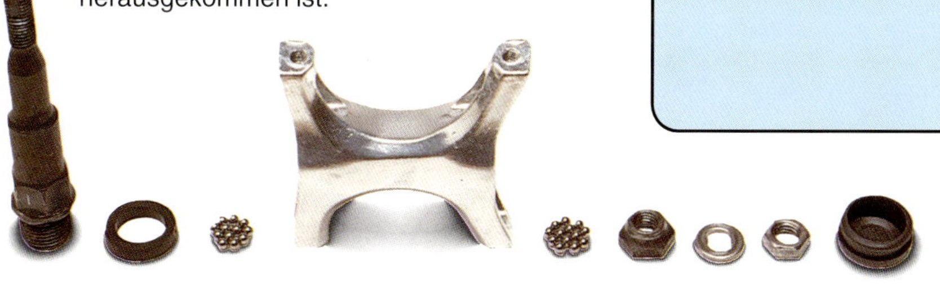

SPD-PEDALE

Schwierigkeitsgrad: schwierig
Werkzeuge: Schraubstock, 6-mm- oder kleiner einstellbarer Maulschlüssel, 10-mm-Maulschlüssel, Kreuzschlitzschraubenzieher, sehr kleiner Schraubenzieher mit flacher Klinge, spezielles Shimano-Werkzeug, 44 Kugellager in 3/32 Zoll

Oben: Mit dem Spezialwerkzeug drehen Sie die Achseinheit in den Pedalkörper. Wenn Sie den Pedalkörper in den Schraubstock einspannen, übertreiben Sie das Zusammendrücken nicht.

Systempedale scheinen an Rennrädern ewig zu halten. Nicht so bei MTBs: Hier muß regelmäßig Hand angelegt werden. Das allgegenwärtige Shimano-SPD-Pedal wird hier behandelt. Dabei stellt sich heraus: Der graue Plastikring, der mit ihm ausgeliefert wird, hat tatsächlich eine Bedeutung.

1. Säubern Sie das Pedal und holen den Dreck mit einer alten Speiche auch aus den Ritzen.
2. Jetzt setzen Sie das erwähnte graue Teil auf die rechte Pedalachse, spannen es dann in einen Schraubstock ein, packen den Pedalkörper und drehen ihn im Uhrzeigersinn, um die Einheit zu zerlegen. Beim linken Pedal gegen den Uhrzeigersinn aufdrehen.
3. Jetzt die Achse in den Schraubstock einspannen. Lösen Sie die Kontermutter mit einem 6-mm-Schlüssel, dann den Konterring und den Konus. Legen Sie die Lagereinheit an einen sicheren Platz und ziehen die Manschette von der Achse. Die Kugellager fallen heraus. Überprüfen Sie die Kugellaufbahnen auf Kraterung. Inspizieren Sie das empfindliche Plastikgewinde der Kugelhalte-Manschette auf Schäden, und tauschen Sie sie notfalls gegen eine Manschette aus Aluminium aus, die sie im Fahrradgeschäft kaufen können.

Obwohl so klein, halten diese Pedalteile jahrelang, wenn sie gut gepflegt sind.

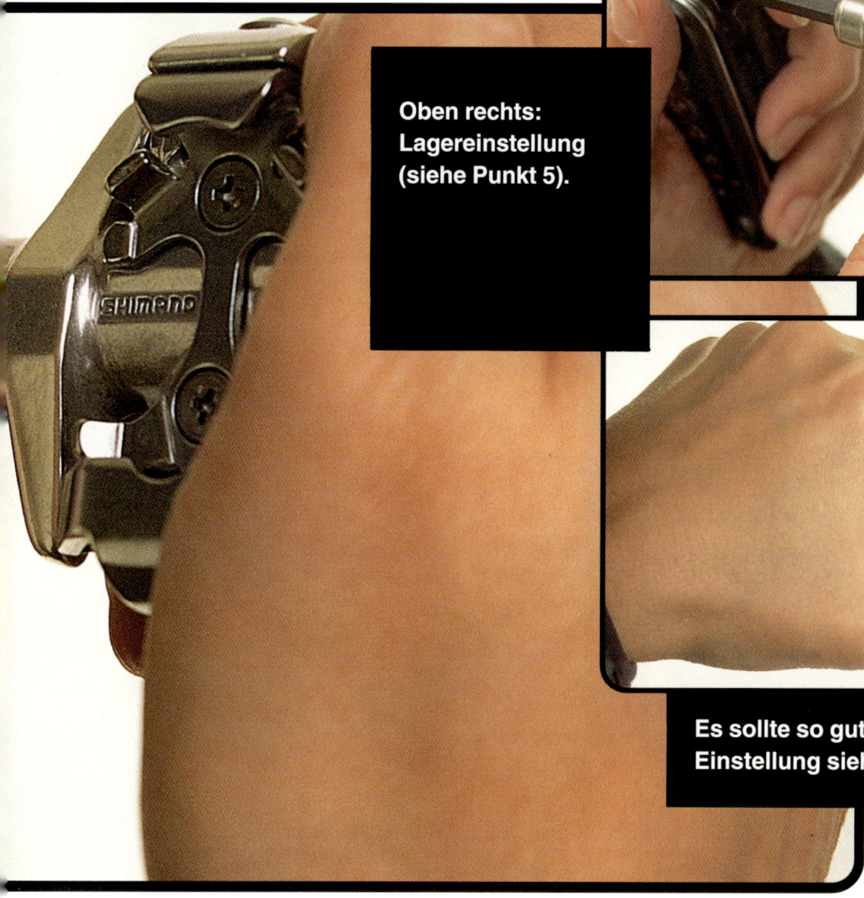

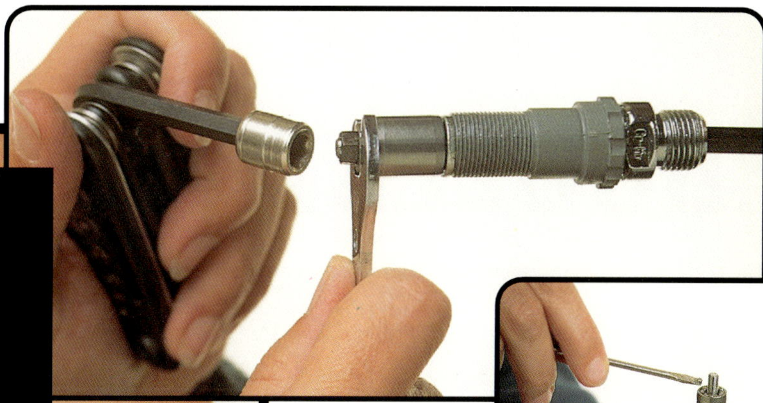

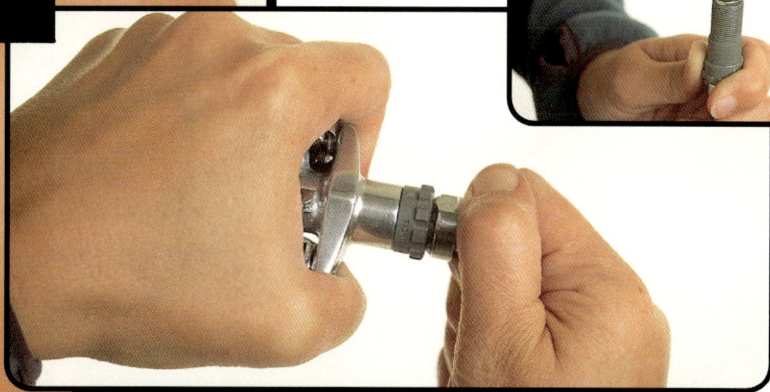

Oben rechts: Lagereinstellung (siehe Punkt 5).

Es sollte so gut wie kein spürbares Lagerspiel geben. Einstellung siehe Punkt 5.

4. Dann die Manschette wieder auf Achse stülpen, gefolgt von der schmalen Unterlegscheibe, und zwar mit der Abschrägung nach oben. Klebriges Fett auf die Achse anbringen. 3/32-Zoll-Kugeln um die Unterlegscheibe gruppieren. Schieben Sie die Metallmanschette über die Achse und schieben das Plastikröhrchen durch. Bringen Sie weitere Kugeln um den äußeren Rand der Manschette an, und lassen Sie Konus, Nasenscheibe und Kontermutter folgen.
5. Halten Sie mit einem 10-mm-Schlüssel den Konus und stellen das Lagerspiel so ein, daß es noch spürbar ist, wenn die Manschette bewegt wird. Dann Kontermutter mit 6-mm-Schlüssel fest anziehen.
6. Pressen Sie Fett in den Pedalkörper, ehe Sie die Achse montieren. Achse dann vorsichtig einsetzen und schrauben. Dann fest anziehen (Werkzeug). Wenn die Lager rauh laufen, Achseinheit ausbauen und Kontermutter lockern; dann Konus eine Achtelumdrehung gegen den Uhrzeigersinn drehen. Dann Kontermutter wieder gegen den Konus festziehen.

TIPS

● Wenn Sie die Achseinheit im rechten Pedal ausbauen, Pedalkörper im Uhrzeigersinn drehen.

● Wenn sich das Pedal ohne Losschrauben dreht, ist das Gewinde ausgeschlagen. Pedalachse in den Schraubstock einspannen, und Pedalkörper mit einem Gaskocher erwärmen. Wenn der graue Plastikring Blasen zu werfen beginnt, ziehen Sie das Pedal mit einer Schweißzange von der Achse ab. Dämpfe nicht einatmen. Diese Prozedur erfordert sehr viel Umsicht. Wenn Sie die Achseinheit herausschmelzen müssen, suchen Sie einen gut belüfteten Raum und öffnen die Fenster; die Dämpfe sind giftig.

● Versuchen Sie nicht, die Federn im SPD-Mechanismus auszubauen. Es ist nicht notwendig, und der Wiedereinbau ist obendrein extrem schwierig.

● Die vier Kreuzschlitzschrauben, die die Platte des XT-SPD-Pedals halten, machen sich gern selbständig. Verpassen Sie ihnen einen Tropfen Klebstoff.

PROBLEMLÖSUNGEN

Symptom	**Ursache**
Gesäßschmerzen	Sattel auf falscher Höhe/falscher Satteltyp
Schlechter Komfort	Gekrümmte oder gestreckte Sitzposition
Handgelenke schmerzen	Gekrümmte Sitzposition
Fahrrad schwammig und schwer zu lenken	Festsitzende Kugellager im Steuersatz oder lose Speichen
Gänge rattern	Kabel gedehnt
Kette will nicht aufs kleine Kettenblatt	Schlecht justierte Gangschaltung
Kette fällt wiederholt herunter	Schlecht justierte Gangschaltung
Fahrrad vibriert beim Bremsen	Eingebeultes oder dezentriertes Laufrad
Knarzgeräusche bei jeder Pedalumdrehung	Tretkurbel lose
Leichtes Knacken bei jeder Pedalumdrehung	Steifes Kettenglied
Häufige Reifenpannen	Zuwenig Luft in den Reifen/Fremdkörper im Reifenprofil
Klopfen beim Überfahren unebener Stellen	Steuersatz lose
Fahrrad zieht zu einer Seite hin	Gabel oder sogar Rahmen verbogen

Abhilfe	siehe Seite...
Höhe justieren/Sattel wechseln	171
Sattel nach vorn/hinten verschieben oder Vorbau wechseln	171
Vorbau wechseln	168
Lenkung und/oder Speichenspannung justieren	122 und 168
Kabel straffer anziehen	140
Untere Schaltwegsbegrenzungsschraube justieren	140
Obere oder untere Schaltwegsbegrenzungsschraube justieren	140
Laufrad mit Speichenschlüssel zentrieren	122
Kurbel befestigen	146
Kette mit Händen oder Oberteil des Kettenwerkzeugs bearbeiten	150
Zum Aufpumpen Standpumpe mit Druckanzeige benutzen/Fremdkörper mit stumpfem Messer entfernen	120
Steuersatz einstellen	166
Neuer Rahmen/Gabel	

TUNING
OPTIMIEREN SIE IHR MTB

Je besser Ihr Fahrrad ist, desto mehr Fahrspaß bereitet es. Die Einsteigermodelle können dies nur eingeschränkt bieten - eine Aufrüstung muß her. Natürlich gibt es Grenzen der Aufrüstung. Manchmal lohnt sich eher ein kompletter Neukauf.

Lenkerhörnchen (Bar Ends) sind ein populäres Nachrüstteil am MTB. Man kann die Handhaltung variieren und den Druck auf die Unterarme vermindern.

Federgabel

Eine der wichtigsten Nachrüstteile am Markt. Sie steigert Komfort, macht das Fahren im Gelände leichter, verbessert die Kontrolle und vermeidet vorzeitige Ermüdung.

notwendig

Lenkerhörnchen

Sie geben Ihnen eine weitere Griffposition, falls Sie nur eine schlichte „Turnstange" als Lenker haben. Für Bergauffahrten im Wiegetritt sehr gut geeignet. Sie entlasten aber auch die Unterarme auf langen Fahrten. Sie sind in verschiedenen Längen erhältlich.

nützlich

Haken und Riemen

Sie verhindern, daß man mit dem Fuß vom Pedal abrutscht. Am Berg kann man zur Unterstützung auch das Pedal während der Aufwärtsbewegung ziehen. Ziehen Sie die Riemen deswegen bergauf fest an, lassen sie aber ansonsten recht lose, damit Sie notfalls rasch herausschlüpfen können - ein Punkt, der hier ohnehin weniger gut gelöst ist als bei Systempedalen.

sehr nützlich

Oben links und oben: MTB-Reifen gibt es in allen erdenklichen Breiten und Profilen. Die Stollen können je nach Einsatzgebiet weich oder hart ausgeführt sein. Aus ihrer Anordnung machen die Insider eine Wissenschaft. Inzwischen gibt es sogar laufrichtungsgebundene Reifen separat fürs Vorder- und Hinterrad. Solange Sie mehr Straße als Gelände fahren, ist der reine Slick (oben) die beste Wahl.

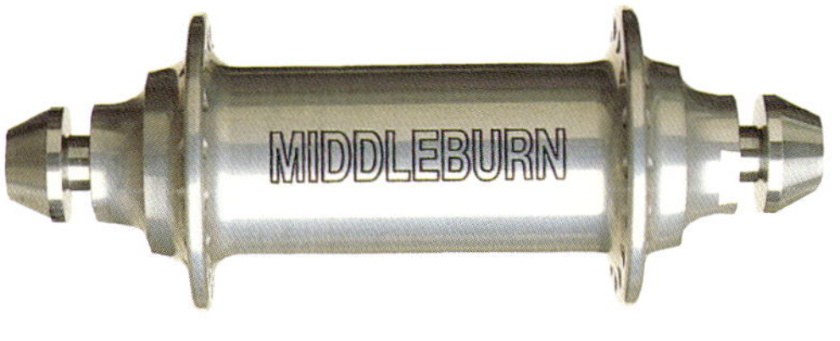

Links: Titan- und sonstige Edelnaben sind ein beliebtes Tuning-Teil fürs MTB.

Systempedale

Im Vergleich zu Haken und Riemen verläuft die Gewöhnung an Systempedale schneller und reibungsloser. Im Gebrauch sind sie letztlich simpler. Sie sind aber nicht ganz billig, denn auf den Preis müssen Sie noch die Anschaffung von kompatiblen Systemschuhen dazurechnen.

nützlich

Sattel

Im Falle eines wunden Gesäßes sollten Sie zuerst in eine gute Radlerhose investieren und nicht in einen teureren Sattel.

Die meisten besseren Fahrräder sind jedoch nicht mit frauengeeigneten Sätteln ausgestattet. Auf Seite 171 können Sie Details dazu nachlesen.

sehr nützlich

Reflexband

Setzen Sie Reflexbänder anstelle von Speichenreflektoren ein, sparen Sie 180 Gramm Gewicht und beeinträchtigen die Speichen nicht.

nützlich

Latex-Schläuche

Das Rotationsgewicht kleinzuhalten, ist besonders für Beschleunigung und Bergauffahrten wichtig. Latexschläuche sind 50 Gramm leichter und wenn es darauf ankommt auch noch leichter zu reparieren.

sehr nützlich

FEDERUNG

Federgabeln sind immer populärer geworden. Bei guter Konstruktion wirken sie stoßabsorbierend und schonen damit nicht nur den Fahrer, sondern auch sein Material. Am meisten verbreitet sind die Teleskop-Typen, wo der obere Teil und der untere Teil unter Druck ineinander eintauchen. Diese Bewegung wird entweder von einer Feder oder einem Elastomer genannten Gummiblock gesteuert. Für die Wirkung der Feder spielt Schmierung eine wichtige Rolle, die unter Stoßbelastung entweichen könnte. Darauf muß bei der Wartung geachtet werden.

Federung ohne Dämpfung

Die Gabel hat normalerweise eine Dämpfung, damit die Feder bei abrupten Stößen nicht bis zum Anschlag durchschlägt. Ohne eine Dämpfung kämen Sie sich bald wie ein Rodeo-Reiter vor. Die besseren Gabeln haben außerdem eine Einstellmöglichkeit für die Dämpfung zur Beeinflussung der Federkennlinie. Auch die Einstellung der Federung auf Fahrergewichte und Terrain ist möglich.

Fakten zur Federung

Luft-/Öl-Gabeln haben Spiralfedern aus Stahl und eine Reihe von Ventile, durch die Öl gepreßt wird: Damit wird das Ein- und Ausfedern reguliert.

Von „full suspension", also Vollfederung, spricht man, wenn außer der Federgabel auch ein Federelement im Hinterbau des Rahmens vorgesehen ist. Damit ist dann das gesamte Rad abgefedert. Hierbei muß auf gute Schmierung der Reibungsflächen geachtet werden, sonst gibt es Knarzgeräusche.

Wenn Sie die Gabeln demontieren, Kappe gegen den Uhrzeigersinn drehen.

Hydraulische Gabeln brauchen Luft. Achten Sie auf die Hersteller-Empfehlungen.

Arbeiten an Elastomer-Gabeln

Elastomer-Gabeln müssen nach sechs Stunden reiner Fahrzeit nachgeschmiert werden. Dabei auch auf Abnutzung achten. Betätigen Sie die Vorderbremse, und rütteln Sie das Fahrrad vor und zurück. Wenn Spiel zu spüren und Geräusche zu hören sind, sollte sich das eine Fahrradwerkstatt ansehen. Vielleicht müssen Buchsen ausgetauscht werden. Das dafür benötigte Spezialwerkzeug lohnt die Anschaffung nicht. Ansonsten folgen Sie den nachstehenden sechs Schritten.

Schwierigkeitsgrad: schwierig

Werkzeuge: 4-mm- und 5-mm-Sechskantschlüssel, spezielles Gabelfett, Stück Rundholz, Lappen

1. Es gibt keinen Anlaß, die Gabel ganz zu demontieren. Um die oberen und unteren Beine der Gabel zu trennen, schrauben Sie die 5-mm-Inbusschrauben am Boden jedes Beins auf. Ein Freund muß die Gabelscheiden zusammendrücken, wenn die Schrauben durchdrehen.
2. Ziehen Sie die unteren Scheiden aus den oberen heraus.
3. Reinigen Sie die oberen Scheiden und die Oberflächen der Gelenke im Inneren der unteren Scheiden mit einem Lappen und drücken verbrauchtes Fett heraus.
4. Lösen Sie die 4- oder 5-mm-Schrauben an der Krone, dann schrauben Sie die Abdeckkappen-Einheit gegen den Uhrzeigersinn auf und entnehmen Haltestange, Elastomer und Federn. Reinigen Sie die Haltestange mit einem Lappen.
5. Tragen Sie etwas Spezialfett auf die Buchsen in den unteren Scheiden auf. Vielleicht brauchen Sie einen Kleiderbügel oder ähnliches, um heranzukommen. Schmieren Sie die Haltestange und setzen die Federn wieder ein, zwischen denen jeweils eine Distanzscheibe liegen muß.
6. Schrauben Sie die Justierkappe und den Elastomer-Spieß zurück in die obere Gabelscheide und fügen die Faltenbalge an. Installieren Sie die oberen Rohre in der Krone und bringen Schraubensicherungskleber auf die dortigen Schraubengewinde auf. Fest anziehen (7 Nm).

Links: Die MCU-Elastomere in der hier abgebildeten Rock Shox Judy haben eine dünne Luftblase, die verschiedene Federcharakteristika bereitstellt.

TIPS

- Verbrauchtes Fett kann von den Buchsen der unteren Scheiden mit einem Lappen entfernt werden, den man um einen Knarrenschlüssel mit Verlängerung wickelt.
- Die Faltenbälge halten den übelsten Schmutz ab, aber es lohnt sich allemal, nach einer Nässefahrt einmal nachzusehen. Saugen Sie mit einem weichen Tuch aufgelaufenes Wasser und Schmutz auf.
- Die Gewinde von Magnesium-Gabelscheiden können beschädigt werden, wenn sie stärker als 7 Nm angezogen werden. Man kann sich dann mit einem Gewindereparatur-Einsatz noch behelfen. Nutzen Sie die Technik-Hotlines aller führenden Federgabel-Anbieter, oder konsultieren Sie einen Motorradhändler.

Links: Das Öl für die Federgabel sollte genau abgemessen sein.

OPTIMIEREN SIE IHR RENNRAD

Ob Sie verschlissene Teile ersetzen oder Gewicht sparen wollen: Der Austausch von Rennradkomponenten macht Spaß. Das geht hin bis zu CNC-gefrästen Superleicht-Teilen für Hunderte von Mark. Da ist es gar nicht so leicht, Vernunft zu bewahren und herauszufinden, was für die eigenen Zwecke überhaupt geeignet ist.

Gewicht

Beachten Sie, daß Gewichtsersparnis vor allem bei den rotierenden Teilen (Laufräder, Reifen, Kränze etc.) eine Rolle spielt.

Komfort

Für Radtouren lohnt es sich, in Komfort und Bequemlichkeit zu investieren. Rennräder werden oft mit einem kurzen Vorbau geliefert, den Sie gegen einen längeren austauschen können. Schalt-Bremshebel-Kombinationen ermuntern zu häufigerem Schalten, was dem Komfort auch zugute kommt. Für einen starken Gepäckträger oder einen anatomischen Lenker sprechen ebenfalls gute Gründe.

Radcomputer

Ein Radcomputer ist für leistungsorientiertes Fahren unentbehrlich. Sie können momentane Geschwindigkeit, Durchschnittsgeschwindigkeit, Trittfrequenz etc. kontrollieren. Shimano, Campagnolo und Mavic liefern zu ihren Schalthebeln kompatible Computer, die auch eine Ganganzeige liefern.

notwendig

Radcomputer lassen sich leicht montieren und sind für ernsthaftes Rennradfahren unverzichtbar. Selbst die einfachste Ausführung hat schon drei Funktionen, es können aber auch locker zwölf sein.

Rahmen

Der Rahmen ist das Herzstück des Fahrrades, und Sie sollten hier keine Kompromisse machen. Bei schmalem Geldbeutel kombinieren Sie einen Rahmen sehr guter Qualität, der sehr zukunftssicher ist, mit preiswerten Komponenten, die Sie später gegen höherwertige Komponenten austauschen können

notwendig

Oben: Es gibt Sättel, die speziell den Bedürfnissen von Frauen angepaßt sind.

Links: Einsteigermodelle sind häufig mit billigen Reifen ausgestattet. Ein besserer Reifen hat auch eine bessere Kurvenlage, kommt also Ihrem Tempo zugute.

Unten: Schalt-Bremshebel-Kombinationen gibt es jetzt in allen Preisklassen.

Reifen

Auch die Reifen haben Einfluß auf den Fahrkomfort. Ein guter Reifen paßt sich der Fahrbahnoberfläche besser an als ein schlechter. Einige Reifen haben eine Kevlar-Einlage für mehr Pannensicherheit - was auf Radtouren sehr nützlich ist.

sehr nützlich

Speichen

Leichte, konifizierte Speichen wiegen zusammen 50 Gramm weniger als normale und sparen Rotationsgewicht ein.

notwendig

Systempedale

Inzwischen sind Systempedale im Straßenradsport Standard. Man kann leicht ein- und aussteigen, und sie sind im Falle eines Sturzes sicherer als Pedale mit Haken und Riemen. Außerdem können Sie noch fester an den Pedalen ziehen und damit noch mehr Kraft freimachen - besonders wertvoll bergauf.

sehr nützlich

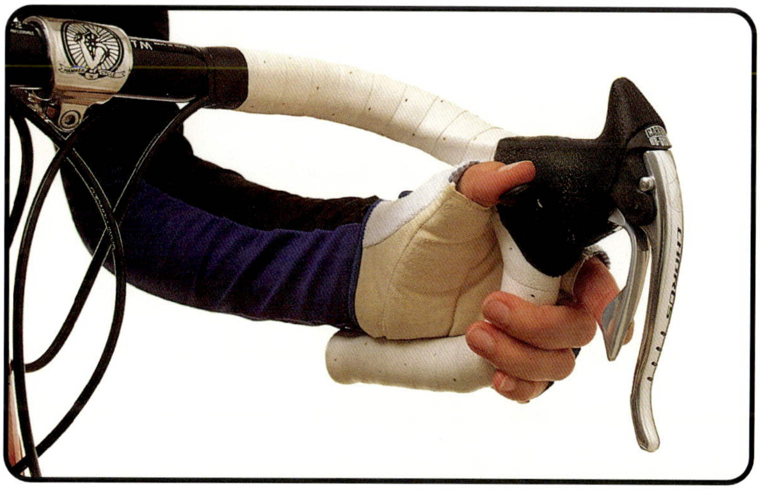

Schalthebel

Selbst an Einsteiger-Rennrädern sind die Schalt-Bremshebel-Kombinationen von Campagnolo und Shimano Standard geworden. Sie sind Unterrohr-Schalthebeln um Längen überlegen. Auch Lenkerendschalter sind verschwunden, weil obige Lösung so überzeugend ist.

notwendig

NÜTZLICHES ZUBEHÖR

Zubehör wie Licht, Radcomputer, Schutzbleche und Gepäckträger machen Ihr Fahrrad vielseitiger. Die Montageanleitungen haben oft abschreckende Wirkung, dabei ist die Montage in der Praxis meist ganz einfach.

TIPS

- Heben Sie die Rechnung auf, falls etwas fehlt. Beim Auspacken also darauf achten, ob alle Einzelteile vorhanden sind.
- Es erleichtert den Auf- oder Anbau eines Teils, wenn Sie wissen, wie der Endzustand aussieht.

Montage eines Radcomputers

1. Umwickeln Sie das Kabel in der Nähe der Stelle, wo das Lesegerät montiert werden soll, mit Klebeband, damit es von den Montagearbeiten nicht in Mitleidenschaft gezogen wird.
2. Das Verbindungskabel zwischen Lesegerät und Magnetsensor müssen Sie so verlegen, daß es bei Lenkbewegungen nicht unter Spannung gerät und abreißt.
3. Wenn Sie im Vorderrad Speichen haben, an denen sich der Magnet nicht montieren läßt, erkundigen Sie sich nach Computermodellen, deren Magnet an der Nabe befestigt wird.
4. Manche Befestigungsschrauben für Magnetsensoren haben recht weiche Köpfe und sollten daher nicht stärker angezogen werden als unbedingt nötig.
5. Die sauberste Methode, den Reifenumfang zu ermitteln, lautet: Mit feuchtem Stift einen Punkt auf Reifen auftragen (Luftdruck muß stimmen), abrollen, mit Zollstock Abstand zwischen zwei Abdrücken des Punktes auf der Straße messen.
6. Kabelbinder direkt an der Verbindung kürzen; schon mancher hat sich beim Fahrradputzen an ihnen verletzt.
7. Bei Regen Radcomputer mit Plastikhülle sichern; vielleicht ist er nicht so wasserdicht, wie in der Werbung versprochen.

TIPS

- Wählen Sie ein Modell mit automatischem Start/Stop.
- Einige ältere Modelle harmonieren nicht mit Federgabeln.

Achten Sie darauf, daß die Schrauben, die den Triathlonaufsatz halten, fest angezogen sind.

Montage von Triathlon-Aufsätzen

1. Wenn Ihr Fahrrad tendenziell schon zu groß für Sie ist, kaufen Sie Triathlon-Aufsätze, die sich auch unter dem Lenker montieren lassen.
2. Lesen Sie die Montageanleitung des Herstellers.
3. Wenn der Aufsatz trotz fest angezogener Verschraubung noch wandern kann, schmirgeln Sie die Anodisierung der Kontaktflächen des Lenkers mit Sand- oder Schmirgelpapier ab (sie ist nämlich zu glatt) und setzen einen kleinen Schraubensicherungskleber ein. Damit es besser paßt, kann man auch Schaumeinlagen einsetzen.
4. An das Ende eines Triathlonaufsatzes lassen sich Lenkerendschalter oder Grip Shifts montieren.

NÜTZLICHES ZUBEHÖR

TIP

● Wenn Ihre Pumpe nicht funktioniert, entfernen Sie die Schraubenkappe und ziehen den Kolben zurück, tragen dann etwas Fett auf der Innenseite des Zylinders auf und setzen alles wieder zusammen. Wenn die Unterlegscheibe am Ende des Kolbens aus Leder ist, beulen Sie sie vor dem Schmieren aus.

Tips für die Montage von Schutzblechen

1. Achten Sie darauf, daß keine Befestigungsschraube die Kette berührt.
2. Die Schutzblechbrücke darf nicht so montiert sein, daß sie das Schutzblech nach oben zieht. Die Streben kann man leicht drücken, um das Schutzblech in die gewünschte Position zu bewegen.
3. Wenn Sie einen Dynamo verwenden wollen, benutzen Sie ein Schutzblech mit integrierter Stromleitschiene.
4. Kürzen Sie die Streben mit einem Seitenschneider. Im Lieferumfang der Bleche sind schwarze Endkappen für die Streben enthalten.
5. Wenn Ihr Fahrrad keine Befestigungsaugen für Schutzbleche hat, können Sie vinylbeschichtete Klammern zur Befestigung nehmen. Ihr Platz ist direkt oberhalb der Ausfallenden.

Tips zur Beleuchtung

1. Vermeiden Sie bei der Montage des Frontscheinwerfers eine Beschädigung von Kabeln, was insbesondere bei Kombination mit Ergopower schon passiert sein soll.
2. Ziehen Sie die Schrauben soweit fest, daß beim Überfahren unebener Straßen die Lampe nicht zu vibrieren beginnt.
3. Bei Batteriebeleuchtung Ersatzbatterien bereithalten.
4. Nehmen Sie Batterien bei längerer Nichtbenutzung heraus.
5. Halten Sie bei Verwendung von Dynamo-Beleuchtung Ersatzbirnchen bereit.

Taschen

1. Eine Tasche, die Sie sich um Ihre Hüfte schnallen, eignet sich für Schlüssel, Ersatzschlauch und dergleichen. Das Handling des Fahrrades bleibt unberührt.
2. Statt dessen kommt für Kleinzeug auch eine kleine Tasche in Frage, die Sie mittels Klick-Fix-Adapter an der Sattelstütze befestigen - sofern dort nicht schon ein Batterierücklicht thront.
3. Lenkertaschen sind ideal für Kleinzeug und stets zur Hand. Obendrauf ist in der Regel eine Kartenhülle, damit Sie die Landkarte nicht hervorkramen müssen.
4. Richtige Packtaschen haben ein erhebliches Volumen und sind die richtigen Begleiter für die Radtour. Es gibt auch spezielle Taschen und Körbe für Einkauf und Büro. Lassen Sie sich im qualifizierten Fachhandel beraten.
5. Ein Fahrradanhänger bietet natürlich die größten Zuladungsmöglichkeiten und beeinträchtigt das Fahrverhalten eines Fahrrades weniger, als wenn dieses schwer bepackt wird.

Links: Biegen Sie die Streben mit einer Kombizange zurecht.

Rechts: U-Bügel sind schwer. Es ist sicherer und komfortabler, sie im Rahmen an einem dafür bestimmten Halter zu transportieren, als in irgendeiner Tasche oder auf dem Gepäckträger.

Schlösser

1. Billige Schlösser können nicht genauso schützen wie teure. Aber nicht jedes teure Schloß schützt besser.
2. Denken Sie an die Unterbringung Ihres Schlosses am Rad. Bei den besseren Modellen werden Halter mitgeliefert.
3. U-Bügel sind, von Ausnahmen abgesehen, sehr sicher und obendrein praktisch zu handhaben. Dank ihrer Formstabilität fädelt man sie viel leichter durch ein Rad als Kabel oder Ketten. Achten Sie darauf, daß es keinen Rundzylinder hat, den Profis manipulieren können.
4. Die Bügelenden könnten gelegentlich einen Tropfen Öl vertragen.

GLOSSAR

A

Aerobe Übungen: Ausdauer-Übungen, bei denen die Lungen Luft in Ihre Muskeln pumpen.

Aerodynamik: Ein Maß dafür, wie sehr Sie beim Fahren durch die Luft gebremst werden. Bei höheren Geschwindigkeiten ist Luftwiderstand der größte

Verlust-Faktor, weitaus größer als Rollwiderstand, Lagerreibung etc. zusammen. Um die Geschwindigkeit von 40 auf 50 km/h zu erhöhen, müssen Sie nicht etwa 25 %, sondern ca. 95 % mehr Kraft aufwenden.

Anaerobe Übungen: Intensive Übungen wie Sprints, bei denen Sie Ihre anaerobe Schwelle, sprich Ihre maximale Herzfrequenz überschreiten. Nur wenige Minuten durchzuhalten.

Anaerobe Schwelle: Jene maximale Herzfrequenz, bei der der Radfahrer noch aerobe Übungen ausführen kann. Faustregel: 220 minus Alter.

Anlötteile: Aufgelötete Halter oder Gewinde für Trinkflaschenhalter, Zugwiderlager, Gepäckträger, Schutzbleche etc.

Ausbruch: Wenn ein oder mehrere Fahrer bei einem Radrennen sich blitzartig vom Hauptfeld abzusetzen versuchen.

Ausfallenden: Darin sitzen die Nabenachsen.

Außenhülle: Darin werden die Schalt- und Bremskabel sauber um Kurven geführt. Außen Plastik, bestehen sie innen aus gewickeltem Stahl.

C

Chromoly: Slang für Chrom-Molybdän-Stahl, die häufigste Stahllegierung bei Fahrradrahmen.

D

Drehmoment: Maß für Rotationskraft. Drehmomentschlüssel erlauben präzises Anziehen von Schrauben.

E

Energiedrink: Getränk mit Vitaminen, Zucker und Mineralien. Hält Blutzucker und Energiehaushalt hoch, um den sog. „Hungerast" zu verhindern, und stabilisiert den Flüssigkeitshaushalt.

Etappenrennen: Rennen über mehrere Tage wie Tour de France, Giro d'Italia etc.

F

Freilauf: Mechanismus, aus Kugellagern und Sperrklinken und Zähnen, nimmt den Zahnkranz auf. Rollt man ohne Antrieb, hört man ein leichtes Dauerklicken, während die Sperrklinken über die Zähne gleiten. Beim Treten dagegen greifen die Sperrklinken in die Zähne ein. Heute nur noch im Rahmen von Kassettennaben; aufgeschraubte Freiläufe sind vom Markt verschwunden.

Freilaufnabe: Nabe mit integriertem Freilauf. Auch als Kassettennabe bekannt.

G

Gabelbiegung: Das Maß, um das die Gabel von einer gedachten linearen Fortsetzung durch ihre Vorbiegung abweicht. Hat Auswirkungen auf den Nachlauf.

Gelbes Trikot: Trägt der Führende der Gesamtwertung der Tour de France.

Glycogen: Eine sofort verfügbare Energiequelle, Kohlehydrate werden als Glycogen in Leber und Muskeln gespeichert.

Gruppe: Zusammenstellung von Schalt-, Brems- und Antriebskomponenten zu einer in Funktion und Design abgestimmten Gruppe (Shimano, Sachs/SRAM, Campagnolo).

H

Hauptfeld: Hier bleibt das Gros der Teilnehmer eines Rennens zusammen, die sich gegenseitig Windschutz geben und dadurch schneller fahren können als einer allein.

Heimtrainer: Hier wird im Keller radgefahren, um in Form zu bleiben. Das Hinterrad treibt eine Reibrolle an; man kann den Widerstand steuern, um Gegenwind und Steigungen zu simulieren.

Hungerast: Zu niedriger Blutzucker, der zu Energiemangel führt.

I

Index-Schaltung: Die Gänge rasten ein und müssen nicht, wie früher bei Reibungsschaltungen, ertastet werden.

K

Kettenblatt: Zahnrad an der Tretkurbel (1-3 Stück).

Konifizierung: Die Rohrwandstärke wird variiert: dickere Enden, weil dort die größten Belastungen auftreten; dünnere Rohrmitten, um Gewicht zu sparen.

Kugellager: Am Fahrrad finden Sie Kugellager in verschiedenen Größen im Steuersatz, Naben, Freilauf, Pedalen und Tretlager. Sie sind als Konuslager oder als Rillenkugellager (Industrielager) ausgeführt. Man findet zunehmend, gerade beim Tretlager, unzerlegbare Einheiten, die einfach zu installieren und wartungsfrei sind.

Kurbel: Der Hebel, der Pedal und Tretlager verbindet.

Kurbelstern: Sitzt an der rechten Kurbel und hält die Kettenblätter.

L

Legierung: Stahl und Aluminium werden am Fahrrad nur in Legierungen angewandt. Es sind kleine Mengen anderer Metalle beigemengt. Rohre aus Legierungen sind leichter und fester.

Liegerad: Auf einem Liegerad sitzt der Fahrer zurückgelehnt. Im Prinzip schneller und aerodynamischer als ein normales Fahrrad, hat das Liegerad sich dennoch nur in einer Nische etabliert.

Löten: Fertigungsprozeß im Rahmenbau, bei dem zwei Rahmenrohre unter Einsatz eines Lotes an ihren Enden zusammengefügt werden. Die Lotqualität entscheidet über die Stabilität der Verbindung.

Lowrider: Gepäckträger am Vorderrad, der es erlaubt, die Taschen auf Achshöhe anzubringen, denn schwere Lasten gehören im Interesse der Fahrstabilität weit nach unten.

Lutschen: Am Hinterrad lutschen heißt, im Windschatten des Vordermanns fahren und damit Kraft sparen.

M

Milchsäure: Wird während einer anaeroben Übung produziert und läßt ein Brennen in den Muskeln entstehen, denn sie können sich nicht mehr zusammenziehen.

Muffen: Verbindungsstücke zwischen Rahmenrohren; werden gelötet.

N

Nabenflansch: „Schulter" der Nabe; enthält die Speichenlöcher.

Nabenschaltung: Schaltgetriebe, das im Inneren der Nabe sitzt. Wartungsarm, wettergeschützt, leicht zu bedienen, aber die Gangabstufung ist unabänderlich.

Nachlauf: Der Nachlauf wird auf dem Boden gemessen als Abstand des Aufstandspunktes des Reifens und der gedachten linearen Verlängerung des Steuerrohrs. Großer Nachlauf bewirkt sehr guten Geradeauslauf, aber träge Lenkung, kleiner Nachlauf bewirkt agiles, aber auch nervöses Lenkverhalten und mäßigen Geradeauslauf, wird also bei Rennrädern bevorzugt.

Nippel: Speichenende mit Gewinde, das in die Felge geschraubt wird. Mit dem Nippelspanner oder Speichenschlüssel ändert man die Speichenspannung.

P

Pedalplatte: Teil am Systempedal, in das der Schuh einrastet.

R

Ritzel: Einzelnes Zahnrad auf dem hinteren Zahnkranz; heutzutage 7 bis 9 Stück.

Rollwiderstand: Rollreibung der Reifen auf der Straße und der Kugellager in ihren Laufbahnen. Beim Reifen kommt es vor allem auf den richtigen Luftdruck und nicht auf die Reifenbreite an.

S

Scheibenrad: Hat eine Scheibe anstelle von Speichen; vermeidet also Luftverwirbelungen und ist aerodynamischer.

Schlauchreifen: Ist Schlauch und Mantel in einem und wird auf die Felge geklebt. Erlebt im Radsport eine kleine Renaissance.

Starrer Gang: Weder Gangschaltung noch Freilauf vorhanden; man muß also immer treten. Wird an Bahnrädern eingesetzt.

Sturzring: Wird von einigen Radrennfahrern getragen. Ist aerodynamisch, aber kein wirklicher Kopfschutz.

Systempedale: Funktionieren wie Skibindungen und haben Haken und Riemen an den Pedalen abgelöst. Wie beim Ski auch, benötigt man natürlich einen speziellen Schuh, der ins Pedal einrastet.

T

TIG-Schweißen: TIG heißt tungsten inert gas. Schweißtechnik, bei der zwei Rohre ohne Verbindungsmaterial direkt zusammengeschweißt werden.

Triathlon-Aufsatz: Wird auf den Lenker aufgesetzt und erlaubt die Einnahme einer komfortablen aerodynamischen Position (mit Armauflage).

Trittfrequenz: Zahl der Pedalumdrehungen pro Minute.

V

Vorbau: Verbindet Steuerrohr und Lenker.

W

Wiegetritt: Man geht aus dem Sattel, reißt am Lenker und erhöht die Pedalkraft; wird bergauf und bei Sprints angewandt, um an die Leistungsgrenze zu gehen.

Z

Zahnkranz: Paket von sieben bis neun Ritzeln auf dem Hinterrad, ermöglicht Anpassung der Übersetzung.

Zeitfahren: Die Fahrer fahren einzeln gegen die Uhr und haben daher keine Möglichkeit, Windschatten zu nutzen.

INDEX

T

U

V

W

XYZ